2018 中国保险公司竞争力评价研究报告

寇业富 主编

陈 辉 张 宁 周县华 周 明 副主编

中国财经出版传媒集团
中国财政经济出版社

图书在版编目（CIP）数据

2018 中国保险公司竞争力评价研究报告 / 寇业富主编 .—北京：中国财政经济出版社，2018.9

ISBN 978-7-5095-8521-4

Ⅰ.①2… Ⅱ.①寇… Ⅲ.①保险公司-竞争力-研究报告-中国-2018 Ⅳ.①F842.31

中国版本图书馆 CIP 数据核字（2018）第 211667 号

责任编辑：付克华　钱红叶　　　　　　责任校对：李　丽
封面设计：李俊良

中国财政经济出版社 出版

URL：http：// www.cfeph.cn
E-mail：cfeph @ cfeph.cn

（版权所有　翻印必究）

社址：北京市海淀区阜成路甲 28 号　邮政编码：100142
营销中心电话：010-88191537　北京财经书店电话：64033436　84041336
北京富生印刷厂印刷　各地新华书店经销
889×1194 毫米　16 开　14.5 印张　244 000 字
2018 年 9 月第 1 版　2018 年 9 月北京第 1 次印刷
定价：100.00 元
ISBN 978-7-5095-8521-4
（图书出现印装问题，本社负责调换）
本社质量投诉电话：010-88190744
打击盗版举报热线：010-88191661　QQ：2242791300

序一 / Preface

2010年8月，中央财经大学中国精算研究院顺应保险业的发展需求，成立由该研究院教授寇业富博士领导的"保险公司竞争力评价研究课题组"，开始研究、撰写并出版年度系列研究成果《中国保险公司竞争力评价研究报告》。自课题组的第一份研究报告和相关成果出版发表后，就得到了包括新华网、人民网、中国经济网、中国保险学会网、金融界、和讯网、凤凰网、中国金融网，以及人民日报、中国保险报、中国邮政报等各种主流媒体全文引用或者节选引用，引起了社会、业界、学界、政府相关部门乃至社会公众的广泛、热烈的反响，在业界和学术界的影响日增，对我国保险市场的健康发展与完善起到了积极的推进作用。今天，该课题组的系列研究成果《中国保险公司竞争力与社会责任评价研究报告（2016）》也将与读者见面了，相信该报告会一如前几期的报告，对业界、学术界、政府保险业监管部门以及广大消费者在了解保险市场的基本状态、了解保险业行业发展规律等方面继续提供持续性的、翔实的资料，对保险公司不断提升自身的市场竞争能力提供重要的参考依据。

中共十八大以来，我国进入全面建成小康社会、全面深化改革、全面推进依法治国的重要时期，保险业在国家改革发展全局中发挥越来越重要的作用。2014年8月13日，国务院正式发布《关于加快发展现代保险服务业的若干意见》（国发〔2014〕29号）（以下简称《若干意见》）。《若干意见》明确提出了"现代保险服务业"的概念，实际上是要求保险业以全新的定位融入新时期国家发展战略之中，使之成为完善我国金融体系的一个重要支柱、对民生保障体系的完善提供有力支撑。毫无疑问，我国官方对保险行业的这种新的定位对于我国创新社会管理机制、促进经济提质增效都具有十分重要的意义。

我国保险服务业近年来的发展进程也证明了该行业正在成为我国支撑民生保障体系的一个重要组成部分，同时，保险服务业的迅猛发展，也使之成为支撑我国金融业体系发展和完善的一个重要支柱。在全球金融体系中，以传统银行业为代表的传统金融业由于受到来自互联网商务与互联网金融的冲击正面临转型与机制重构的问题。与传统金融业形成了鲜明对照的是，尽管保险服务同样需要应对全球化和网络化的挑战，但是我国的保险服务业却依然异军突起，形成了具有如下显著特征的发展态势[①]，从而证明了我国金融服务业对我国金融体系发展与完善的支撑作用：

特征之一是在经济下行的环境下，行业驶入发展的快车道。一是寿险业务一马当先，实现原保险保费收入 17 442.22 亿元，同比增长 31.72%。其中，普通寿险贡献突出，实现原保险保费收入 10 451.65 亿元，同比增长 55.34%，对行业保费收入增长的贡献率为 55.77%。二是健康险业务高速增长，实现原保险保费收入 4 042.50 亿元，同比增长 67.71%。三是财产险业务增速保持稳定，实现原保险保费收入 8 724.50 亿元，同比增长 9.12%。其中，车险业务实现原保险保费收入 6 834.55 亿元，同比增长 10.25%。

特征之二是保险服务业对实体经济与民生保障体系的发展关联度显著提高：结构调整走向深入，保障能力增强，"保险业姓保"发展理念得到彰显。从风险保障看，2016 年保险业提供风险保障金额 2 372.78 万亿元，同比增长 38.09%，高于原保险保费收入增速 10.59 个百分点，保额增速明显快于业务增速。其中，财产险公司提供风险保障金额 1 282.88 万亿元，同比增长 36.22%；人身险公司提供风险保障金额 1 089.90 万亿元，同比增长 40.35%。

特征之三是行业保险服务业经营效益显著提升，服务供给侧结构性改革的能力不断得到发展。一是助力振兴实体经济。2016 年，首台（套）保险和科技保险分别为我国装备制造企业和科研机构、科技型自主创新企业提供风险保障 486.62 亿元和 1.03 万亿元，同比大幅增长 196.72% 和 631.25%。二是促进外向型经济发展。出口信用保险累计为 8.22 万家出口企业提供风险保障 4 167 亿美元。三是支持国家重大战略项目。截至 2016 年年底，累计发起设立债权、股权和项目支持计划 659 项；合计备案注册规模 1.7 万亿元，为"一带一路"、长江经济带、京津冀协同发展等国家战略项目提供资金支持。

尽管如此，我国保险服务业发展面临的问题依然很多，依然很严峻。继续保持我国保险服务业发展的良好态势，使之具有稳定性、可持续性，是我国保险服务业共同的课题，而实现这个目标的重要基础性条件就是确保保险服务业内保险企业本身的健康良性发展，确保保险服务企业具有市场竞争力——这就是本报告的初衷。

---

① 资料来源："2015 年保险蓝皮书保险业竞争力报告发布"，中国保监会网站。

诚然，这项研究既是一个敏感性极强的问题，又是一个对保险公司和保险业的稳定可持续发展具有现实指导意义的问题。此报告的相关研究成果，也许存在这样或那样的不足。但是我相信，经过科研团队的努力和经验的积累，课题组的工作会越做越好；我相信，本研究报告一定会为提高保险公司竞争力、促进保险服务业的健康快速发展、构建现代保险服务业体系发挥越来越重要的作用。

中央财经大学，教授

2018 年 8 月 17 日

序 二 / Preface

中国精算研究院成立于 2003 年，是保险精算领域中唯一一所教育部人文社会科学重点研究基地（以下简称重点研究基地）。

在过去几年的发展中，中国精算研究院在教育部和中央财经大学领导的关怀、指导下，锐意进取，勇于创新，在教学、科研和社会服务等各个方面已经奠定了扎实的基础并取得长足进步，在国内外享有盛誉。

根据教育部《普通高等学校人文社会科学重点研究基地管理办法》的要求，重点研究基地应该聚集和培养优秀学术人才，围绕国家发展战略，针对学科前沿和社会经济发展中的重大理论与实践问题，组织高水平研究的新型科研团队，在产出创新成果，形成学术交流开放平台，带动高校哲学社会科学发展创新等方面发挥着重要作用。

随着中国保险市场经营主体和业务规模的快速发展，提高保险业的竞争质量、实现规模效益的长期可持续发展就成为保险业界、学界和政府监管部门的关注焦点。同时，也是为了更好地发挥重点研究基地的作用，中央财经大学中国精算研究院于 2010 年 8 月成立了"保险公司竞争力评价研究"课题组。

经过课题组的多年勤奋、严谨的工作，已经分别出版了《（2011~2016）中国保险公司竞争力评价研究报告》等多部著作和相关科研论文。

不忘初心，方得始终。在这里我愿意重申，课题组成立之初所坚持和提倡的研究原则：公开、客观、科学。

所谓"公开"就是指标体系、数据来源、评价方法等全部公开或者来源于公开渠道。在这里我们不能不提到，中国保险监督管理委员会于 2010 年 6 月 12 日正式颁布实施的《保险公司信息披露管理办法》为我们的研究提供了主要和关键的数据支持。

所谓"客观"就是指评价的结果要客观，也是指评价的过程和目标要客观。

即在评价过程中，尽量避免或者减少人为主观因素的干扰。

所谓"科学"即是指评价方法的科学。在有可能使用定量分析的地方，尽量使用定量分析。当然我们并不是说定性分析就不科学。

值得欣慰的是，"中国保险公司竞争力评价研究"课题组在寇业富博士的领导下，始终一致地秉持了这一原则。当然，这些原则，并不反对课题组在研究指标和方法上的不断改进，也不排除对保险业其他研究领域的继续拓展研究，提高中国精算研究院这一重点研究基地的学术价值和社会地位。

当然，对于保险公司竞争力的评价结果，我们自己也认为有不尽如人意的地方。但是我们相信，在教育部和中央财经大学的大力支持下，在业界、学界和保险监督管理委员会等政府部门的关怀下，在我们自己的努力下，《中国保险公司竞争力评价研究报告》会越来越好，会为保险业的发展和保险公司竞争力的提高发挥重要的作用，谢谢！

中央财经大学中国精算研究院院长
2018 年 8 月 10 日

前言 / Foreword

本报告是我们关于保险公司竞争力评价研究的第八个连续年度的工作。随着中国的改革开放和国务院正式发布《关于加快发展现代保险服务业的若干意见》（国发〔2014〕29号），无论是规模数量还是发展质量，中国保险业的发展都进入了一个新的阶段，为中国保险公司竞争力的评价研究提出了更高的要求。

"保险公司竞争力与社会责任评价研究"是一个敏感的话题。我们从一开始就抱着谦虚谨慎、兢兢业业的精神对待这项工作。值得欣慰的是，多年来，在学校和中国精算研究院的大力支持下，在课题组成员的团结奋斗下，我们坚持了一开始就设定的原则。在这里我愿意重申这些原则：公开、客观、科学。

所谓"公开"就是指标体系、数据来源、评价方法等全部公开或者来源于公开渠道。在这里我们不能不提到，中国银行保险监督管理委员会（原中国保险监督管理委员会，简称保监会）于2010年6月12日正式颁布实施的《保险公司信息披露管理办法》为我们的研究提供了主要和关键的数据支持。

所谓"客观"即是指评价的结果要客观，也是指评价的过程和目标要客观。即在评价过程中，尽量避免或者减少人为主观因素的干扰。

所谓"科学"即是指评价方法的科学。在有可能使用定量分析的地方，尽量使用定量分析。当然我们并不是说定性分析就不科学。以后随着经济的发展和我们经验的积累，定性分析和定量分析相结合也许是一个更好的评价方法。

《2018中国保险公司竞争力评价研究报告》的特色和主要创新有：

（1）我们在报告的第四章第四节和第五章第四节，对人身险公司综合竞争力和财产险公司综合竞争力的评价结果进行了稳健性检验。

在类似研究报告中，对评价结果进行稳健性检验的还没有发现。

通过稳健性检验，可以对我们的评价结果进行量化的可信性与稳健性度量，增加了评价结果的科学性、客观性。这是"保险公司竞争力评价研究"课题组的一个创新性应用研究成果；提高了评价结果的科学性、可信性和逻辑的完备性。

（2）我们在第二章专门对2017年保险公司信息披露报告数据的完整性等进行了质量分析。这也从内容上完善了保险公司竞争力评价的数据基础。

（3）建立了校外专家咨询委员会，为"保险公司竞争力评价研究"课题组提供咨询、指导和帮助；并为明年定性和定量相结合进行保险公司竞争力的评价工作提供指导和支持。

（4）对保险公司的综合竞争力和各一级指标的评价结果进行了多种角度和方式的分析，提供了比较科学、全面的保险公司和保险行业的分析研究。

本报告主要包括五部分内容：

第一章介绍了中国保险市场的发展概况。分别从中国保险业发展的宏观经济环境、我国保险业的发展情况分析、人身险保险市场发展、财产险保险市场等几个方面对中国保险业的发展情况做了介绍。

第二章对《保险公司信息披露实施办法》的内容、程序，以及各个保险公司披露的具体情况等进行了分析。此办法的实施和保险公司的信息披露，为我们进行保险公司竞争力评价研究打下了良好的基础，基本满足了我们进行相关研究的数据要求。

第三章首先给出了保险公司竞争力的定义；然后在分析国内外相关研究的基础上，我们选择主成分分析方法进行竞争力研究，并对主成分分析方法的内容、步骤等做了介绍；最后对保险公司竞争力评价体系的原则、内容等做了简单介绍。

第四章给出了人身险公司竞争力的评价得分和排名。

本章共分四节。第一节主要阐明了人身险公司竞争力评价的指标内容、定义和计算方法，并对研究对象的选择进行了说明；第二节给出了58家人身险公司的综合竞争力的评价与分析；第三节得到保险公司五个一级指标竞争力的评价得分与排名；并通过分析一级指标排名前十公司的排名与得分，以及各二级指标排名前十公司的得分对整个保险市场进行了分析；第四节运用现代多元统计分析方法，对人身险公司综合竞争力的评价结果进行了稳健性分析。我们从公司和指标两个角度对课题组的评价结果进行了检验，证明我们的评价结果是稳健的。

第五章给出了财产险公司竞争力的评价得分和排名。

本章共分四节。第一节对财产险公司竞争力评价的指标内容、定义、计算方法和研究对象等进行了说明；第二节得出了58家财产险公司的综合竞争力的评价与分析；第三节得到五个一级指标的评价得分与排名，并对结果做了分析；并通过分析一级指标排名前十的公司的排名与得分，以及各二级指标排名前十公司的得分对整个保险市场进行了分析；第四节运用现代多元统计分析方法，对财产险公司综合竞争力的评价结果进行了稳健性分析。我们从公司和指标两个角度对课题组的评价结果进行了检验，证明我们的评价结果是稳健的。

中央财经大学中国精算研究院是国家保险精算领域唯一的人文社科重点研究基地，一直对中国保险行业的发展密切关注。此专题部分的分析是中国精算研究院新的研究领域之一，我们欢迎国内外政府管理部门和业界、学界的专家学者与我们交流沟通！

为了保证《2018中国保险公司竞争力评价研究报告》的科学性、权威性和连续性，该报告中的有关定义、指标体系、评价方法、布局结构和相关内容等都沿用了前些年相关工作的积累和传承；该报告的编撰主要是在对各公司的信息数据进行补充和完善基础上完成的。著作权人寇业富授权《2018中国保险公司竞争力评价研究报告》课题组继续采用往年的有关定义、指标体系、评价方法、布局结构等，由著作权人寇业富和课题组成员享有因该著作出版和传播等而产生的相关权利和义务。

寇业富负责整篇报告的中文编撰。陈辉负责第一章的编撰工作；张宁负责第二章的编撰工作；寇业富、周县华、周明负责第三章的编撰工作；寇业富负责第四章的编撰工作；寇业富负责第五章的编撰工作。

特别说明：

（1）本研究分析尽量采用可获得的披露数据进行分析，并根据实质重于形式的原则，对发现个别公司披露数据存在错误或异样的年报信息进行调整或者在涉及该指标时进行批注说明。

（2）本研究分析采用的数据皆来源于已公开的资料或课题组成员的个人分析，但我们不保证上述信息的完整与准确性，中国精算研究院不因使用本报告而产生的一切后果承担责任，只以此作为学术研究以及学界和业界的信息交流与参考。同时本研究分析为课题组成员的个人观点，并不代表中国精算研究院的观点。

对有关问题的讨论或争议，请使用电话或电子邮件的方式与我方联系。

联系方式：kouyefu@163.com；（010）62288159－802

"保险公司竞争力评价研究"课题组组长

中央财经大学中国精算研究院 保险数据文献中心主任

寇业富

2018年8月18日

目录 Contents

第一章　2017年中国保险市场分析 （1）
　　第一节　2017年中国保险市场整体回顾 （3）
　　第二节　2017年中国财险市场回顾 （18）
　　第三节　2017年中国寿险市场回顾 （31）
　　第四节　2018年中国保险业发展展望 （46）

第二章　保险公司信息披露情况分析 （51）
　　第一节　保险公司信息披露情况介绍 （51）
　　第二节　指标设立和赋值 （53）
　　第三节　人身险公司信息披露质量统计与分析 （57）
　　第四节　财产险公司信息披露质量统计与分析 （64）

第三章　中国保险公司竞争力评价的理论与方法 （71）
　　第一节　保险公司竞争力的定义 （71）
　　第二节　保险公司竞争力研究方法综述 （73）
　　第三节　保险公司竞争力评价指标体系的构建与原则 （77）
　　第四节　主成分分析方法与模糊聚类分析方法介绍 （81）

第四章　中国人身险公司竞争力评价分析 （85）
　　第一节　人身险公司竞争力指标体系的构建 （87）
　　第二节　2017年人身险公司综合竞争力评价结果与分析 （92）

第三节　2017年人身险公司综合竞争力一级指标的评价结果
　　　　与分析……………………………………………………（96）
第四节　2017年人身保险公司综合竞争力评价结果的稳健性
　　　　检验………………………………………………………（130）

第五章　中国财产保险公司竞争力评价分析……………………（139）
第一节　财产险公司竞争力指标体系的构建……………………（140）
第二节　2017年财产险公司综合竞争力评价结果与分析………（145）
第三节　2017年财产险公司综合竞争力一级指标的评价
　　　　结果与分析………………………………………………（150）
第四节　2017年财产险公司综合竞争力评价结果的稳健性
　　　　检验………………………………………………………（183）

附录…………………………………………………………………（191）
附录一：中国人身险公司竞争力评价的主要结果………………（191）
附录二：中国财产险公司竞争力评价的主要结果………………（197）
附录三：保险公司信息披露管理办法……………………………（203）

参考文献……………………………………………………………（211）

后记…………………………………………………………………（216）

第一章
2017年中国保险市场分析

中国自1805年成立第一家保险公司以来，已经走过了200多年的历史。1949年中华人民共和国成立之后，中国保险业经历了初步发展（1949~1958年）、停办（1958~1979年）、恢复发展（1979年至今）三个大的阶段。中国保险业在1979年恢复之后，获得了快速发展。尤其是近年来，党中央国务院十分重视保险业发展，在多份重要文件中提出要大力发展保险业，出台了一系列促进保险业改革发展的政策措施，我国保险业实现了长足发展。

2017年，原中国保险监督管理委员会（已与原中国银行监督管理委员会合并，合并后为中国银行保险监督管理委员会，本书简称"中国银保监会"或"银保监会"；"原中国保险监督管理委员会"本书简称"原中国保监会"或"原保监会"，"原中国银行监督管理委员会"本书简称"原中国银监会"或"原银监会"）以习近平新时代中国特色社会主义思想为指引，认真贯彻党中央、国务院总体部署，坚决落实党的十九大会议和金融工作会议精神，立足稳中向好的宏观经济金融环境，扎实推进保险业转型与改革，坚持强监管、防风险、治乱象、补短板、服务实体经济，强化"1+4"系列文件（《中国保监会关于进一步加强保险监管，维护保险业稳定健康发展的通知》《中国保监会关于进一步加强保险业风险防控工作的通知》《中国保监会关于强化保险监管，打击违法违规行为，整治市场乱象的通知》《中国保监会关于保险业支持实体经济发展的指导意见》和《中国保监会关于弥补监管短板构建严密有效保险监管体系的通知》）落地落实，充分发挥保险长期稳健风险管理和保障功能，不断提升服务大局能力。

总体来看，保险市场发展稳中向好，产品保障功能凸显，资金运用收益稳步增长，保险科技广泛应用，行业风险防控能力持续增强。统计数据显示，2017年，全行业共实现原保险保费收入36581.01亿元，同比增长18.16%。其中，财产险公司和人身险公司分别增长13.76%和20.04%；赔付支出11180.79亿元，同比增长 6.35%。保险业资产总量 16.75 万亿元，较 2017 年年初增长 10.80%。具体来看，市场运行呈现以下特点：

一是业务发展稳中向好，风险保障水平快速提高。2017 年，保险业保持较快发展，但增速有所放缓，同比下降 9.34 个百分点。分险种来看，财产保险业务积极向好，实现原保险保费收入 9 834.66 亿元，同比增长 12.72%，增速上升 3.60 个百分点。与国计民生密切相关的责任保险和农业保险业务继续保持较快增长，分别实现原保险保费收入 451.27 亿元和 479.06 亿元，同比增长 24.54% 和 14.69%。人身保险业务增长放缓，实现原保险保费收入 26 746.35 亿元，同比增长 20.29%，增速下降 16.22 个百分点。其中，寿险 21 455.57 亿元，增长 23.01%；健康险 4 389.46 亿元，增长 8.58%；意外险 901.32 亿元，增长 20.19%。

2017 年，保险业为全社会提供风险保障 4 154 万亿元，同比增长 75%。其中，机动车辆保险提供风险保障 169.12 万亿元，同比增长 26.51%；责任险 251.76 万亿元，同比增长 112.98%；寿险 31.73 万亿元，同比增长 59.79%；健康险 536.80 万亿元，同比增长 23.87%。寿险 2017 年累计新增保单 1.11 亿件，净增加 0.73 亿件。

二是业务结构持续调整，行业转型成效初显。人身险公司方面，从寿险业务结构来看，普通寿险业务规模保费占比 47.2%，较 2016 年年底上升 11.1 个百分点；万能险 19.95%，下降 16.9 个百分点；分红险 31.05%，上升 7.3 个百分点；从新单缴费结构看，新单原保险保费收入 15 355.12 亿元，同比增长 10.66%。其中，新单期交业务 5 772.17 亿元，同比增长 35.71%，占新单业务的 37.59%，提升 6.94 个百分点；从业务渠道来看，个人代理业务原保险保费收入 13 065.64 亿元，占人身险公司业务总量的 50.18%，同比上升 4.00 个百分点；银邮代理业务 10 584.02 亿元，占比 40.65%，同比下降 3.50 个百分点；财产险公司方面，宏观经济改善与积极的财政政策利好非车险业务。从财产险公司来看，车险业务实现原保险保费收入 7 521.07 亿元，同比增长 10.04%；非车险业务 3 020.31 亿元，同比增长 24.21%，高于车险增速 14.17 个百分点，占比 28.65%，同比上升 2.41 个百分点。

三是资金运用配置更趋优化，投资收益稳步增长。2017 年，保险公司资金运用余额 149 206.21 亿元，较年初增长 11.42%。其中，固定收益类余额 70 886.96 亿元，占比 47.51%，下降 3.19 个百分点；股票和证券投资基金 18 353.71 亿元，占比 12.30%，下降 0.98 个百分点；长期股权投资 14 769.06 亿元，占比 9.90%，上升 0.73 个百分点。资金运用收益 8 352.13 亿元，同比增长 18.12%，资金收益率5.77%，较2016年同期上升0.11个百分点。其中，债券收益2 086.98亿元，增长11.07%；股票收益1 183.98亿元，增长355.46%。

四是保险科技应用日益广泛，创新业务快速发展。保险科技投入力度加大，大数据、人工智能、区块链、移动互联网、物联网等前沿技术广泛运用于产品创新、保险营销和公司内部管理等方面。依托于互联网保险对部分标准化传统保险的快速替代及场景创新型产品带来的增量市场，互联网保险创新业务保持高速增长。2017年，互联网保险签单件数124.91亿件，增长102.60%，其中退货运费险68.19亿件，增长51.91%；保证保险16.61亿件，增长107.45%；意外险15.92亿件，增长539.26%；责任保险10.32亿件，增长438.25%。

五是立足国家战略，服务经济社会发展能力增强。2017年，保险行业积极助力经济社会发展的重点领域和薄弱环节，推动科技创新，维护社会稳定，不断提升保险服务实体经济的效率和水平。从助推脱贫攻坚来看，截至2017年12月末，农业保险为2.13亿户次农户提供风险保障金额2.79万亿元，同比增长29.24%；支付赔款334.49亿元，增长11.79%；4 737.14万户次贫困户和受灾农户受益，增长23.92%。从服务实体经济来看，保险业定期存款余额超过1.34万亿元，是实体经济中长期贷款重要资金来源；以债券和股票为实体经济直接融资超过7万亿元，较2017年年初增长15.00%。其中，支持"一带一路"战略投资规模达8 568.26亿元；支持长江经济带和京津冀协同发展战略投资规模分别达3 652.48亿元和1 567.99亿元；支持清洁能源、资源节约与污染防治等绿色产业规模达6 676.35亿元。从支持科技创新来看，科技保险为科技创新提供风险保障金额1.19万亿元；首台（套）重大技术装备保险为技术装备创新提供风险保障金额821.71亿元。从稳定社会就业来看，保险公司代理人数持续快速增长。截至2017年年底，保险代理人数达806.94万人，较年初增加149.66万人，较年初增长22.77%。

第一节 2017年中国保险市场整体回顾

根据最新可得的国际比较数据，2017年，中国保险业保费收入达到3.66万亿元，总资产达到16.75万亿元，市场份额占世界保险市场份额的11.44%。保险密度348.2美元/人，同比增长7.23%，保险深度为4.42%，同比增长0.26个百分点。保险业为全社会提供风险保障4 154万亿元，同比增长75%；赔款和给付11 180.8亿元，同比增长10.63%。保险业增速达18.16%。全年保险行业投资收益率达5.77%。

保险行业的国际地位大幅提升,中国保险业世界排名从2010年的第6位上升至2017年的第2位,对国际保险市场增长的贡献度达30%以上,居全球首位。

一、市场状况

本部分简述1980~2017年中国保险业发展概况,主要针对保费收入、保险密度、保险深度等数据进行梳理和讨论。

(一)1980~2017年保费收入

表1-1给出了1980~2017年间中国保费收入总额及结构。1979年中国保险业恢复发展,1980年保费收入2.9亿元,1990年保费收入150.5亿元,2000年保费收入1 603.42亿元,2017年保费收入达到36 581.01亿元,分别是1980年、1990年、2000年的12 614倍、243倍和22.8倍。

从寿险和非寿险的结构来看,在20世纪80年代初期,非寿险占绝大部分份额,随后比重逐渐下降。1997年寿险比重第一次超过非寿险,此后寿险比重逐渐上升,2017年最高达到71.18%,近几年基本保持在65%~70%的水平。

从图1-1可以看出,中国的保费收入在2000年之后出现第一次快速上升,在2006年之后又出现一次快速上升,这两次上升均与新型人身保险产品(包括分红保险、投资连结保险、万能保险)的引入和推动有关。

表1-1　　　　　　　　1980~2017年中国保费收入　　　　　　　　(单位:亿元)

年份	总保费	寿险		非寿险	
		保费	占比	保费	占比
1980	2.90	0	0%	2.90	100%
1981	5.30	0	0%	5.30	100%
1982	6.52	0.02	0.3%	6.50	99.7%
1983	10.20	0.10	1.0%	10.10	99.0%
1984	15.05	0.75	5.0%	14.30	95.0%
1985	26.01	4.41	17.0%	21.60	83.0%
1986	42.34	11.34	26.8%	31.00	73.2%
1987	67.09	24.99	37.2%	42.10	62.8%
1988	94.80	37.50	39.6%	57.30	60.4%
1989	120.40	46.00	38.2%	74.40	61.8%
1990	150.50	56.40	37.5%	94.10	62.5%
1991	212.90	82.80	38.9%	130.10	61.1%
1992	341.60	142.20	41.6%	199.40	58.4%
1993	466.40	199.00	42.7%	267.40	57.3%

续表

年份	总保费	寿险		非寿险	
		保费	占比	保费	占比
1994	495.30	162.00	32.7%	333.30	67.3%
1995	615.30	194.20	31.6%	421.10	68.4%
1996	800.00	330.00	41.3%	470.00	58.8%
1997	1 117.41	567.22	50.8%	550.19	49.2%
1998	1 247.30	667.38	53.5%	579.92	46.5%
1999	1 393.22	768.30	55.1%	624.91	44.9%
2000	1 603.42	851.17	53.1%	752.25	46.9%
2001	2 126.14	1 298.66	61.1%	827.48	38.9%
2002	3 048.32	2 073.96	68.0%	974.36	32.0%
2003	3 848.75	2 724.35	70.8%	1 124.40	29.2%
2004	4 322.93	2 845.51	65.8%	1 477.43	34.2%
2005	4 928.42	3 245.30	65.8%	1 683.12	34.2%
2006	5 641.32	3 592.64	63.7%	2 048.68	36.3%
2007	7 035.76	4 463.75	63.4%	2 572.01	36.6%
2008	9 784.10	6 658.37	68.1%	3 125.73	31.9%
2009	11 137.30	7 457.44	67.0%	3 679.86	33.0%
2010	14 527.97	9 679.51	66.6%	4 848.46	33.4%
2011	14 339.25	9 721.43	67.8%	4 617.82	32.2%
2012	15 487.93	10 157.00	65.6%	5 330.93	34.4%
2013	17 222.24	11 009.98	63.9%	6 212.26	36.1%
2014	20 234.68	12 690.28	62.7%	7 544.40	37.3%
2015	24 282.52	15 859.13	65.3%	8 423.26	34.7%
2016	30 959.10	21 692.81	70.1%	9 266.17	29.9%
2017	36 581.01	26 039.55	71.18%	10 541.38	28.81%

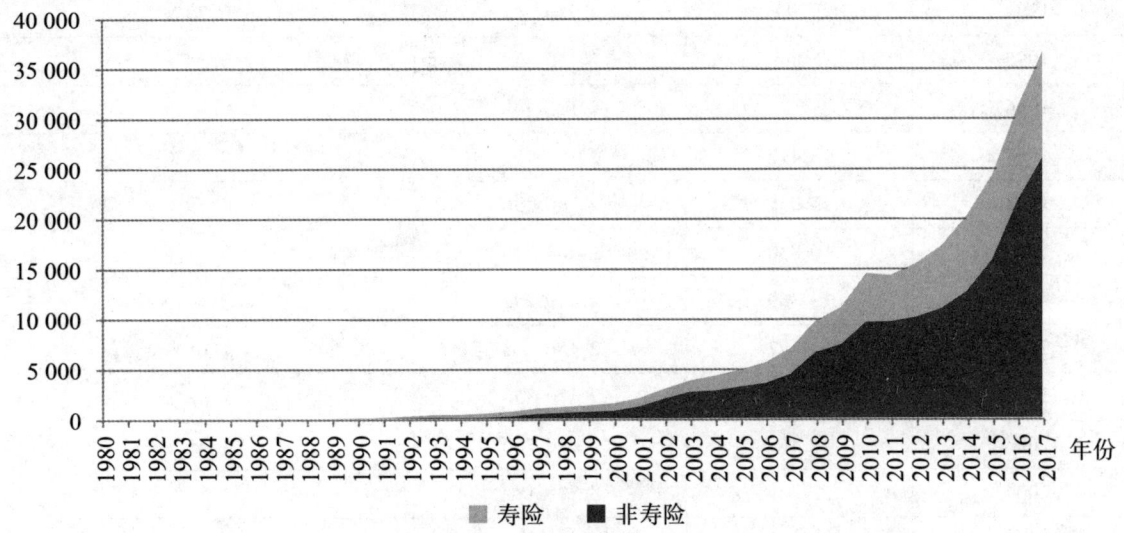

图 1-1　1980~2017 年中国保费收入（单位：亿元）

由于过去30年间中国保险业基本保持了一个比世界明显更快的增长速度,因此,中国保费收入占世界份额逐年提高,由原来的几乎为零上升为2017年的11.44%,详见表1-2。

图1-2直观地给出了这一变化趋势,2000年和2017年之后中国保费收入占世界份额出现两次较为明显的上升,这与前述中国保费收入的两次快速上升是匹配的。

表1-2　　　　　　　1980~2017年中国保费收入占世界份额　　　　　（单位:百万美元）

年份	中国保费	世界保费	份额
1980	194	466 301	0.04%
1981	311	477 932	0.07%
1982	345	491 146	0.07%
1983	516	514 465	0.10%
1984	647	552 380	0.12%
1985	886	641 195	0.14%
1986	1 226	870 828	0.14%
1987	1 802	1 047 772	0.17%
1988	2 547	1 222 050	0.21%
1989	3 198	1 251 773	0.26%
1990	3 146	1 409 469	0.22%
1991	3 999	1 515 045	0.26%
1992	6 194	1 669 891	0.37%
1993	8 094	1 813 129	0.45%
1994	5 747	1 956 342	0.29%
1995	7 368	2 150 853	0.34%
1996	9 622	2 125 448	0.45%
1997	13 479	2 141 953	0.63%
1998	15 066	2 190 036	0.69%
1999	16 830	2 363 646	0.71%
2000	19 369	2 490 292	0.78%
2001	25 687	2 456 148	1.05%
2002	36 829	2 670 358	1.38%
2003	46 499	2 990 780	1.55%
2004	52 229	3 295 182	1.59%
2005	60 164	3 452 768	1.74%

续表

年份	中国保费	世界保费	份额
2006	70 766	3 693 397	1.92%
2007	92 527	4 116 943	2.25%
2008	140 878	4 192 873	3.36%
2009	163 041	4 078 118	4.00%
2010	214 609	4 304 301	4.99%
2011	222 011	4 559 244	4.87%
2012	245 353	4 603 009	5.33%
2013	278 083	4 588 451	6.06%
2014	328 439	4 754 710	6.91%
2015	389 868	4 553 785	8.56%
2016	448 793	4 754 152	9.44%
2017	559 837	4 892 022	11.44%

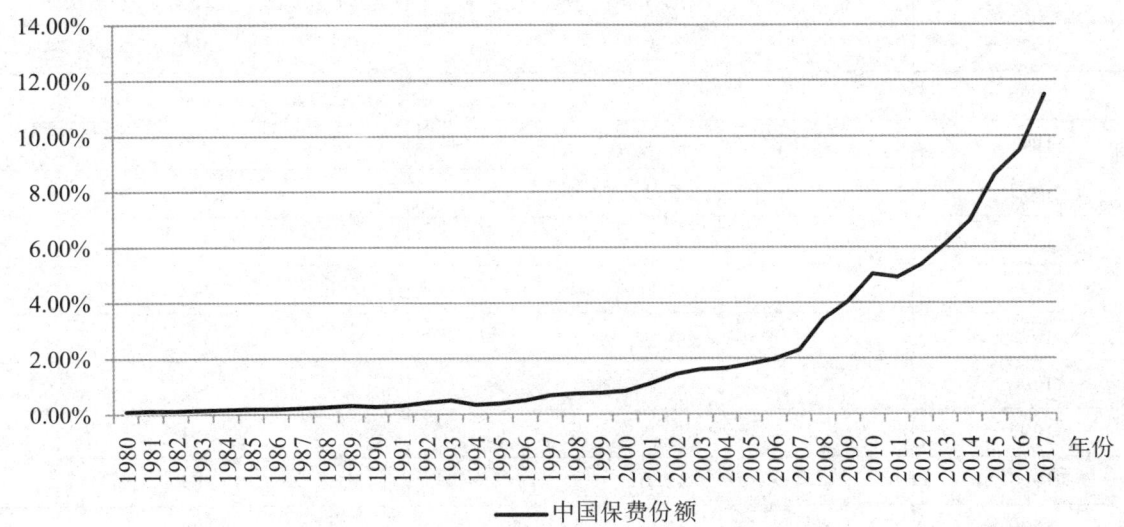

图1-2　1980~2017年中国保费收入占世界份额

（二）1980~2017年保险密度

表1-3给出了1980~2017年间中国和世界保险密度的对比，图1-4直观地给出了两者的增长状况。

从图1-3中可以看出，世界保险密度在1984年和2011年之后两次呈现较快增长势头，中国保险密度在过去30年间一直保持增长势头，2006年之后增长更为明显。2008年国际金融危机抑制了世界保险密度的增长，2009年甚至比2008年有所下降，但中国保险密度仍然保持了快速增长的态势，这对于中国这样一个人口大国而言是十分不易的。当然，与世界平均密度相比，中国保险密度的平均水平还相对较低，根据2017年的数据，中国保险密度相当于世界平均水平的53.16%。

表1-3　　　　　　　　　1980~2017年中国和世界保险密度　　　　　　　（单位：美元）

年份	中国保险密度	世界平均保险密度
1980	0.0	103
1981	0.0	104
1982	0.3	106
1983	0.5	109
1984	0.6	115
1985	0.8	132
1986	1.1	176
1987	1.7	208
1988	2.3	239
1989	2.8	242
1990	2.7	264
1991	3.4	279
1992	5.2	302
1993	6.8	323
1994	4.8	344
1995	6.0	372
1996	7.8	363
1997	10.8	361
1998	12.0	364
1999	13.3	388
2000	15.2	403
2001	20.0	391
2002	28.5	420
2003	35.8	464
2004	39.9	505
2005	45.7	522
2006	53.5	550
2007	69.6	603

续表

年份	中国保险密度	世界平均保险密度
2008	105.3	609
2009	121.2	583
2010	158.4	608
2011	169.0	638
2012	182.0	640
2013	207.6	676
2014	235.0	662
2015	281.0	621
2016	324.7	654
2017	348.2	655

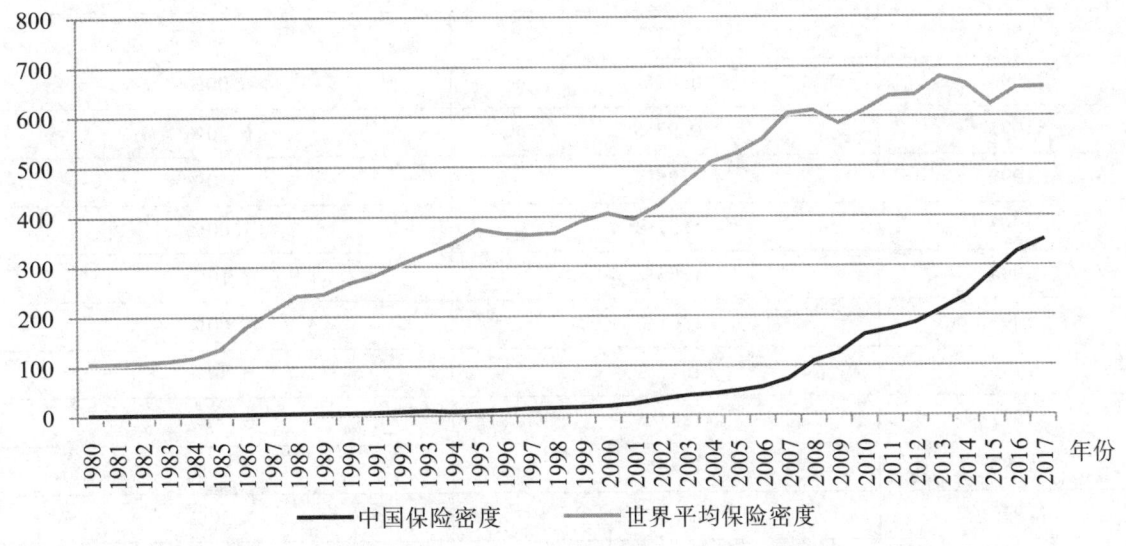

图 1-3 1980~2017 年中国和世界保险密度（单位：美元）

（三）1980~2017 年保险深度

表 1-4 给出了 1980~2017 年间中国和世界保险深度的对比，图 1-4 直观地给出了两者的增长情况。

从图 1-4 中可以看出，世界保险深度在 20 世纪 80 年代呈现较为明显的上升趋势，自 1993 年之后基本保持在 7%~8% 的水平。中国保险深度整体呈现上升趋势，但自从 2003 年以来，随着中国 GDP 的高速增长，保险深度进入一个相对平稳的时期。同时，与世界平均保险深度相比，中国保险深度的水平还相对较低，根据

2017年数据,中国保险深度相当于世界平均水平的74%左右。

表1-4　　　　　　　　　1980~2017年中国和世界保险深度

年份	中国保险深度	世界平均保险深度
1980	0.00%	4.20%
1981	0.00%	4.30%
1982	0.12%	4.50%
1983	0.17%	4.70%
1984	0.21%	4.80%
1985	0.29%	5.30%
1986	0.41%	6.10%
1987	0.56%	6.30%
1988	0.64%	6.60%
1989	0.71%	6.20%
1990	0.81%	6.00%
1991	0.98%	6.20%
1992	1.28%	6.40%
1993	1.32%	7.00%
1994	1.03%	7.10%
1995	1.01%	7.00%
1996	1.12%	6.80%
1997	1.41%	6.90%
1998	1.48%	7.00%
1999	1.55%	7.30%
2000	1.62%	7.50%
2001	1.94%	7.40%
2002	2.53%	7.70%
2003	2.84%	7.70%
2004	2.71%	7.60%
2005	2.69%	7.30%
2006	2.67%	7.20%
2007	2.74%	7.10%
2008	3.25%	6.70%
2009	3.27%	6.80%
2010	3.60%	6.60%

续表

年份	中国保险深度	世界平均保险深度
2011	3.00%	6.30%
2012	2.98%	6.30%
2014	3.18%	6.20%
2015	3.59%	6.20%
2016	4.16%	5.98%
2017	4.42%	6.00%

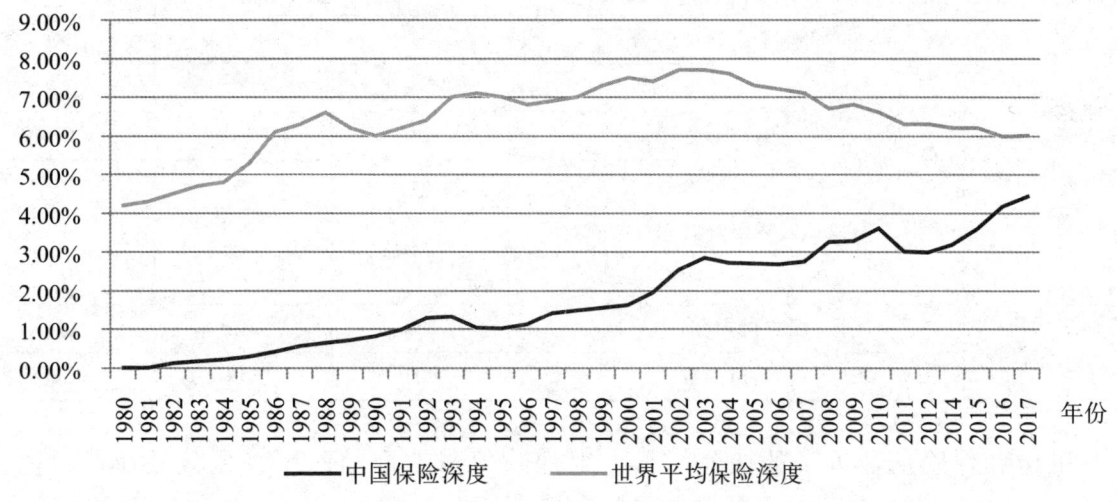

图1-4　1980~2017年中国和世界的保险深度

二、发展评价

（一）市场主体

表1-5给出了2017年中国保险业机构、人员情况及同比变化。2017年获批开业的保险机构15家，其中包括1家保险资产管理公司——永诚保险资管，3家相互保险社，1家养老保险公司——人民养老保险公司，1家再保险公司，6家寿险公司，1家健康险公司，以及2家财险自保公司，获批筹建的保险公司5家。此外，原中国保监会批准太平人寿保险有限公司投资设立太平投资控股有限公司，其中，太平人寿保险有限公司出资1.2亿元，持有60%股份；太平财产保险有限公司出资0.8亿元，持有40%股份，主要从事另类投资业务，具体包括股权投资、债权投资、不动产投资等，此前，中国人民保险集团旗下的人保资本投资管理公司（2008年成立），中国人寿旗下的国寿投资控股有限公司（2007年成立）也都是以另类投资为主营业务。下半年以来，包括飞天诚信、金杯电工、美盈森等多家上市

公司发布公告表示，拟终止发起设立保险公司，而随着境内保险牌照变得越来越稀缺之后，一些资本将目光投向香港保险市场。

表 1-5　　　　　　　　2017 年保险业机构、人员情况同比变化　　　　（单位：家、万人）

项目			2017 年	2016 年	同比变化
机构概况	中资	集团（控股）公司	12	12	0
		财产险公司	63	59	4
		人身险公司	58	50	8
		再保险公司	6	6	0
		资产管理公司	23	22	1
		其他	4	3	1
	外资	财产险公司	23	23	0
		人身险公司	34	34	0
		再保险公司	6	6	0
		资产管理公司	1	1	0
	保险机构合计		230	216	14
	营销员人数		807	657	150

机构和保险从业人员的快速增长，对保险保障的推动作用，尤其是业务价值较高的保障型保险的推动作用不言而喻。尤其是 2016 年以来，伴随着营销员数量的快速增长，行业保费业务结构出现大幅优化，业务结构明显改善。

（二）保险业经营情况

（1）原保险保费收入 36 581.01 亿元，同比增长 18.16%。产险公司原保险保费收入 10 541.38 亿元，同比增长 13.76%；寿险公司原保险保费收入 26 039.55 亿元，同比增长 20.04%。产险业务原保险保费收入 9 834.66 亿元，同比增长 12.72%；寿险业务原保险保费收入 21 455.57 亿元，同比增长 23.01%；健康险业务原保险保费收入 4 389.46 亿元，同比增长 8.58%；意外险业务原保险保费收入 901.32 亿元，同比增长 20.19%。产险业务中，交强险原保险保费收入 1 869.01 亿元，同比增长 9.97%；农业保险原保险保费收入为 479.06 亿元，同比增长 14.69%。另外，寿险公司未计入保险合同核算的保户投资款和独立账户本年新增交费 6 362.78 亿元，同比下降 50.29%。

（2）赔款和给付支出 11 180.79 亿元，同比增长 6.35%。产险业务赔款 5 087.45 亿元，同比增长 7.64%；寿险业务给付 4 574.89 亿元，同比下降 0.61%；

健康险业务赔款和给付1 294.77亿元,同比增长29.38%;意外险业务赔款223.69亿元,同比增长22.23%。

(3)资金运用余额149 206.21亿元,较2017年年初增长11.42%。银行存款19 274.07亿元,占比12.92%;债券51 612.89亿元,占比34.59%;股票和证券投资基金18 353.71亿元,占比12.3%;其他投资59 965.54亿元,占比40.19%。

(4)总资产167 489.37亿元,较2017年年初增长10.80%。产险公司总资产24 996.77亿元,较2017年年初增长5.28%;寿险公司总资产132 143.53亿元,较2017年年初增长6.25%;再保险公司总资产3 149.87亿元,较2017年年初增长14.07%;资产管理公司总资产491.45亿元,较2017年年初增长15.28%。

(5)净资产18 845.05亿元,较2017年年初增长9.31%。具体如表1-6所示。

表1-6　　　　　　　　　　2017年保险业经营情况　　　　　　　　　(单位:万元)

项目	金额
原保险保费收入	365 810 073.85
养老保险公司企业年金缴费	58 923 639.73
原保险赔付支出	4 704 175.97
业务及管理费	111 807 932.57
银行存款	42 880 643.40
投资	192 740 725.29
资产总额	1 299 321 408.14
人身保险公司保户投资款新增交费	1 674 893 735.07
人身保险公司投连险独立账户新增交费	365 810 073.85

表1-7　　　　　　　　2016~2017年保险业经营情况对比　　　　　　　(单位:万元)

项目	2017年	2016年	增长
原保险保费收入	365 810 073.85	309 591 008.90	18.16%
1. 财产险	98 346 579.05	87 244 981.36	12.72%
2. 人身险	267 463 494.80	222 346 027.54	20.29%
(1)寿险	214 555 650.29	174 422 166.77	23.01%
(2)健康险	43 894 603.83	40 424 967.91	8.58%
(3)人身意外伤害险	9 013 240.68	7 498 892.86	20.19%
人身保险公司保户投资款新增交费	58 923 639.73	118 601 615.29	-50.32%
人身保险公司投连险独立账户新增交费	4 704 175.97	9 389 744.45	-49.90%

续表

项目	2017 年	2016 年	增长
原保险赔付支出	111 807 932.57	105 128 899.84	6.35%
1. 财产险	50 874 495.97	47 261 838.89	7.64%
2. 人身险	60 933 436.60	57 867 060.95	5.30%
(1) 寿险	45 748 906.94	46 029 461.77	-0.61%
(2) 健康险	12 947 670.22	10 007 522.22	29.38%
(3) 人身意外伤害险	2 236 859.45	1 830 076.96	22.23%
业务及管理费	42 880 643.40	38 955 248.72	10.08%
银行存款	192 740 725.29	248 442 107.31	-22.42%
投资	1 299 321 408.14	1 090 664 619.03	19.13%
资产总额	1 674 893 735.07	1 511 691 649.52	10.80%

(三) 赔付支出

表 1-8 显示，2017 年，保险赔付支出 11 187 亿元，比 2016 年增长 6.35%。其中，财产险业务赔付支出 5 087 亿元，同比增长 7.64%；人身险业务（包括人寿保险、健康保险、意外伤害保险）保险赔付支出 6 093 亿元，同比增长 5.3%。

在人身险业务中，寿险业务保险赔付支出 4 575 亿元，同比增长 -0.64%；健康险业务保险赔付支出 1 295 亿元，同比增长 29.38%；意外伤害业务保险赔付支出 224 亿元，同比增长 22.23%。

表 1-8　　　　　2017 年保险公司赔付支出及同比增长　　　　　（单位：万元）

项目	2017 年	2016 年	同比增长
原保险赔付支出	111 807 932.57	105 128 899.84	6.35%
1. 财产险	50 874 495.97	47 261 838.89	7.64%
2. 人身险	60 933 436.60	57 867 060.95	5.30%
(1) 寿险	45 748 906.94	46 029 461.77	-0.61%
(2) 健康险	12 947 670.22	10 007 522.22	29.38%
(3) 人身意外伤害险	2 236 859.45	1 830 076.96	22.23%

(四) 险种结构

表 1-9 给出了 2017 年中国保险市场的险种结构及同比变化，图 1-5 直观地给出了这一险种结构。

表1-9　　　　　2017年中国保险市场的险种结构及同比变化　　　　（单位：万元）

项目	保费收入（2017年）	占比（2017年）	保费收入（2016年）	占比（2016年）	同比增长
1. 财产险	98 346 579.05	26.88%	87 244 981.36	28.18%	-1.30%
2. 人身险	267 463 494.80	73.12%	222 346 027.54	71.82%	1.30%
(1) 寿险	214 555 650.29	58.65%	174 422 166.77	56.34%	2.31%
(2) 健康险	43 894 603.83	12%	40 424 967.91	13.06%	-1.06%
(3) 人身意外伤害险	9 013 240.68	2.46%	7 498 892.86	2.42%	0.04%
总计	365 810 073.85	100%	309 591 008.90	100%	0%

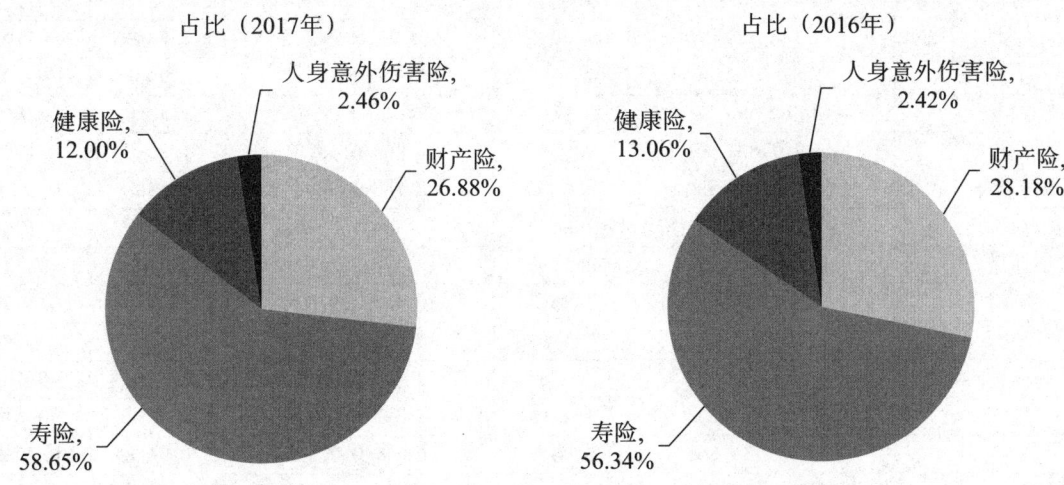

图1-5　2016~2017年中国保险市场的险种结构

2017年，中国总保费收入36 581亿元。其中，财产险业务原保费收入9 835亿元，占比26.88%，较2016年下降了1.3个百分点。人身险业务（包括人寿保险、健康保险、意外伤害保险）原保险保费收入26 746亿元，占比73.12%，较2016年上升1.3个百分点。

在人身险业务中，寿险业务原保险保费收入21 456亿元，在总保费中占比58.65%，较2015年上升2.31个百分点；健康险业务原保险保费收入4 389亿元，在总保费中占比12%，较2016年下降1.06个百分点；意外伤害业务原保险保费收入901亿元，在总保费中占比2.46%，较2014年上升0.04个百分点。

（五）地区结构

表1-10给出了2017年中国各省的保费收入情况。从各省的份额结构来看，2017年保费收入排名位居前列的省份是江苏、广东、山东，份额占比均超过

6.4%。其中,江苏占比9.43%,广东占比8.95%,山东占比6.4%。

表1-10　　　　　2017年中国各地区保费收入及同比变化　　　　（单位:万元）

地区	保费（2017年）	占比	保费（2016年）	占比	市场占有率变化
江苏	34 495 139.37	9.43%	26 902 476.16	8.69%	0.74%
广东	32 748 454.21	8.95%	29 860 614.42	9.65%	-0.69%
山东	23 410 761.18	6.40%	19 662 875.49	6.35%	0.05%
河南	20 200 675.49	5.52%	15 551 470.50	5.02%	0.50%
北京	19 731 532.74	5.39%	18 389 561.55	5.94%	-0.55%
四川	19 393 937.17	5.30%	17 120 774.10	5.53%	-0.23%
浙江	18 443 588.85	5.04%	15 273 196.37	4.93%	0.11%
河北	17 144 480.10	4.69%	14 952 669.86	4.83%	-0.14%
上海	15 871 000.46	4.34%	15 292 581.04	4.94%	-0.60%
湖北	13 467 693.70	3.68%	10 517 664.05	3.40%	0.28%
湖南	11 101 837.72	3.03%	8 864 614.23	2.86%	0.17%
安徽	11 071 600.68	3.03%	8 760 966.86	2.83%	0.20%
深圳	10 297 531.99	2.81%	8 344 460.24	2.70%	0.12%
辽宁	9 456 976.19	2.59%	8 383 562.02	2.71%	-0.12%
黑龙江	9 314 111.68	2.55%	6 855 239.02	2.21%	0.33%
陕西	8 686 925.32	2.37%	7 147 363.35	2.31%	0.07%
福建	8 317 464.08	2.27%	7 549 960.15	2.44%	-0.16%
山西	8 239 223.54	2.25%	7 005 480.48	2.26%	-0.01%
重庆	7 447 534.85	2.04%	6 016 052.52	1.94%	0.09%
江西	7 275 640.74	1.99%	6 087 090.10	1.97%	0.02%
吉林	6 416 325.74	1.75%	5 571 189.49	1.80%	-0.05%
云南	6 132 833.04	1.68%	5 293 674.20	1.71%	-0.03%
内蒙古	5 699 122.05	1.56%	4 868 744.11	1.57%	-0.01%
广西	5 650 988.23	1.54%	4 691 738.28	1.52%	0.03%
天津	5 650 144.36	1.54%	5 294 869.34	1.71%	-0.17%
新疆	5 237 705.95	1.43%	4 398 984.18	1.42%	0.01%
青岛	3 967 169.83	1.08%	3 359 012.89	1.08%	0.00%
贵州	3 877 288.19	1.06%	3 212 830.24	1.04%	0.02%
甘肃	3 663 779.42	1.00%	3 076 564.81	0.99%	0.01%
大连	3 297 310.11	0.90%	2 773 233.49	0.90%	0.01%
宁波	3 029 490.35	0.83%	2 575 601.41	0.83%	0.00%
厦门	2 003 284.64	0.55%	1 625 952.96	0.53%	0.02%
宁夏	1 652 119.16	0.45%	1 338 952.89	0.43%	0.02%
海南	1 648 285.83	0.45%	1 332 070.31	0.43%	0.02%
青海	801 794.78	0.22%	687 282.34	0.22%	0.00%
集团、总公司本级	686 185.14	0.19%	729 146.82	0.24%	-0.05%
西藏	280 136.98	0.08%	222 488.62	0.07%	0.00%
全国合计	365 810 073.85	100.00%	309 591 008.90	100.00%	0.00%

表1-11给出了2017年中国东部、中部、西部三大区域的保费收入状况和同比变化情况,图1-6直观地给出了这一地区结构。从东、中、西三大区域的份额结构来看,2016年东部、中部、西部的保费收入份额占比分别为58.65%、22.36%和18.76%,呈现明显的依次递减的现象。与2016年相比,2017年东部略有下降、中部略有提升、西部变化不大。

表1-11 2017年中国各地区保费收入及同比变化 （单位：万元）

地区	保费（2017年）	占比	保费（2016年）	占比	市场占有率变化
东部	209 512 614.29	57.27%	181 572 697.70	58.65%	-1.38%
中部	87 087 109.29	23.81%	69 213 714.73	22.36%	1.45%
西部	68 524 165.14	18.73%	58 075 449.64	18.76%	-0.03%
集团、总公司本级	686 185.14	0.19%	729 146.82	0.24%	-0.05%
全国	365 810 073.85	100%	309 591 008.90	100%	0%

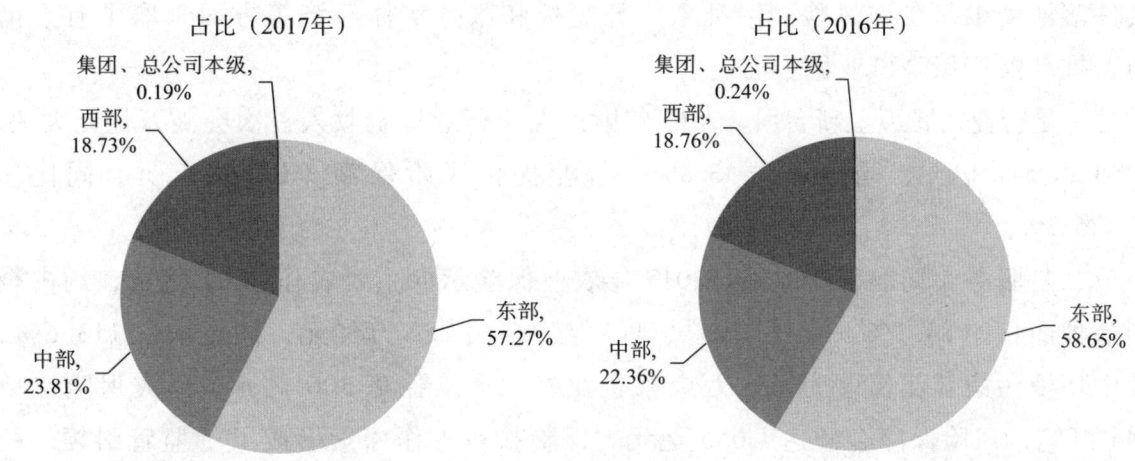

图1-6 2016~2017年中国各地区保费收入

全国保费收入从2011年的1.4万亿元增长到2017年的3.65万亿元,同比增长13.76%。保险业总资产从2011年的6万亿元增长到2017年的16.7万亿元,较2017年年初增长10.80%。我国保险市场规模先后赶超德国、法国、英国、日本,2016年超过日本跃居世界第2位。

2017年政策性信用保险承保金额首次突破5 000亿美元。2017年,首台(套)重大技术装备保险补偿机制试点为731个项目提供风险保障1 359亿元,重点新材料首批次应用保险补偿机制试点为 279 家企业提供风险保障 87.6 亿元,科技保险为科技创新提供风险保障 1.2 万亿元。服务打好精准脱贫攻坚战,探索形成多种保险扶贫模式。持续推进农业保险扩面提标增品,推动大灾保险、天气指数保险等试点,大灾保险已在 13 个粮食主产省的 200 个产粮大县启动,试点地区保额平均提升 30%。农业保险为 2.13 亿户次农户提供风险保障 2.79 万亿元,同比增长 29.2%。环境污染责任保险为 16 000 余家企业提供风险保障 306 亿元;个人健康险所得税优惠政策试点在全国推广;已完成续签的大病保险项目共覆盖 10 亿城乡居民。各保监局、保监分局紧密结合地方发展需求,引导保险机构回归本源,服务地方经济社会发展,取得良好成效。

第二节　2017 年中国财险市场回顾

2017 年,财产保险监管以习近平新时代中国特色社会主义思想为统领,坚决贯彻落实党中央国务院的决策部署和党委会的各项要求,深入推进"1+4"系列文件落地生根,在防风险、治乱象、补短板和服务实体经济等方面采取了有力措施,推动财产保险事业稳步前进。

一是行业发展迈上新台阶。2017 年财产保险行业保费收入首次突破万亿元大关,达到 10 541 亿元,同比增长 13.8%,行业提供风险保额 3 030 万亿元,同比增长 136.2%。

二是服务大局取得新成果。2017 年农业保险承保主要农作物 21 亿亩,约占全国播种面积的 84.1%。责任险提供风险保障金额 252 万亿元,同比增长 113.6%,其中环境污染责任保险为 1.6 万余家企业提供风险保障 306 亿元。巨灾保险出单 244 万笔,风险保障金额达 1 055 亿元。保险扶贫工作探索形成了"监管引领、行业参与、协同作战、合力攻坚"的工作格局。

三是防范化解风险取得新进展。截至 2017 年年末,各财险公司的偿付能力充足率均达标,行业核心偿付能力溢额达 2 915 亿元,综合偿付能力溢额达 3 610 亿元。妥善化解信用保证保险风险,切实保护投资者利益。

四是治理市场乱象取得新成效。开展农业保险和机动车辆保险业务违法违规行为专项治理,原中国保监会全年共对 10 家总公司、17 家省级分公司开展现场检查,共处罚总公司 9 家次,省级分公司 11 家次,罚款 966 万元,责令停止接受新业务 9 家次。处罚公司各级高管人员 37 名,罚款 558 万元,取消总公司高管任职资格2人、省级分公司高管任职资格9人。各保监局共对279家省级分公司、1 390家地市级及以下分支机构开展现场检查。

五是深化改革实现新突破。商业车险改革成果更多地惠及人民群众，在责任范围扩大的前提下，商车险车均保费较改革前下降16.7%。巨灾保险建设实践探索不断推进，张家口成为全国首个政府全额出资、区域统保的城市，四川住宅地震保险逐步与全国并轨。

2017年，财产险业务原保险保费收入9 834.66亿元，同比增加1 110.16亿元，同比增长12.72%，增幅较2016年同期上升3.60个百分点。其中，机动车辆保险、企财险、货运险和责任险四个主要险种原保险保费收入合计8 464.63亿元，同比增长10.45%，增幅较2016年同期上升0.57个百分点，占财产险业务原保险保费收入的86.07%，占财产险公司原保险保费收入的80.30%。

2017年12月，财产险业务实现原保险保费收入1 021.58亿元，同比增加70.14亿元，同比增长7.37%，增幅比2016年同期下降5.05个百分点。

2017年，财产险业务累计赔款支出5 087.45亿元，同比增长7.64%。其中，企业财产保险赔款支出225.51亿元，同比减少15.28%；机动车辆保险赔款支出3 938.06亿元，同比增长7.95%；责任保险赔款支出201.45亿元，同比增长21.18%；货运保险赔款支出62.23亿元，同比增长12.58%；农业保险赔款支出334.49亿元，同比增长11.79%。

2017年12月，财产险业务赔款支出635.18亿元，同比增长6.74%。其中，企业财产保险赔款支出38.46亿元，同比减少5.02%；机动车辆保险赔款支出409.32亿元，同比增长7.09%；责任保险赔款支出28.17亿元，同比增长23.00%；货运保险赔款支出8.01亿元，同比增长45.40%；农业保险赔款支出86.01亿元，同比减少12.61%。

截至2017年12月末，财产险业务应收保费998.03亿元，较2017年年初增加268.94亿元，增长36.89%；同比增长36.89%。近12个月平均应收保费率达到8.00%。

一、基本分析

（一）保费收入

（1）全国财产保险市场保费规模及增长。图1-7给出了2002~2017年全国保险市场与财产保险市场原保险保费规模对比。根据原中国保监会的数据，2017年全国保险市场原保险保费收入达到36 581亿元，较2016年同比上升16.15%。其中，财产保险市场原保险保费收入达到10 541亿元，较上一个年度增加1 275亿元，增长 13.76%。

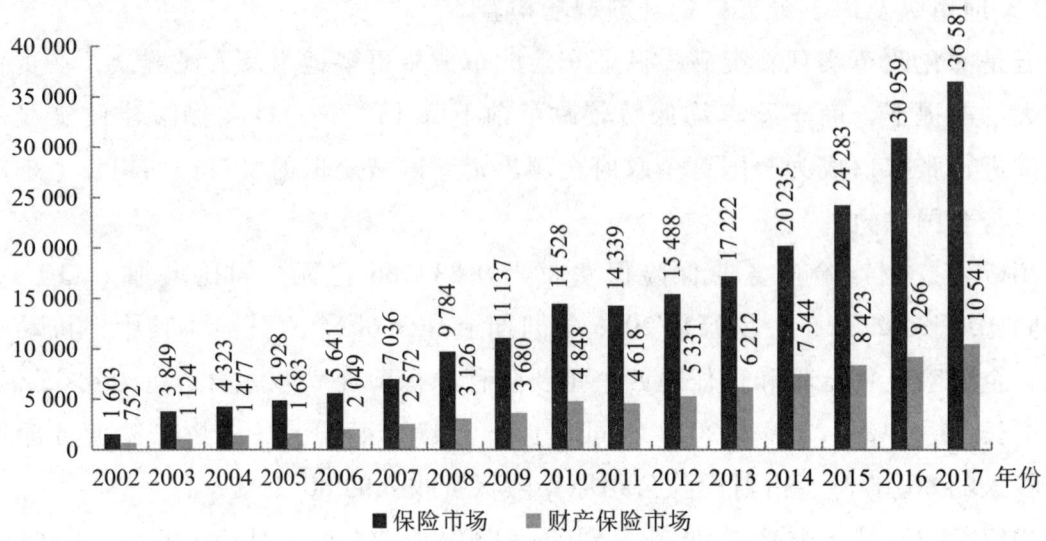

图 1-7　2002~2017 年保险市场整体与财产保险市场保费规模对比（单位：亿元）

图 1-8 给出了 2002~2017 年全国保险市场与财产保险市场原保险保费增速对比。2017 年国内财产保险市场原保险保费收入实现增长。从横向比较来看，2017 年，财产保险市场的原保险保费收入增速为 13.76%，低于同期全国保险市场原保险保费收入的增速。从纵向比较来看，2017 年财产保险市场的原保险保费收入增速有所回升。

（2）地区间财产保险市场保费规模及增长。2017 年，我国各地区财产原保险保费规模及增长情况如表 1-12 所示。

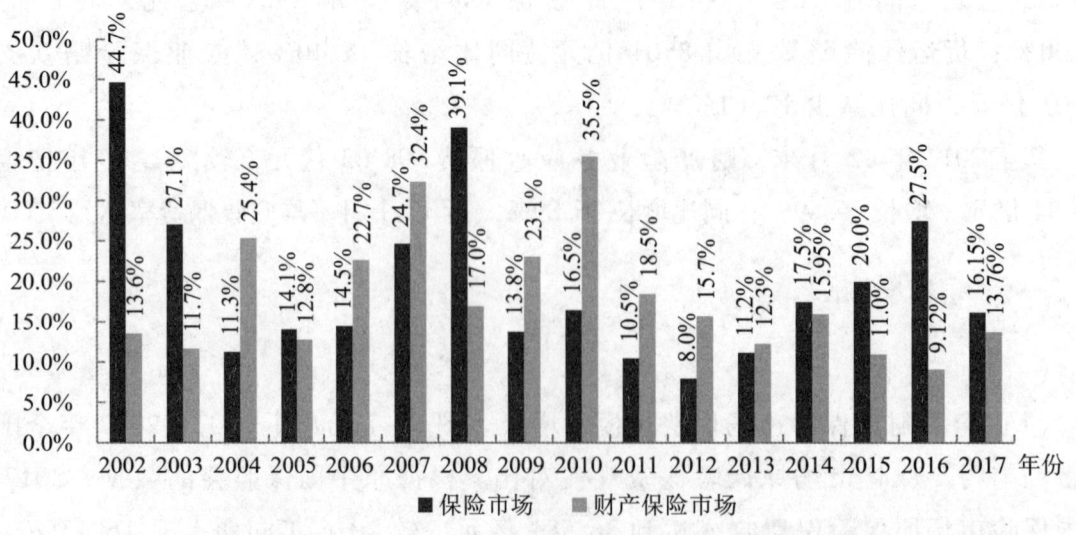

图 1-8　2002~2017 年财产保险市场保费规模增速

从保费规模来看，广东省、江苏省、浙江省和山东省位列前四名，保费规模均超过580亿元，四川省、河北省、河南省、上海市保费规模超过420亿元，但全国仅上述8个地区保费之和便超过4 700亿元；宁夏回族自治区、青海省和西藏自治区保费规模位列后三位，合计规模仅为100亿元。就保费规模的横向比较而言，各地区之间规模的差距较大，规模较小的西藏自治区保费规模仅为规模最大的广东省保费规模的2.04%，保费规模位列后三位的宁夏回族自治区、青海省和海南省的总保费仅为位列前三名的江苏省、广东省和浙江省的4.70%。

从保费规模占全国财产保险市场的比重来看，规模前三位的广东省、江苏省、浙江省占全国财产保险市场的比重分别达到了8.37%、8.28%和6.32%，规模后三位的宁夏回族自治区、青海省和西藏自治区占全国财产保险市场的比重分别为0.57%、0.34%和0.17%。

从保费增速来看，宁夏、西藏、海南位列前三名，各自的增长速度分别达到了21.59%、21.22%和20.04%；福建、辽宁、青岛的增速位列后三名，各自的增速分别为7.79%、7.33%、1.71%。就各地区增速的横向比较而言，除个别地区增速较快之外，其余地区的增速与全国平均增速较为接近。从各地区保费增速的统计情况可以看出，增速较高的地区往往都是市场规模较小，因而在快速发展时期能够表现出较高的增速；规模较大的地区增速往往较慢，这主要是其保费规模基数较大的缘故。

表1-12　　2017年各地区财产保险市场原保险保费收入

地区	财险保费规模（万元）	规模排名	规模比重	财险保费增速	增速排名
广东	8 230 281.15	1	8.37%	16.23%	13
江苏	8 139 964.05	2	8.28%	10.98%	25
浙江	6 218 299.72	3	6.32%	9.22%	30
山东	5 863 715.98	4	5.96%	12.69%	18
四川	4 963 607.91	5	5.05%	8.56%	32
河北	4 873 578.49	6	4.96%	10.23%	28
河南	4 435 928.00	7	4.51%	18.94%	4
上海	4 286 147.84	8	4.36%	15.48%	14
北京	4 043 848.82	9	4.11%	9.52%	29
安徽	3 662 783.11	10	3.72%	17.10%	8
湖南	3 141 882.24	11	3.19%	15.07%	15
湖北	3 085 312.03	12	3.14%	17.22%	7
深圳	2 823 123.05	13	2.87%	18.92%	5

续表

地区	财险保费规模(万元)	规模排名	规模比重	财险保费增速	增速排名
云南	2 551 422.94	14	2.59%	13.69%	17
辽宁	2 380 131.94	15	2.42%	7.33%	35
福建	2 278 128.41	16	2.32%	7.90%	34
陕西	2 142 108.60	17	2.18%	11.93%	20
江西	2 137 420.67	18	2.17%	16.39%	12
广西	1 959 803.92	19	1.99%	18.26%	6
山西	1 941 002.11	20	1.97%	11.46%	22
重庆	1 838 714.11	21	1.87%	11.28%	23
内蒙古	1 798 300.02	22	1.83%	10.51%	27
贵州	1 792 599.58	23	1.82%	17.05%	9
新疆	1 699 050.21	24	1.73%	10.77%	26
黑龙江	1 695 381.00	25	1.72%	13.86%	16
吉林	1 553 319.24	26	1.58%	16.59%	10
天津	1 415 727.27	27	1.44%	10.99%	24
宁波	1 389 268.53	28	1.41%	9.21%	31
甘肃	1 123 145.30	29	1.14%	11.63%	21
青岛	1 077 785.65	30	1.10%	1.71%	36
大连	789 396.90	31	0.80%	8.05%	33
厦门	735 602.84	32	0.75%	16.44%	11
集团、总公司本级	646 138.36	33	0.66%	-8.31%	37
海南	571 380.26	34	0.58%	20.04%	3
宁夏	560 374.92	35	0.57%	21.59%	1
青海	333 363.10	36	0.34%	12.46%	19
西藏	168 540.80	37	0.17%	21.22%	2
全国合计	98 346 579.05		100.00%	12.72%	

（二）赔款支出

2017年，财产保险公司赔款支出累计达到5 087亿元，保费收入累计达到9 834亿元。

表1-13给出了2017年财产保险保费收入和赔款支出情况；图1-9展示了2017年财产保险业务赔款与保费收入占比情况；图1-10给出了2017年财产保险业务累计赔款与保险保费收入对比情况。

表 1-13　　2017 年财产保险公司保费收入和赔款支出情况　　（单位：亿元）

月份	保费收入	保费收入占比	赔付支出	赔付支出占比	赔付率
1月	973.81	9.90%	419.69	8.25%	43.10%
2月	561.45	5.71%	287.23	5.65%	51.16%
3月	866.86	8.81%	428.38	8.42%	49.42%
4月	786.39	8.00%	355.96	7.00%	45.26%
5月	767.90	7.81%	393.41	7.73%	51.23%
6月	896.02	9.11%	409.83	8.06%	45.74%
7月	776.83	7.90%	402.56	7.91%	51.82%
8月	758.84	7.72%	427.56	8.40%	56.34%
9月	842.17	8.56%	442.37	8.70%	52.53%
10月	730.85	7.43%	377.40	7.42%	51.64%
11月	851.94	8.66%	507.88	9.98%	59.61%
12月	1 021.58	10.39%	635.18	12.49%	62.18%

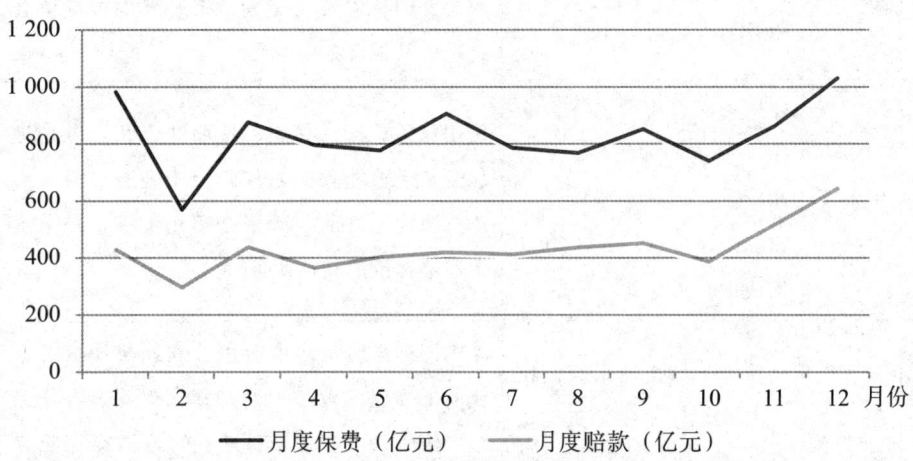

图 1-9　2017 年财产保险业务月度赔款与保费收入

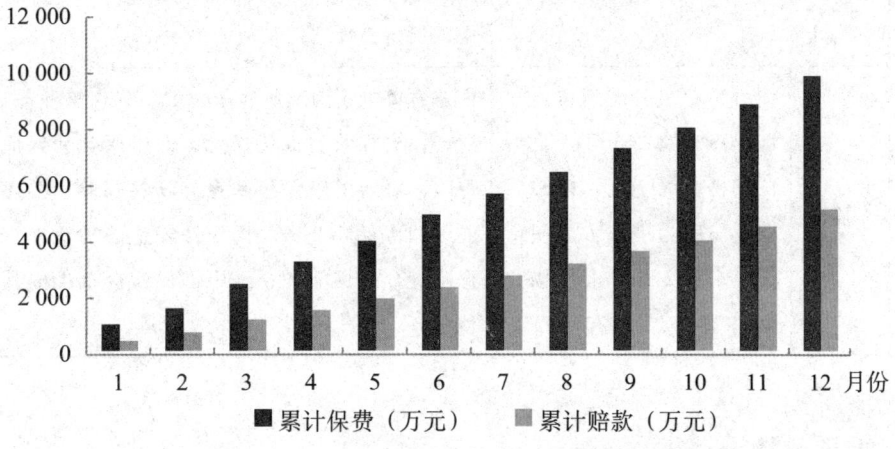

图 1-10　2017 年财产保险业累计赔款与保费收入

二、竞争态势

（一）经营主体数量

2017年获批4家财产保险公司，其中2家相互保险社分别为众惠财产相互保险社和汇友建工相互保险社，2家自保公司分别为中远海运财产保险自保有限公司和广东粤电财产保险自保有限公司（见表1-14）。

表1-14　2017年国内保险市场新增财产保险公司

保险公司名称	注册资本	住所地址	批准内容	批复时间
汇友建工财产相互保险社	6亿元	住所为北京市朝阳区北辰东路8号北辰时代大厦29层	住建及工程领域的责任保险、信用保证保险；上述业务的再保险分出业务；国家法律、法规允许的保险资金运用业务；经中国保监会批准的其他业务	2017年6月22日
众惠财产相互保险社	10亿元	住所为深圳市前海深港合作区前湾一路1号A栋201室；营业场所为北京市朝阳区东三环中路20号乐成中心A座7层	信用保险；保证保险；短期健康和意外伤害保险；上述业务的再保险分出业务；国家法律、法规允许的保险资金运用业务；经中国保监会批准的其他业务	2017年2月10日
中远海运财产保险自保有限公司	20亿元	住所为上海市浦东新区民生路628号航运科研大厦1101室；营业场所为上海市虹口区东大名路670号7层	为中国远洋海运集团有限公司及集团成员企业的下列保险业务：财产损失保险、责任保险、信用保险和保证保险；短期健康保险和意外伤害保险；上述业务的再保险业务；国家法律、法规允许的保险资金运用业务；经中国保监会批准的其他业务	2017年1月25日
广东粤电财产保险自保有限公司	3亿元	住所为广东省广州市南沙区丰泽东路106号（自编1号楼）X1301-G3525；营业场所为广东省广州市天河东路2号粤电广场北塔19楼	广东省粤电集团及所属单位的下列保险业务：财产损失保险、责任保险、信用保险和保证保险；短期健康保险和意外伤害保险；上述业务的再保险分出业务；国家法律、法规允许的保险资金运用业务；经中国保监会批准的其他业务	2017年10月27日

（二）市场份额

从近3年的市场份额统计情况（见表1-15）可以看出，除了人保股份（即

"中国人民财产保险股份有限公司")、平安财险(即"中国平安财产保险股份有限公司")和太保财险(即"中国太平洋财产保险股份有限公司")三大财产保险公司以外,其他财产保险公司的市场份额较小,甚至无一突破9%。3年来,三大财产保险公司的市场份额趋于稳定,但太保财险的市场份额下降趋势明显。目前,国内财产保险市场上的保险公司市场份额大多小于6%,中小型财产保险公司数目众多。纵观整个国内财产保险市场的市场份额,基本形成了"一超两强"为主导的市场格局。"一超"指中国人民财产保险股份有限公司,"两强"指中国平安财产保险股份有限公司和中国太平洋财产保险股份有限公司。

表1-15　　　　　　2015~2017年国内财产保险公司市场份额

公司名称	2017年市场份额排名			2017年	2016年	2015年
	总体	中资	外资			
人保股份	1	1	—	33.14%	34.08%	33.36%
平安财险	2	2	—	20.49%	20.53%	19.43%
太保财险	3	3	—	9.87%	10.94%	11.21%
国寿财产	4	4	—	6.28%	6.89%	5.98%
中华联合	5	5	—	3.68%	4.19%	4.67%
大地财产	6	6	—	3.52%	3.50%	3.16%
阳光财产	7	7	—	3.17%	3.23%	3.06%
太平保险	8	8	—	2.09%	1.98%	1.85%
出口信用	9	9	—	1.75%	2.05%	1.96%
天安	10	10	—	1.34%	1.53%	1.55%
华安	11	11	—	1.07%	1.11%	1.02%
永安	12	12	—	0.80%	0.99%	0.97%
英大财产	13	13	—	0.79%	0.97%	0.87%
华泰	14	14	—	0.76%	0.76%	0.75%
安盛天平	15	—	1	0.75%	0.93%	0.85%
安邦	16	15	—	0.64%	0.63%	0.62%
永诚	17	16	—	0.61%	0.71%	0.80%
众安财产	18	17	—	0.57%	0.26%	0.27%
中银保险	19	18	—	0.53%	0.49%	0.54%
紫金财产	20	19	—	0.48%	0.56%	0.50%
安华农业	21	20	—	0.46%	0.52%	0.46%
国元农业	22	21	—	0.45%	0.37%	0.38%

续表

公司名称	2017年市场份额排名			2017年	2016年	2015年
	总体	中资	外资			
都邦	23	22	—	0.40%	0.46%	0.47%
安诚	24	23	—	0.39%	0.37%	0.38%
鼎和财产	25	24	—	0.38%	0.35%	0.32%
渤海	26	25	—	0.37%	0.34%	0.28%
浙商财产	27	26	—	0.35%	0.40%	0.39%
阳光农业	28	27	—	0.31%	0.35%	0.33%
信达财险	29	28	—	0.31%	0.38%	0.37%
亚太财险	30	29	—	0.30%	0.32%	—
长安责任	31	30	—	0.28%	0.33%	0.33%
中航安盟	32	—	2	0.20%	0.21%	0.19%
富德财产	33	31	—	0.20%	0.21%	0.12%
北部湾财产	34	32	—	0.19%	0.16%	0.15%
泰康在线	35	33	—	0.16%	0.02%	0.00%
锦泰财产	36	34	—	0.16%	0.16%	0.16%
华海财产	37	35	—	0.15%	0.10%	0.04%
利宝互助	38	—	3	0.15%	0.14%	0.11%
泰山财险	39	36	—	0.14%	0.16%	0.15%
华农	40	37	—	0.14%	0.10%	0.07%
美亚	41	—	4	0.13%	0.10%	0.17%
中煤财产	42	38	—	0.13%	0.14%	0.11%
国泰财产	43	—	5	0.12%	0.08%	0.08%
众诚保险	44	39	—	0.12%	0.13%	0.12%
安信农业	45	40	—	0.10%	0.11%	0.13%
中原农业	46	41	—	0.10%	0.06%	0.01%
诚泰财产	47	42	—	0.10%	0.10%	0.09%
富邦财险	48	—	6	0.09%	0.11%	0.10%
安联	49	—	7	0.09%	0.07%	0.10%
三星	50	—	8	0.08%	0.09%	0.10%
燕赵财产	51	43	—	0.08%	0.07%	0.01%
易安财产	52	44	—	0.08%	0.00%	—
安心财产	53	45	—	0.08%	0.01%	0.00%
长江财产	54	46	—	0.07%	0.09%	0.08%

续表

公司名称	2017 年市场份额排名			2017 年	2016 年	2015 年
	总体	中资	外资			
铁路自保	55	47	—	0.06%	0.05%	—
前海联合	56	48	—	0.06%	0.01%	—
中意财产	57	—	9	0.05%	0.05%	0.04%
东京海上	58	—	10	0.05%	0.06%	0.06%
恒邦财产	59	49	—	0.05%	0.05%	0.03%
苏黎世	60	—	11	0.05%	0.05%	0.06%
安达保险	61	—	12	0.05%	0.03%	—
鑫安汽车	62	50	—	0.05%	0.05%	0.05%
中石油专属保险	63	51	—	0.05%	0.05%	0.05%
三井住友	64	—	13	0.04%	0.05%	0.07%
珠峰财险	65	52	—	0.04%	0.00%	—
中路财产	66	53	—	0.04%	0.02%	0.00%
海峡金桥	67	54	—	0.04%	0.00%	—
日本财产	68	—	14	0.04%	0.04%	0.04%
建信财产	69	55	—	0.02%	0.00%	—
史带财险	70	—	15	0.02%	0.01%	0.03%
东海航运	71	56	—	0.02%	0.01%	—
久隆财产	72	57	—	0.02%	0.00%	—
瑞再企商	73	—	16	0.01%	0.01%	0.02%
阳光渝融	74	58	—	0.01%	0.00%	—
合众财产	75	59	—	0.01%	0.01%	0.00%
乐爱金	76	—	17	0.01%	0.01%	0.01%
现代财产	77	—	18	0.01%	0.01%	0.02%
众惠相互	78	60	—	0.01%	0.00%	0
日本兴亚	79	—	19	0.01%	0.01%	0.01%
爱和谊	80	—	20	0.01%	0.01%	0.01%
信利保险	81	—	21	0.00%	0.00%	0.00%
劳合社	82	—	22	0.00%	0.00%	0.01%
粤电自保	83	61	—	0.00%	0.00%	0.00%
汇友互助	84	62	—	0.00%	0.00%	0.00%

(三) 市场集中度

市场集中度（Concentration Ratio，CR）是衡量整个行业的市场结构集中程度的测量指标，用来衡量企业的数目和相对规模的差异，是反映市场垄断程度的重要量化指标。此处对于国内财产保险行业市场集中度的分析是以前三家财产保险公司的市场份额之和（CR3）为标准衡量国内财险市场集中度。

从表1-16中的数据可以看出，2007~2011年国内财产保险市场集中度持续上升，2012年开始市场集中度又有所下降，但是下降幅度较小。2017市场集中度较2016年略有下降，为63.5%，下降2.05个百分点。总体来看，近年来市场集中度超过60%，这说明国内财产保险市场仍然趋向于垄断，整体竞争程度不够。具体来看，近年来约60%的市场份额仍然由三大财产保险公司贡献，而且人民财产保险股份有限公司一直稳居首位；平安财产保险股份有限公司的市场份额从2009年起超越太平洋财产保险股份有限公司，排名次席。

表1-16　　　　　2007~2017年国内财产保险市场集中度

年份	2007	2008	2009	2010	2011	2012	2013	2014	2015	2016	2017
市场份额前三（由大到小）	人保、太保、平安	人保、太保、平安	人保、太保、平安	人保、平安、太保	人保、平安、太保	人保、平安、太保	人保、平安、太保	人保、平安、太保	人保、平安、太保	人保、平安、太保	人保、平安、太保
集中度（CR3）（%）	63.97	63.86	64.21	66.45	66.60	65.35	64.8	64.7	64.0	65.55	63.5

三、发展层次

(一) 保险密度

保险密度是指按照当地人口计算的人均保费，它与保费收入总量从不同角度反映了保险的规模程度，同时也体现了一个国家或地区保险的普及程度。财产保险市场的保险密度说明该地财产保险产品的普及程度，是衡量财产保险市场发展情况的一项重要指标。

2017年，国内财产保险市场的保险密度达到了750.03元，较2016年度增长18.87%。从近13年的保险密度来看，国内保险市场的保险密度增长迅速，从2002年的60.59元增长到750.03元，增幅达到1 137%（见表1-17和图1-11）。从近年来财产保险市场的保险密度数据来看，一方面，国内财产保险市场的发展较好，财产保险产品的普及程度越来越高；另一方面，国内财产保险市场发展程度还须进一步深化。

表 1-17　　　　　　　2002~2017 年国内财产保险市场保险密度

年份	保费收入（亿元）	人口数量（万人）	保险密度（元/人）
2002	778	128 453	60.57
2003	869	129 227	67.25
2004	1 090	129 988	83.85
2005	1 230	130 756	94.07
2006	1 509	131 448	114.80
2007	1 998	132 129	151.22
2008	2 337	132 802	175.98
2009	2 876	133 450	215.51
2010	3 896	134 091	290.55
2011	4 618	134 735	342.75
2012	5 531	135 404	408.48
2013	6 212	136 072	456.52
2014	7 544	136 782	551.56
2015	7 995	138 067	579.07
2016	8 725	138 200	630.97
2017	10 541	140 500	750.03

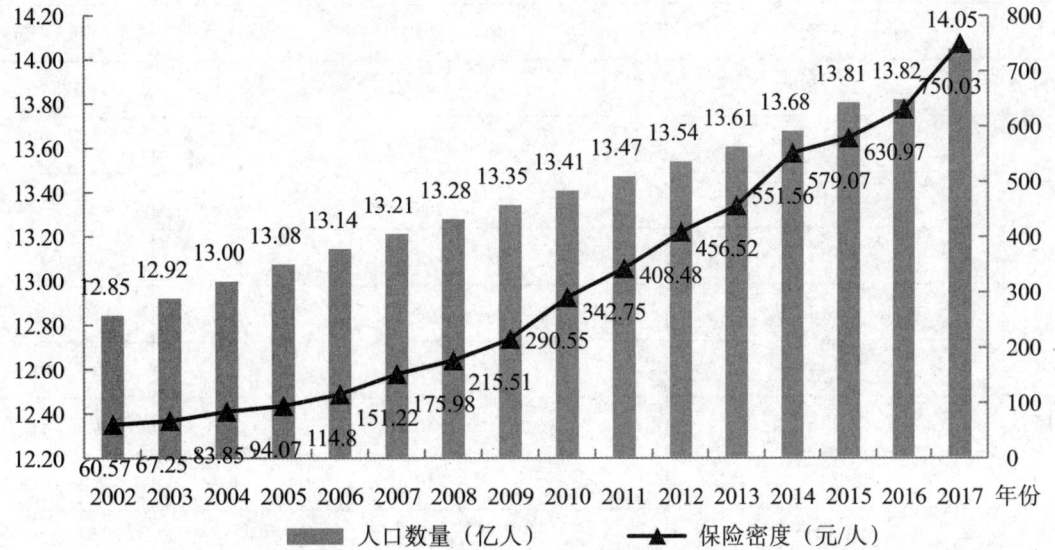

图 1-11　2002~2017 年国内财产保险市场保险密度

(二) 保险深度

保险深度是指保费收入占该地区国内生产总值（GDP）之比，它反映该地区保险业在国民经济中所处的地位。财产保险市场的保险深度即财产保险保费占该地国内生产总值之比，说明财产保险市场在国民经济中的重要程度。

2017年，国内财产保险市场保险深度达到了1.27%，较2016年的1.17%略有上升。从近十年保险深度的变化趋势来看，国内财产保险市场的保险深度表现为较为稳定的增长，从2002年的0.65%增长到2016年的1.27%（见表1-18和图1-12），增幅达到95.38%。一方面，不断增长的保险深度说明国内财产保险市场在国民经济中地位不断增强；另一方面，较低的保险深度说明国内财产保险市场在国民经济中的地位仍然需要加强。

表1-18　　　　　　　　2002~2017年国内财产保险市场保险深度

年份	保费收入（亿元）	国内生产总值（亿元）	保险深度
2002	778	120 333	0.65%
2003	869	135 823	0.64%
2004	1 090	159 878	0.68%
2005	1 230	184 937	0.67%
2006	1 509	216 314	0.70%
2007	1 998	265 810	0.75%
2008	2 337	314 045	0.74%
2009	2 876	340 903	0.84%
2010	3 896	401 513	0.97%
2011	4 618	472 882	0.98%
2012	5 531	519 322	1.06%
2013	6 212	568 845	1.09%
2014	7 544	636 463	1.19%
2015	7 995	676 708	1.18%
2016	8 725	744 127	1.17%
2017	10 541	827 122	1.27%

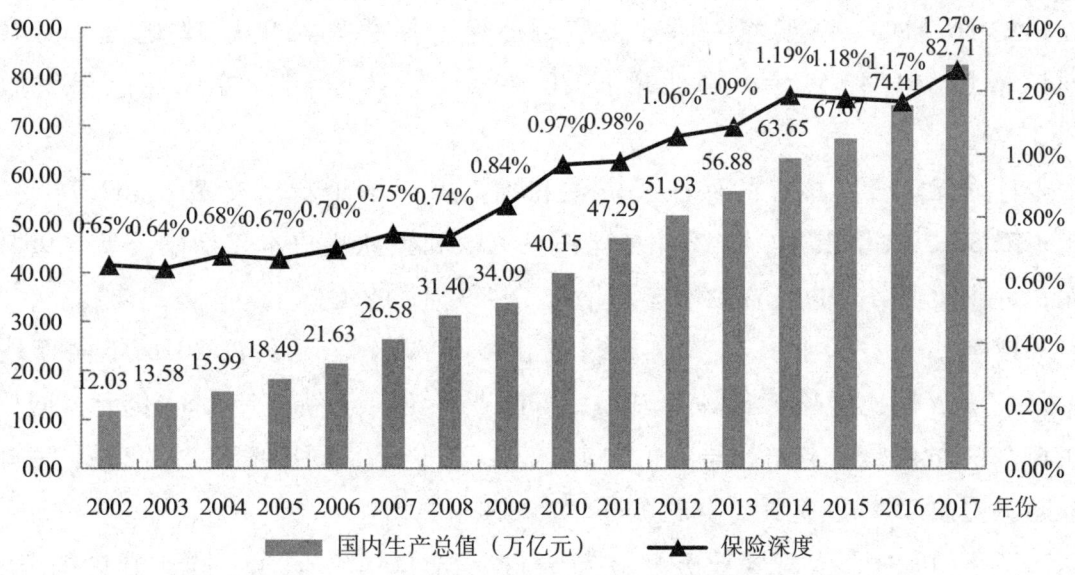

图 1-12 2002~2017 年国内财产保险市场保险深度

第三节 2017 年中国寿险市场回顾

党的十八大以来，在以习近平同志为核心的党中央的坚强领导下，在习近平新时代中国特色社会主义思想的科学指引下，人身保险业深入贯彻党的十九大精神，进入了改革红利持续释放期、保险需求爆发增长期和国家支持政策密集出台期。一是防范化解风险取得新成效，维护了行业稳定经营的局面；二是从严监管迈出新步伐，推动监管逐步从宽松软走向严紧硬；全面深化改革实现新突破，市场配置资源的关键地位已经确立；三是转变发展方式进入新阶段，行业从靠天吃饭走向更加稳健和可持续发展；四是行业基础建设迈上新台阶，确保行业发展行稳致远。当前，人身保险监管理念有待进一步提升，监管政策有待进一步完善，公司业务结构有待进一步调整，消费者权益保护工作有待进一步加强。

2017 年，人身险业务原保险保费收入 26 746.35 亿元（其中包括财产险公司经营的意外险、短期健康险原保险保费收入 706.72 亿元），较 2016 年同期增加 4 511.75 亿元，同比增长 20.29%。其中，寿险业务实现原保险保费收入 21 455.57 亿元，较 2016 年同期增加 4 013.35 亿元，同比增长 23.01%，占人身险业务原保险保费收入的 80.22%；健康险业务实现原保险保费收入 4 389.46 亿元，较 2016 年同期增加 346.96 亿元，同比增长 8.58%，占人身险业务原保险保费收入的16.41%；人身意外险业务实现原保险保费收入901.32亿元，较2016年同期增加151.43亿元，同比增长20.19%，占人身险业务原保险保费收入的3.37%。

未计入保险合同核算的保户投资款和独立账户本年新增交费6 362.78亿元，同比下降50.29%。其中，寿险业务保户投资款和独立账户本年新增交费5 951.57亿元；健康险业务保户投资款本年新增交费411.22亿元。

2017年，人身险业务赔款与给付支出6 093.34亿元，较2016年同期增加306.64亿元，同比增长5.30%。其中，寿险业务给付金额4 574.89亿元，同比减少0.61%；健康险业务赔款与给付支出1 294.77亿元，同比增长29.38%；意外险业务赔款支出223.69亿元，同比增长22.23%。

2017年12月，人身险业务赔款与给付支出454.77亿元，同比减少2.79%。其中，寿险业务给付金额261.20亿元，同比下降17.19%；健康险业务赔款与给付支出169.36亿元，同比增长30.24%；意外险业务赔款支出24.21亿元，同比增长8.31%。

截至2017年12月末，寿险公司应收保费482.32亿元，较2017年年初增加81.35亿元，增长20.29%；同比增长20.29%。

2017年，寿险公司退保金6 117.93亿元，同比增长37.25%。退保率6.52%，比2016年同期增加0.92个百分点。分不同性质公司来看，中资寿险公司退保金5 810.73亿元，退保率6.58%；外资寿险公司退保金307.21亿元，退保率5.58%。分险种来看，分红寿险退保金1 013.01亿元，占寿险公司退保金的16.56%；普通寿险退保金4 868.23亿元，占寿险公司退保金的79.57%；万能险退保金0.16亿元。

一、基本分析

（一）保费收入

（1）总体保费情况。2017年，全国人身险公司原保费收入22 173亿元，表1-19给出了2017年各月和累计的人身险公司保费收入；图1-13和图1-14分别给出了2017年人身保险各月和累计保费收入分布。

表 1-19　　2017 年人身险公司各月保费收入　　（单位：万元）

月份	保费	占比
1	75 795 906.88	28.34%
2	103 675 464.76	10.42%
3	134 638 972.05	11.58%
4	148 078 105.82	5.02%
5	163 353 858.41	5.71%
6	182 877 116.88	7.30%
7	196 382 865.57	5.05%
8	212 660 637.11	6.09%
9	232 270 338.87	7.33%
10	244 276 317.95	4.49%
11	255 845 103.88	4.33%
12	267 463 494.80	4.34%

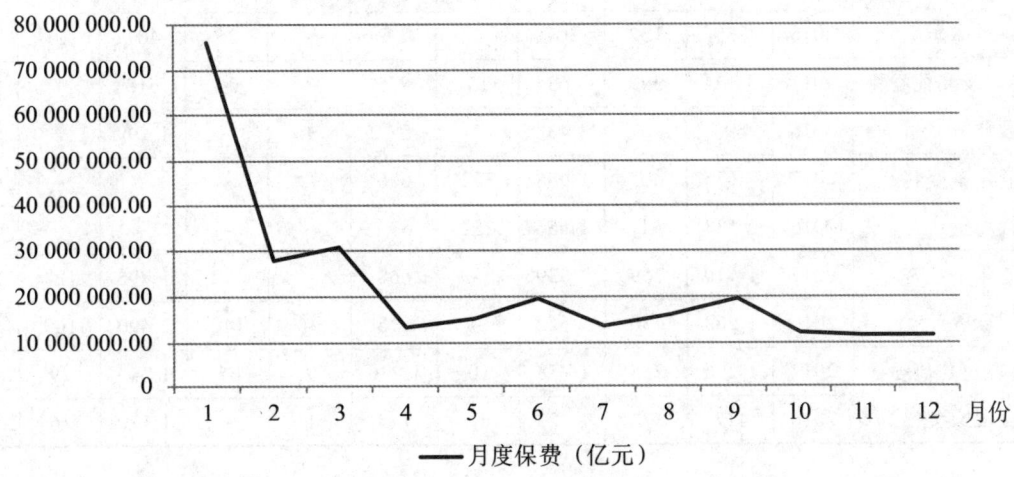

图 1-13　2017 年人身险公司各月保费收入及赔付支付分布

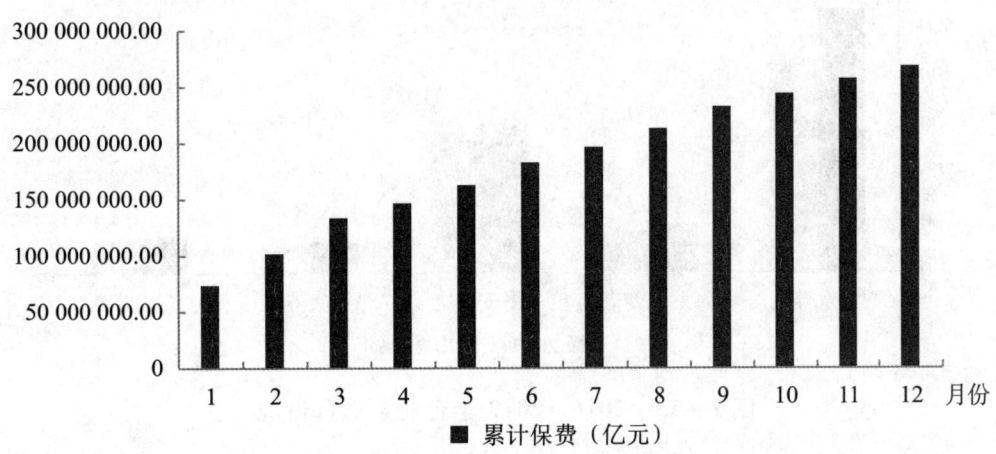

图 1-14　2017 年人身险公司累计保费收入及赔付支付分布

(2) 企业年金情况。2017年，9家养老保险公司全年共实现企业年金缴费1 103亿元，增长17.09%。受托管理资产6 246亿元，增长20.88%；投资管理资产6 805亿元，增长18.76%。表1-20给出了2016~2017年企业年金经营情况，包括企业年金缴费、受托管理资产和投资管理资产；图1-15给出了2016~2017年企业年金缴费对比。

表1-20　　　　　　　　2016~2017年企业年金经营情况　　　　　　　　（单位：亿元）

项目	年份	国寿养老	太平养老	平安养老	泰康养老	长江养老	安邦养老	人保资产	泰康资产	华泰资产	合计
企业年金受托管理业务缴费	2017	542	101	317	65	77	–	–	–	–	1 103
	2016	439	88	289	58	67	–	–	–	–	942
企业年金投资管理业务缴费	2017	277	154	408	–	138	–	51	367	11	1 406
	2016	239	132	307	–	122	–	26	407	16	1 249
养老保障及其他委托管理业务缴费	2017	3 144	390	3 634	15	773	8	54	618	1	8 638
	2016	893	307	3 438	3	552	1	–	1 199	2	6 395
企业年金受托管理资产	2017	2 675	605	1 988	322	656	–	–	–	–	6 246
	2016	2 138	541	1 656	252	579	–	–	–	–	5 167
企业年金投资管理资产	2017	1 416	769	1 839	–	668	–	192	1 796	124	6 805
	2016	1 263	630	1 522	–	576	–	140	1 490	109	5 730
养老保障及其他委托管理资产	2017	1 296	258	1 358	10	1 236	9	55	1 343	29	5 593
	2016	417	172	1 223	6	775	1	–	1 170	16	3 779

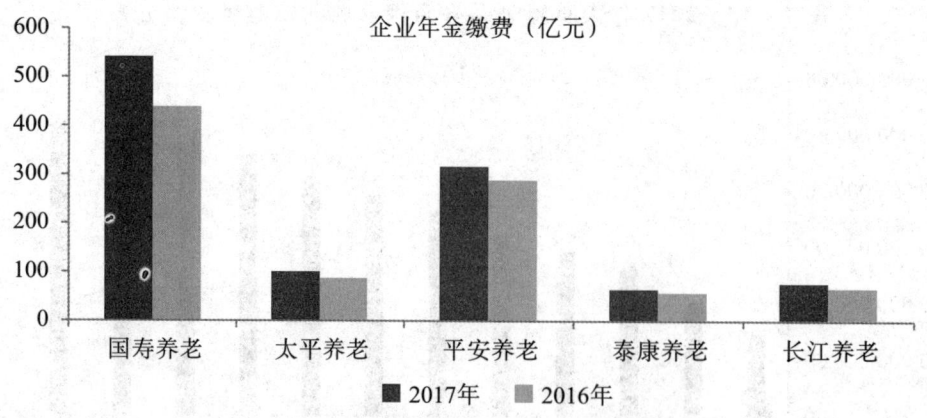

图1-15　2016~2017年企业金缴费情况

(3) 分险种保费情况。近10年时间，寿险业务结构总体趋向稳定。2017年寿险保费规模为21 455.57亿元，占人身险总保费的80.22%，总体占比变化不大，较2016年占比上升1.77个百分点。2017年健康险保费收入为4 389.46亿元，占人身险总保费的16.41%，相比2016年占比提高1.77%，2015年8月，原中国保监会关于印发《个人税收优惠型健康保险业务管理暂行办法》，鼓励发展健康保险业务；与此同时，国民健康险意识不断提高，都是健康险发展的动力因素。2016年7月，原中国保监会关于延长老年人住房反向抵押养老保险试点期间并扩大试点范围的通知，将试点期限延长至2018年6月30日。试点范围扩大至各直辖市、省会城市（自治区首府）、计划单列市，以及江苏省、浙江省、山东省和广东省的部分地级市。上述4省中，每省开展试点的地级市原则上不超过3个，进一步促进老年人住房反向抵押养老保险业务发展，深化商业养老保险供给侧改革。2016年人身意外伤害险保费达到901.32亿元，占人身险保费的3.37%，基本持平。表1-21给出了2016~2017分险种保费收入比较；图1-16显示了2017年人身险各险种保费收入分布情况。

表1-21　　　　　2016~2017年人身险分险种保费收入比较　　　　（单位：亿元）

险种	保费（2017年）	占比（2017年）	增长（2017年）	保费（2016年）	占比（2016年）
寿险	21 455.57	80.22%	23.01%	17 442.22	78.45%
健康险	4 389.46	16.41%	8.58%	4 042.50	18.18%
人身意外伤害险	901.32	3.37%	20.19%	749.89	3.37%

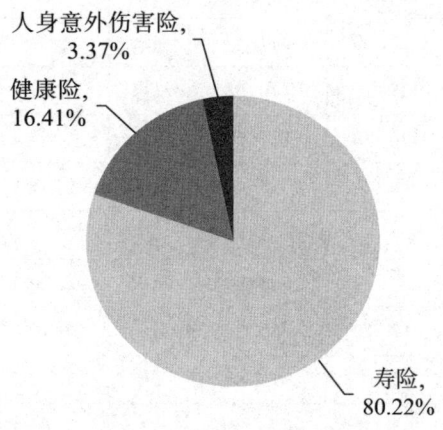

图1-16　2017年人身险各险种保费收入分布

（4）分地区保费情况。2017年，我国各地区人身险保费规模及增长情况如表1-22所示。2017年人身险保费规模居前五位的地区是江苏（2 635.52亿元）、广东（2 451.82亿元）、山东（1 754.70亿元）、河南（1 576.47亿元）、北京

(1 568.77亿元);保费增幅居前五位的地区为黑龙江(41.97%)、江苏(34.68%)、西藏(33.72%)、河南(33.35%)、湖北(31.66%)。东部地区11省区保费收入达15 439亿元,同比增长14%,占比58%;中部地区8省区保费收入达6 543.41亿元,同比增长23%,占比24%;西部地区12省区保费收入达4 759亿元,同比增长17%,占比18%(具体参见表1-23和图1-17)。

表1-22　　2017年各地区人身险保费规模情况表　　(单位:亿元)

地区	寿险	意外险	健康险	人身险原保费规模合计	规模排名	规模比重	2016年原保费规模	原保费增速	增速排名
江苏	2 211.26	69.65	354.60	2 635.52	1	9.85%	1 956.81	34.68%	3
广东	1 953.97	95.69	402.15	2 451.82	2	9.17%	2 277.94	7.63%	34
山东	1 407.46	43.43	303.82	1 754.70	3	6.56%	1 445.96	21.35%	23
河南	1 297.95	37.99	240.54	1 576.47	4	5.89%	1 182.19	33.35%	5
北京	1 208.36	58.57	301.83	1 568.77	5	5.87%	1 469.71	6.74%	35
四川	1 161.62	46.57	234.84	1 443.03	6	5.40%	1 254.86	15.00%	30
河北	1 023.41	30.55	173.13	1 227.09	7	4.59%	1 053.14	16.52%	29
浙江	951.94	52.18	218.41	1 222.53	8	4.57%	957.97	27.62%	10
上海	881.80	63.60	213.09	1 158.49	9	4.33%	1 158.11	0.03%	37
湖北	830.07	35.45	172.72	1 038.24	10	3.88%	788.55	31.66%	6
湖南	634.29	27.46	134.25	796.00	11	2.98%	613.41	29.76%	8
黑龙江	639.25	15.08	107.55	761.87	12	2.85%	536.63	41.97%	2
深圳	579.17	42.64	125.63	747.44	13	2.79%	597.05	25.19%	15
安徽	607.53	20.59	112.75	740.88	14	2.77%	563.30	31.52%	7
辽宁	577.79	15.39	114.50	707.68	15	2.65%	616.59	14.77%	31
陕西	542.27	17.24	94.97	654.48	16	2.45%	523.35	25.06%	16
山西	536.07	13.91	79.84	629.82	17	2.35%	526.40	19.65%	27
福建	448.60	23.59	131.74	603.93	18	2.26%	543.87	11.04%	33
重庆	436.60	20.10	104.19	560.88	19	2.10%	436.38	28.53%	9
江西	415.58	14.63	83.61	513.82	20	1.92%	425.06	20.88%	24
吉林	411.41	9.30	65.60	486.30	21	1.82%	423.89	14.72%	32
天津	352.28	10.23	60.93	423.44	22	1.58%	401.93	5.35%	36
内蒙古	305.96	11.43	72.69	390.08	23	1.46%	324.14	20.34%	25
广西	283.55	19.48	66.09	369.12	24	1.38%	303.46	21.64%	22
云南	260.55	20.58	77.01	358.14	25	1.34%	304.94	17.45%	28

续表

地区	寿险	意外险	健康险	人身险原保费规模合计	规模排名	规模比重	2016年原保费规模	原保费增速	增速排名
新疆	259.80	16.21	77.85	353.87	26	1.32%	286.52	23.51%	19
青岛	226.05	8.01	54.87	288.94	27	1.08%	229.94	25.66%	14
甘肃	200.65	10.66	42.76	254.06	28	0.95%	207.04	22.71%	21
大连	212.50	5.90	32.39	250.79	29	0.94%	204.26	22.78%	20
贵州	156.60	14.22	37.65	208.47	30	0.78%	168.14	23.99%	18
宁波	137.09	7.01	19.92	164.02	31	0.61%	130.34	25.84%	12
厦门	96.66	6.71	23.40	126.77	32	0.47%	99.42	27.51%	11
宁夏	81.24	4.40	23.53	109.17	33	0.41%	87.81	24.34%	17
海南	87.18	4.06	16.45	107.69	34	0.40%	85.61	25.80%	13
青海	34.34	2.22	10.29	46.84	35	0.18%	39.09	19.85%	26
西藏	4.64	3.31	3.21	11.16	36	0.04%	8.35	33.72%	4
集团、总公司本级	0.08	3.28	0.65	4.00	37	0.01%	2.45	63.56%	1
全国合计	21 455.57	901.32	4 389.46	26 746.35			22 234.60	20.29%	

表1-23　　　　　　　　2017年东中西部地区人身险保费收入占比　　　　　　（单位：亿元）

地区	2017年保费收入	占比	2016年保费收入	增速
东部地区	15 439.62	58%	13 228.64	14%
中部地区	6 543.41	24%	5 059.44	23%
西部地区	4 759.31	18%	3 944.07	17%
集团、总公司本级	4.00	0%	2.45	39%

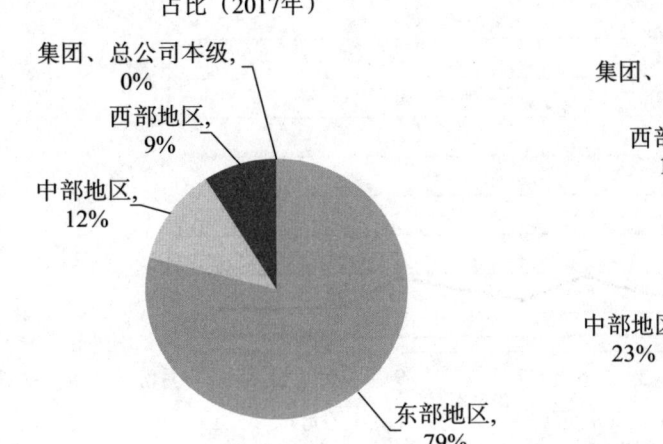
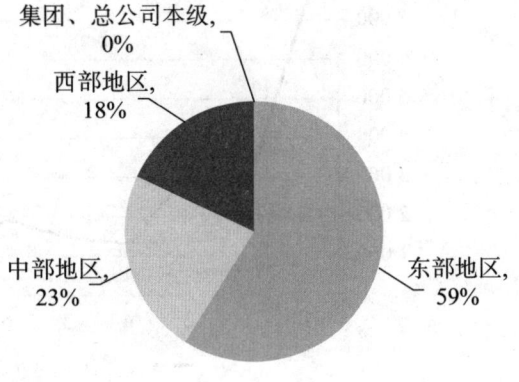

图1-17　2017年东中西部地区人身险保费收入分布

(二) 赔付支出

2017年,寿险业务给付4 574.89亿元,同比降低0.6%;健康险业务赔款和给付1 294.77亿元,同比增长29.4%;意外险业务赔款223.69亿元,同比增长22.2%。表1-24给出了2017年人身保险保费收入和赔款支出。图1-18展示了2017年人身保险业务赔款与保费收入占比情况;图1-19展示了2017年人身保险业务累计赔款与保险保费收入对比情况。

表1-24　　　　　　　2016年人身保险保费收入和赔款支出

月份	保费（亿元）	占比	赔款（亿元）	占比
1	7 579.59	28.34%	857.61	14.07%
2	2 787.96	10.42%	677.08	11.11%
3	3 096.35	11.58%	635.02	10.42%
4	1 343.91	5.02%	434.67	7.13%
5	1 527.58	5.71%	411.06	6.75%
6	1 952.33	7.30%	475.57	7.80%
7	1 350.57	5.05%	396.37	6.50%
8	1 627.78	6.09%	424.38	6.96%
9	1 960.97	7.33%	448.53	7.36%
10	1 200.60	4.49%	380.01	6.24%
11	1 156.88	4.33%	498.29	8.18%
12	1 161.84	4.34%	454.77	7.46%

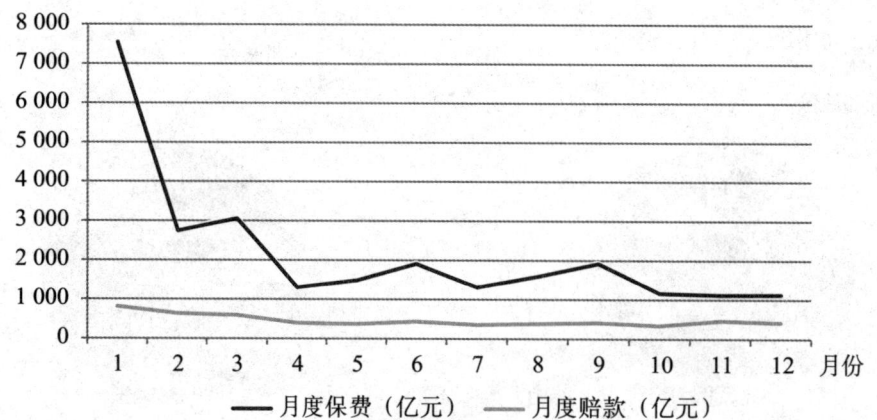

图1-18　2017年人身保险业务月度赔款与保费收入占比

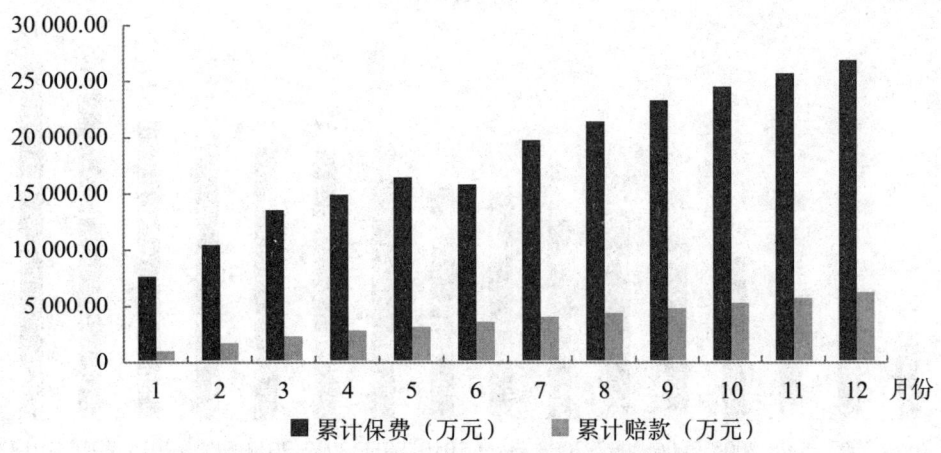

图1-19　2017年人身保险业累计赔款与保费收入

（三）退保情况

2017年，寿险公司退保金6 117.93亿元，同比增长37.25%。退保率6.52%，比2016年同期增加0.92个百分点。分不同性质公司来看，中资寿险公司退保金5 810.73亿元，退保率6.58%；外资寿险公司退保金307.21亿元，退保率5.58%。分险种来看，分红寿险退保金1 013.01亿元，占寿险公司退保金的16.56%；普通寿险退保金4 868.23亿元，占寿险公司退保金的79.57%；万能险退保金0.16亿元。

二、竞争态势

（一）经营主体数量

随着中国加入世贸组织，保险市场进一步开放，大量外资寿险公司进入中国市场，本土中小保险企业也迅速发展壮大。如图1-20所示，至2002年年底，人寿保险公司仅为23家。但到了2006年年底，全国已发展到48家，其中，中资人寿险公司23家，外资公司25家；综合性人寿险公司41家，专业健康险公司4家，专业养老金公司3家。截至2017年年底，全国人寿保险公司达到92家，较2017年年初增加了8家；其中，中资公司58家，外资公司34家。

（二）市场份额

2017年，各人寿保险公司的保费规模及市场份额如表1-25、表1-26和图1-21所示。2017年，保费规模超过100亿元的有34家公司，市场份额合计为94.82%，较2016年上升0.46%。保费规模在10亿~100亿元的有28家公司，

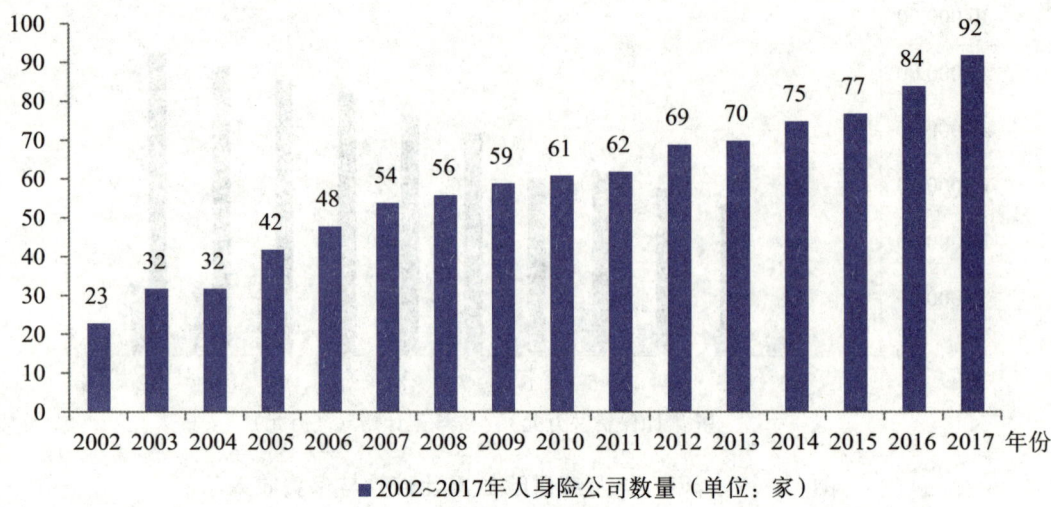

图 1-20 2002~2017 年国内人寿保险公司数量变化情况

市场份额合计为 4.88%，较 2016 年下降 0.5%；保费规模在 1 亿~10 亿元的有 15 家公司，市场份额合计为 0.29%，较 2016 年上升 0.03%；保费规模在 1 亿元以下的有 8 家公司，市场份额合计为 0.01%。

表 1-25 2017 年人身保险公司原保险保费收入情况表 （单位：万元）

资本	公司名称	原保险保费收入	占比	资本	公司名称	原保险保费收入	占比
中资	国寿股份	51 226 788.92	19.67%	外资	中宏人寿	674 150.25	0.26%
	太保寿险	17 398 195.14	6.68%		中德安联	404 173.78	0.16%
	平安寿险	36 893 425.32	14.17%		工银安盛	3 965 060.59	1.52%
	新华	10 929 352.08	4.20%		信诚	1 202 158.16	0.46%
	泰康	11 537 757.39	4.43%		交银康联	1 313 096.05	0.50%
	太平人寿	11 392 476.40	4.38%		中意	939 585.53	0.36%
	建信人寿	2 954 397.97	1.13%		友邦	2 075 987.29	0.80%
	天安人寿	4 810 995.27	1.85%		北大方正人寿	203 384.62	0.08%
	光大永明	708 131.96	0.27%		中荷人寿	402 136.45	0.15%
	民生人寿	1 110 204.59	0.43%		中英人寿	736 830.54	0.28%
	富德生命人寿	8 040 314.85	3.09%		同方全球人寿	269 890.07	0.10%
	国寿存续	636 591.32	0.24%		招商信诺	1 281 385.09	0.49%
	平安养老	1 756 028.30	0.67%		长生人寿	185 300.61	0.07%
	中融人寿	353 018.40	0.14%		恒安标准	262 672.33	0.10%
	合众人寿	2 367 054.77	0.91%		瑞泰人寿	38 306.64	0.01%
	太平养老	460 383.90	0.18%		中法人寿	18.06	0.00%
	人保健康	1 924 986.32	0.74%		华泰人寿	447 997.06	0.17%

续表

资本	公司名称	原保险保费收入	占比	资本	公司名称	原保险保费收入	占比
中资	华夏人寿	8 695 806.71	3.34%	外资	陆家嘴国泰	159 133.27	0.06%
	君康人寿	2 746 120.16	1.05%		中美联泰	1 003 977.30	0.39%
	信泰	1 181 008.86	0.45%		平安健康	214 722.44	0.08%
	农银人寿	2 386 461.65	0.92%		中银三星	387 405.07	0.15%
	长城	507 787.46	0.20%		恒大人寿	2 810 096.52	1.08%
	昆仑健康	160 486.46	0.06%		新光海航	9 856.48	0.00%
	和谐健康	3 608 591.55	1.39%		汇丰人寿	118 447.28	0.05%
	人保寿险	10 623 482.58	4.08%		君龙人寿	77 111.80	0.03%
	国华	4 613 170.85	1.77%		复星保德信	66 194.61	0.03%
	国寿养老	—	0.00%		中韩人寿	46 119.97	0.02%
	长江养老	—	0.00%		德华安顾	41 418.50	0.02%
	英大人寿	402 260.10	0.15%				
	泰康养老	513 987.94	0.20%				
	幸福人寿	1 847 479.94	0.71%				
	阳光人寿	5 100 061.19	1.96%				
	百年人寿	2 823 900.80	1.08%				
	中邮人寿	4 107 863.35	1.58%				
	安邦人寿	18 957 760.92	7.28%				
	利安人寿	857 473.65	0.33%				
	前海人寿	3 203 892.19	1.23%				
	华汇人寿	23 324.22	0.01%				
	东吴人寿	515 249.64	0.20%				
	珠江人寿	1 025 579.44	0.39%				
	弘康人寿	582 771.35	0.22%				
	吉祥人寿	535 448.65	0.21%				
	安邦养老	78 969.05	0.03%				
	渤海人寿	424 405.85	0.16%				
	国联人寿	89 019.07	0.03%				
	太保安联健康	15 613.63	0.01%				
	上海人寿	646 957.40	0.25%				
	中华人寿	45 072.40	0.02%				
	新华养老	—	0.00%				
	横琴人寿	86 269.29	0.03%				
	复星联合健康	5 899.65	0.00%				
	信美人寿	47 404.35	0.02%				
	华贵人寿	42 394.47	0.02%				
	爱心人寿	4 433.64	0.00%				
	和泰人寿	15 284.68	0.01%				
	招商仁和	37 076.26	0.01%				
	人保养老	—	0.00%				
	小计	241 058 872.31	92.57%		小计	19 336 616.36	7.43%

表1-26　　　　　　　　　　2017年寿险公司保费收入分布情况

保费规模	公司数目		市场份额合计	
	2017年	2016年	2017年	2016年
大于100亿元	34	31	94.82%	94.36%
10亿~100亿元	28	27	4.88%	5.38%
1亿~10亿元	15	12	0.29%	0.26%
小于1亿元	8	4	0.01%	0.01%

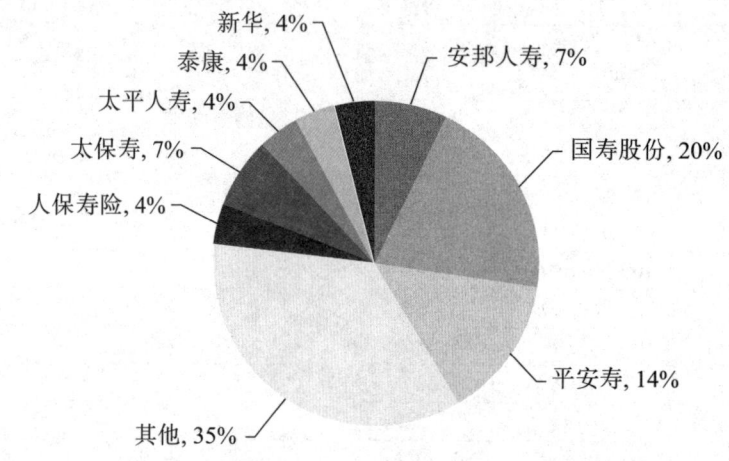

图1-21　2017年寿险公司市场份额分布

（三）市场集中度

2017年，中国人寿保险市场格局发生变化，安邦人寿超越中国太保跃居第三名（2017年前五名分别为：中国人寿、平安人寿、安邦人寿、太保人寿、泰康人寿），泰康人寿超越新华保险跃居第五名（2016年前五名分别为：中国人寿、平安人寿、太保人寿、安邦人寿、新华保险）。

而随着市场主体的增加，人寿险市场的竞争格局也在悄然改变，市场从寡头垄断竞争阶段进入垄断竞争阶段。2004年，中国人寿的人寿险保费占总保费的46.87%，其他4家人寿险公司中国平安、中国太保、新华保险、泰康人寿的人寿险保费分别占比17.18%、10.80%、5.87%、5.54%，前五家公司的市场份额合计超过86%。2017年，中国人寿的市场份额下降至19.67%；前五家公司总份额为52.23%，较2016年上升了2.91个百分点。五家市场总份额略有上升的同时，中小型人寿险公司的市场份额正开始有所下降（见表1-27）。

表 1-27   2004~2017 年国内五家人寿保险公司市场占有份额

年份	中国人寿	中国平安	中国太保	新华保险	泰康人寿	合计
2004	46.87%	17.18%	10.80%	5.87%	5.54%	86.26%
2005	44.07%	16.14%	9.93%	5.78%	4.88%	80.80%
2006	45.27%	16.99%	9.32%	6.56%	5.12%	83.26%
2007	39.73%	16.00%	10.24%	6.59%	6.92%	79.48%
2008	40.28%	13.79%	9.01%	7.59%	7.87%	78.54%
2009	43.09%	15.65%	8.23%	6.19%	8.16%	81.32%
2009	36.23%	16.24%	8.30%	8.20%	8.23%	77.20%
2010	31.72%	15.15%	8.76%	8.92%	8.26%	72.81%
2011	33.29%	12.44%	9.75%	9.92%	7.11%	72.51%
2012	32.41%	12.93%	9.39%	9.81%	6.18%	70.72%
2013	32.21%	14.40%	9.38%	10.22%	6.03%	72.24%
年份	中国人寿	中国平安	中国太保	新华保险	人保寿险	合计
2014	26.10%	13.71%	7.78%	8.66%	6.20%	62.45%
2015	22.96%	13.14%	7.05%	6.85%	5.64%	54.64%
年份	中国人寿	中国平安	中国太保	安邦人寿	新华保险	合计
2016	19.85%	12.69%	6.33%	5.26%	5.19%	49.32%
年份	中国人寿	中国平安	安邦人寿	中国太保	泰康人寿	合计
2017	19.67%	14.17%	7.28%	6.68%	4.43%	52.23%

三、发展层次

(一) 保险密度

2017 年，国内人身保险市场的保险密度达到了 1 853.35 元，较 2016 年度增长 15.19%。从近年的保险密度来看，国内保险市场的保险密度增长迅速，从 2002 年的 161.46 元增长到 1 853.35 元，增幅达到 10.48 倍（见表 1-28 和图 1-22）。从近来人身保险市场的保险密度数据来看，一方面，国内人身保险市场的发展较好，人身保险产品的普及程度越来越高；另一方面，国内人身保险市场发展程度还需要进一步深化。

表1-28　　2002~2017年国内人身保险市场保险密度

年份	保费收入（亿元）	人口数量（万人）	保险密度（元/人）
2002	2 074	128 453	161.46
2003	2 724	129 227	210.82
2004	2 846	129 988	218.91
2005	3 245	130 756	248.20
2006	3 593	131 448	273.31
2007	4 464	132 129	337.83
2008	6 658	132 802	501.38
2009	7 457	133 450	558.82
2010	9 680	134 091	721.86
2011	9 721	134 735	721.52
2012	10 157	135 404	750.13
2013	11 010	136 100	808.96
2014	13 031	136 782	952.72
2015	16 287	138 067	1 179.68
2016	22 235	138 200	1 608.87
2017	26 040	140 500	1 853.35

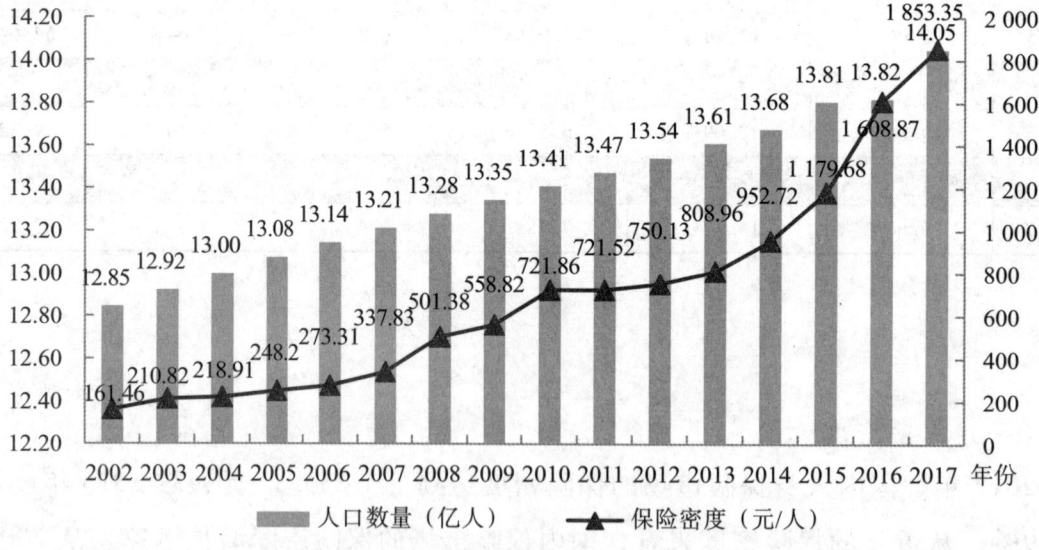

图1-22　2002~2017年国内人身保险市场保险密度

（二）保险深度

2017年国内人身险保险深度升至3.15%。从近十几年保险深度的变化趋势来看，国内人身险市场的保险深度波动性较大，从2002年的1.72%逐年增长到2010

年的 2.41%，自 2011 年又逐年下降，2017 年上涨到的 3.15%（见表 1-29 和图 1-23）。较低的保险深度说明国内人身险市场在国民经济中的地位仍然需要加强。

表 1-29　　　　　　　2002~2017 年国内人身保险市场保险深度

年份	保费收入（亿元）	国内生产总值（亿元）	保险深度
2002	2 074	120 333	1.72%
2003	2 724	135 823	2.01%
2004	2 846	159 878	1.78%
2005	3 245	184 937	1.75%
2006	3 593	216 314	1.66%
2007	4 464	265 810	1.68%
2008	6 658	314 045	2.12%
2009	7 457	340 903	2.19%
2010	9 680	401 513	2.41%
2011	9 721	472 882	2.06%
2012	10 157	519 322	1.96%
2013	11 010	568 845	1.94%
2014	13 031	636 463	2.05%
2015	16 287	676 708	2.41%
2016	22 235	744 127	2.99%
2017	26 040	827 122	3.15%

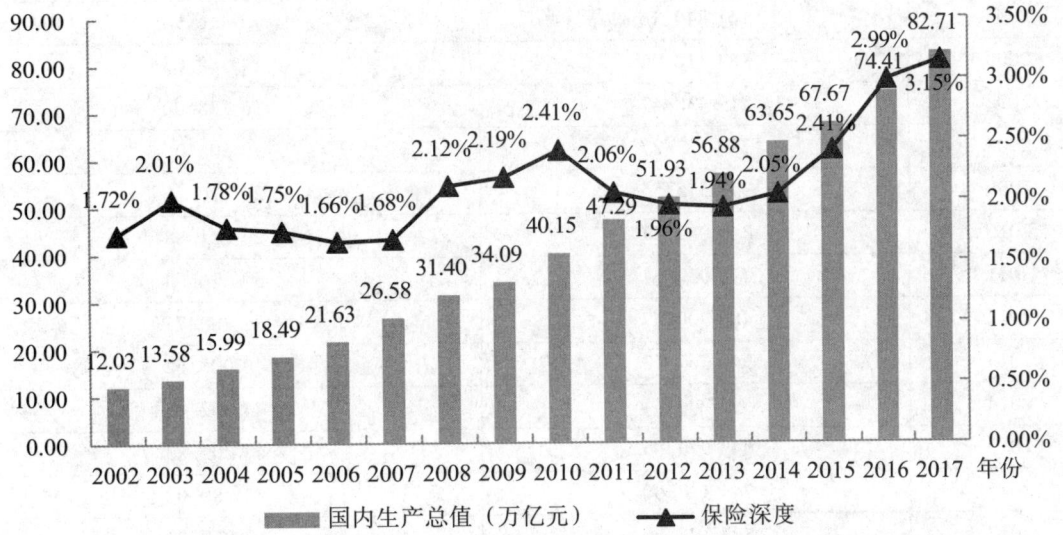

图 1-23　2002~2017 年国内人身保险市场保险深度

第四节 2018年中国保险业发展展望

一、发展环境

近年来,我国经济得到了迅速发展,国民生产总值以极快的速度增长(见表1-30),从2001年至2017年,17年的时间我国国民生产总值就已经增长了7.25倍,而2017年我国人均国民生产总值已经达到58 869.89元人民币。从图1-24中看出,近5年来我国国民生产总值增长率稳中有降,2017年增速已达近25年新低,中国经济运行尚在合理区间。总的来看,2017年国民经济仍运行在合理区间,经济结构进一步优化,转型升级进一步加快,新兴动力进一步积聚,人民生活进一步改善。但是与此同时,国际环境仍然错综复杂,国内结构调整转型升级正处在爬坡过坎的关键阶段,全面深化改革任务艰巨。

表1-30　2001~2017年我国国内生产总值和人均国内生产总值

年份	国内生产总值(亿元)	人均国内生产总值(元)
2001	100 280.14	7 942.07
2002	110 863.12	8 716.68
2003	121 717.42	9 506.20
2004	137 422.03	10 666.10
2005	161 840.16	12 486.94
2006	187 318.90	14 368.03
2007	219 438.47	16 738.00
2008	270 232.27	20 505.00
2009	319 515.55	24 120.66
2010	349 081.37	26 221.88
2011	413 030.31	30 876.04
2012	489 300.57	36 402.77
2013	540 367.43	40 006.62
2014	595 244.41	43 852.45
2015	643 974.05	47 202.83
2016	744 127.00	53 980.00
2017	827 122.00	58 869.89

资料来源:中国统计局。

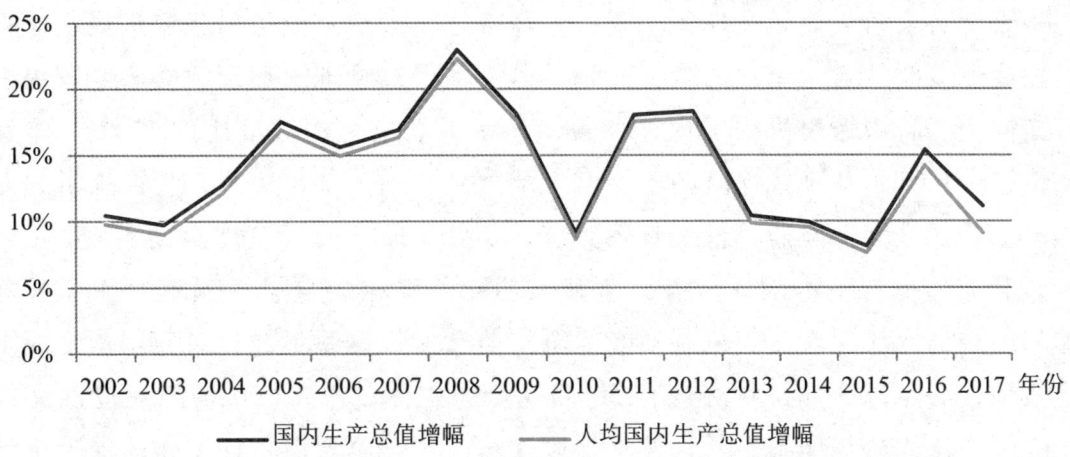

图1-24　2002~2017年我国国内生产总值和人均国内生产总值增幅

党的十九大报告指出，我国社会主要矛盾已经转化为人民日益增长的美好生活需要和不平衡不充分的发展之间的矛盾。同样的，我国保险业也已经进入新时代，面临的主要矛盾已经演进为不平衡不充分的保险供给与人民群众日益迸发、不断升级的保险需求之间的矛盾。2017年召开的全国金融工作会议和中央经济工作会议对金融工作也做出了全面部署。

2017年召开的全国金融工作会议和中央经济工作会议，不仅有对当前形势怎么看的判断，也有对下一步工作应该怎么干的谋划；不仅有对工作的部署和安排，也强调了金融保险工作必须坚持的主要原则；不仅明确了目标任务，也提供了实现路径和思路方法。例如，全国金融工作会议科学回答了为什么要做好金融工作、我国金融业面临什么样风险挑战、金融工作重点任务是什么、怎样做好金融工作、如何加强对金融工作领导等一系列事关金融业改革发展大局的根本性问题。中央经济工作会议深入分析了中国特色社会主义进入新时代后我国经济工作面临的国际国内形势，深刻阐明了2018年经济工作的总体要求、政策导向、重点任务，为金融保险业更好地服务于经济社会发展全局、找准工作重点指明了方向。总的来看，当前中央对金融保险工作的目标、方针、任务都十分具体和明确，这是做好保险工作和保险监管工作的根本遵循和重要依托。

二、发展展望

（一）保险改革将进一步深化，全面开放新格局将逐步形成

2018年是改革开放40周年，也是原中国保监会成立20周年。现代保险服务业既是我国改革开放的必然产物，也是我国经济金融改革开放的重要力量。20年来，在党中央国务院的正确领导下，我们解放思想、与时俱进，不忘初心、牢记使命，从无到有艰苦创业，在现代保险监管体系建设的道路上迈出坚定步伐。监管理念更加成熟，监管定位更加清晰，监管姓监、从严监管理念逐渐树立。监管组织体系不断健全，省级派出机构实现全覆盖，地市级派出机构数量达到13个。监管干部队伍稳步壮大，从刚成立时的不足百人增加到目前的2 879人，监管队伍的专业化水平显著提升。保险监管框架日臻完善，"偿二代"监管制度全面实施，"三支柱"现代监管框架基本确立，机构监管和功能监管相结合、微观审慎和宏观审慎监管相结合的现代保险监管机制不断健全。监管法规体系更加完备，初步形成了以保险法为核心、以3部行政法规和50部规章为主体、以1 000余部规范性文件为补充的保险法律法规体系。监管技术手段逐步改进，全覆盖、标准化的保险统计数据体系基本建成，现场和非现场监管信息系统基本齐全。监管交流合作日益深化，参与国际保险监管规则制定的能力持续提升，以"偿二代"为代表的中国保险监管制度体系的国际影响力显著扩大。国际货币基金组织和世界银行开展的"金融部门评估规划"（FSAP）对我国保险监管更新评估时指出，"中国保险监管体系对保险核心原则的遵守情况总体上达到良好水平。"

在监管的引领下，保险业不断发展壮大，在服务经济发展、社会治理和民生保障方面发挥着越来越重要的作用。20年来，市场主体从20多家增加到222家，目前有财产险公司84家，人身险公司86家，再保险公司11家，保险集团（控股）公司12家，保险资产管理公司24家，保险专业中介机构达到2 647家，不同业务类型、多种组织形式的市场主体日趋丰富，专业化分工与合作的市场格局初步奠定。保费规模从1 247亿元增长到3.66万亿元，保险业总资产从2 000多亿元增长到16.75万亿元，我国已成为世界第二保险大国。保险改革取得突破性进展，保险公司改制上市、产品定价机制改革、市场准入退出改革、资金运用体制改革等深入推进，市场配置保险资源的决定性作用得到发挥。保险赔款和给付支出从510亿元增长到1.12万亿元，农业保险、巨灾保险、大病保险、责任保险、养老保险、健康保险等关系国计民生的保险业务不断壮大，资金运用规模从1 817亿元增长到14.92万亿元，保险从业人员已达925万人，保险业的服务能力显著提升。

（二）服务国家重大战略，支持现代化经济和社会体系建设

推动保险业回归本源，充分发挥保险保障和保险资金的独特优势，更好地服务国家战略和实体经济。

一是服务精准脱贫攻坚战。推进大病保险精准脱贫，推动保险业开展建档立卡

贫困人口补充商业医疗保险，提高覆盖面和服务水平。完善农业保险制度，加快发展多种形式的农业保险，提高农业保险保障水平，助力乡村振兴战略；加大对深度贫困地区的支持力度，适当降低涉农保险产品费率；启动部分粮食主产省收入保险和完全成本保险试点，推进巨灾保险实践探索，稳步扩大"保险+期货"试点；稳步推进保险资金支农支小服务试点；研究设立中国农业再保险公司，完善财政支持的大灾风险分散机制。

二是服务污染防治攻坚战。大力推进绿色保险产品和服务升级创新，推动涉及重金属、石油化工等领域的环境污染责任保险试点。积极推动将投保环境污染责任保险纳入相关法律法规，组织行业制定环境污染责任保险示范条款。积极引导保险资金支持绿色低碳产业发展，主动将环境风险因素纳入投资决策体系。积极参与环境风险治理体系建设，充分借助环境风险管理评估专业机构力量，提升保险业支持环境改善的服务能力。

三是服务国家供给侧结构性改革。围绕"三去一降一补"，支持保险资产管理机构发起设立去产能并购重组基金，促进钢铁、煤炭等行业加快转型升级。建立财务性股权投资负面清单管理方式，发挥保险资金适合转化为长期资本的优势。重点把握供给侧结构性改革、基础设施网络建设、区域发展战略、国家重大科技项目、先进制造业和高新技术产业等战略机遇，拓宽保险资金支持国家重大战略的渠道。研究推进中国保险投资基金设立服务国家战略专项基金，高效对接国家战略。

四是服务其他战略。鼓励保险机构服务京津冀协同发展、长江经济带、粤港澳大湾区等区域发展。推动关系国计民生的责任保险发展，研究规范责任保险经营行为，助力社会治理创新。研究启动新材料首批应用保险补偿和专利保险试点，更好地服务《中国制造2025》。推动商业长期护理保险发展，鼓励保险业参与长期护理保险制度试点；积极发展商业健康保险，推动税优健康保险平台与国家税务平台对接，助力多层次医疗保障体系建设。支持保险机构拓展企业年金和职业年金业务，开展税延养老保险试点，积极参与基本养老保险基金等市场化投资管理，助力多层次养老保障体系建设。

党的十九大提出，中国特色社会主义进入新时代，我们比历史上任何时期都更接近、更有信心和能力实现中华民族伟大复兴的目标。中央的蓝图就是保险工作的根本遵循，可以说，保险业的奋斗目标与我国进入高质量发展阶段相适应，与两个一百年特别是到新中国成立一百年时把我国建成社会主义现代化国家相匹配。在实现宏伟目标的伟大历史进程中，在推动我国经济实现高质量发展的过程中，2018

年保险业肩负着光荣而神圣的使命，必须在维护金融安全、服务实体经济、完善社会保障、分散社会风险等任务中努力成为中坚力量、发挥支柱作用，绝不能成为建设社会主义现代化强国的短板和弱项，要努力建设与社会主义现代化强国相匹配的新时代现代保险服务业。

第二章
保险公司信息披露情况分析

信息披露情况的分析是进行竞争力评价以及信用评价的重要基础，也是监管机构进行宏观监管的重要参考。那么保险公司发布的报告信息披露的情况如何？是否符合保监会的规定？哪些公司信息披露质量较好，又有哪些公司在信息披露方面存在欠缺？同时信息披露质量是否较上一年有所提升？这些问题都是在进行竞争力评价之前需要解决的。本章将从信息披露行为、信息披露内容、信息披露准确性以及信息披露合规性方面进行分析，给出相应的统计结果，并将2017年度和2016年度的信息披露质量做了对比。最后，本章还给出了信息披露情况综合评价的结果，该结果基于"信息熵模型"方法进行客观分析得出，包括得分和排名。评价结果同时按照人身险和财产险分别给出，共涉及78家人身险公司和77家财产险公司。

第一节 保险公司信息披露情况介绍

中国保险公司竞争力评价是以保险公司信息披露报告为基础，信息披露报告的内容对评价结果有直接影响。所以为了使保险公司竞争力评价更具科学性，笔者对保险公司信息披露质量做了科学评估，目的是了解2017年各家保险公司信息披露的整体情况，是否符合保监会在2010年4月公布的《保险公司信息披露办法》的要求。

《保险公司信息披露办法》（中国保险监督管理委员会令2010年第7号，以下简称办法，内容见附录，以下简称《办法》）明确了"信息披露"的含义，即指

"保险公司向社会公众公开其经营管理相关信息的行为",并且要求保险公司信息披露应当遵循真实、准确、完整、及时、有效的原则,不得有虚假记载、误导性陈述和重大遗漏,同时鼓励保险公司在法律、行政法规和中国保监会规定的基础上披露更多信息。从这当中可以看到,信息的"完全性""准确性""真实性""充足性"是办法要求的着力点,这也是笔者进行质量评估的重要视角。

除此之外,办法也对信息的"及时性"进行了说明,例如在"信息披露方式和时间"上做了明确规定,即保险公司应当在公司网站上披露公司基本信息;同时应当制作年度信息披露报告,且在每年4月30日前在公司互联网站和中国保监会指定的报纸上发布年度信息披露报告,如果保险公司发生重大交易信息、重大事项信息时,应当自事项发生日起10个工作日内编制临时信息披露报告,并在互联网站上发布。

为了是信息披露的工作更加规范,办法还对"信息披露内容"做了详细规定,即包括7大块内容:(1)基本信息;(2)财务会计信息;(3)风险管理状况信息;(4)保险产品经营信息;(5)偿付能力信息;(6)重大关联交易信息;(7)重大事项信息。

办法的详细规定为笔者进行质量评估提供了标准,笔者的信息披露质量评估完全从"合规"的角度来对保险公司的信息披露报告进行评价,它试图回答这样一些问题:各家保险公司的信息披露报告的情况到底如何?披露行为是否符合保监会《办法》中的各项要求?披露的信息是否具备完整性,有效性,真实性?保险公司整体上信息披露相对于去年是否有所提高?人身险公司和财产险公司信息披露整体状况如何?中资和外资公司信息披露情况有无差异等等。

那么回答这些问题能够带来哪些益处?主要集中在以下一些方面:

第一,监管部门可以更直观地了解规章的执行力度和执行效率。长期以来,笔者的规章制度的执行情况的评价是一个令人头痛的问题,除了一方面调查存在困难之外,没有有效的量化措施和量化标准也是一个令人困扰的地方。

第二,有助于了解行业整体的信息披露情况。为加强社会主义市场经济体系建设,无论国家层面还是行业层面,都在努力加强信息披露工作。保险行业的信息披露质量如何?至少笔者的研究可以在此角度给出一个量化的参考。

第三,有助于公司对自身披露质量有个客观真实的认识,有更加明确的定位。特别是对各家保险公司进一步提高信息披露的质量,具有指导意义。

在进行信息披露质量评估中,笔者选取保监会公布的《办法》作为唯一标准,从《办法》中强调的"真实、准确、完整、及时、有效"等方面进行量化研究。

同时，笔者注意到《办法》中对人身保险公司和财产保险公司有不同的要求，这主要体现在第四类"保险产品经营信息"上，其区别如下：

人身保险公司披露的产品经营信息是指上一年度保费收入居前5位的保险产品经营情况，包括产品的保费收入和新单标准保费收入。

财产保险公司披露的产品经营信息是指上一年度保费收入居前5位的商业保险险种经营情况，包括险种名称、保险金额、保费收入、赔款支出、准备金、承保利润。

这样，笔者的信息披露质量评估也分为人身险公司和财产险公司。

在人身险方面，笔者的信息披露质量评估对象包含78家保险公司；在财产险方面，笔者的信息披露质量评估对象包含77家保险公司。

需要说明的是，随着国内保险市场的发展和监管环境的变化，传统上中资和外资保险公司，在许多指标方面已经没有明显差异，同时考虑到区分中资外资已经中资公司和外资公司的区分有一定困难，有些公司的股权进是对等的（例如信诚人寿保险公司，为中国中信集团和英国的保诚人寿，各占50%股权），在本章信息披露方面我们不再区分中资外资。

这从另外一个角度说明，我国金融领域正在逐步接轨，正因为此，保险公司的中资外资区别越来越小，换句话说从某种意义上来说，外资公司已经完成了本土化的转变，而中资公司也完成了国际化的转变。

整体上，2017年信息披露质量的评估对象共155家，基本涵盖了所有在2017年5月底已经公布信息披露报告的保险公司（见表2-1）。

表2-1　　　　　　　参与信息披露质量评估的保险公司

	人身险公司	财产险公司
合计	78家	77家

第二节　指标设立和赋值

指标的设定除了满足《办法》要求的，真实准确完整及时有效外，还应该能同时反映整体信息和单项信息，鉴于此，笔者设立的指标分为四类，分别反映信息披露质量的不同角度：

- A披露行为角度，主要度量披露行为的及时性和合规性。

该指标包括：

A1：披露时间，该指标以保监会公布的 4 月 30 日为红线，在这之前为正值，之后为负值，同时根据保监会要求，除了在网站公布之外，还需要在指定媒体进行公布，披露时间取两者最晚的公布时间；

A2：重大事项及时公告，该指标看公司信息披露质量报告中是否有重大事项及是否及时公告，符合要求的为 1，不符合的为 0；

A3：网站披露信息，该指标衡量被评估公司是否在网站上及时公布信息，符合要求的为 1，不符合的为 0；

A4：指定媒体披露信息，该指标衡量被评估公司是否在网站上及时公布信息，符合要求的为 1，不符合的为 0；

- B 内容角度，主要衡量内容的可靠性、一致性以及准确性。

该指标包括：

B1：内容冲突检验，主要衡量信息披露报告是否内容冲突，如果有则为 0，没有为 1；

B2：更正与补充行为，主要衡量信息披露报告是否有更正行为或者补充行为，如果有则为 0，没有为 1；

B3：质疑记录，主要衡量信息披露报告是否有他人质疑记录，这主要包括媒体质疑，第三方质疑等，如果有则为 0，没有为 1；

B4：内容可靠性检验，主要衡量信息披露报告是否可靠，这个通过抽验来完成，如果通过则为 1，否则为 0；

- C 信息量角度，主要衡量信息披露报告的信息量大小。

该指标包括：

C1：页码，主要统计信息披露报告的页码数；

C2：字数，主要统计信息披露报告的字数；

C3：补充信息，主要衡量补充信息是否充足，充足为 1，不充足为 0；

- D 具体内容信息，信息合规性，主要衡量信息披露报告的完整性，可靠性，准确性，真实性。在第 D 类信息合规角度中有 7 个分项指标，对应了《办法》中详细规定的 7 大类披露内容：包括：D1 基本信息，D2 财务会计信息，D3 风险管理状况信息，D4 保险产品经营信息，D5 偿付能力信息，D6 重大关联交易信息，D7 重大事项信息。按照《办法》要求，D1 到 D5 每项分量都包含若干小项。对每项分量进行评估，就是看披露报告中这项分量涵盖了这些小项的情况。每个小项 1 分，如果涵盖了则记分 1，没有涵盖记分 0。最后得的分数加和作为该分量的最后得分。

该指标包括：

D1：基本信息，共20小项，每项有则得分1，没有为0，结果加和。

20小项包括：（1）法定名称及缩写；（2）注册资本；（3）注册地；（4）成立时间；（5）经营范围和经营区域；（6）法定代表人；（7）客服电话和投诉电话；（8）各分支机构营业场所和联系电话；（9）经营的保险产品目录及条款；（10）近3年股东大会主要决议；（11）董事简历；（12）董事履职情况；（13）监事简历；（14）监事履职情况；（15）高级管理人员简历；（16）高级管理人员职责；（17）高级管理人员履职情况；（18）公司部门设置情况；（19）持股5%以上的股东情况；（20）持股5%以上的股东持股情况。

D2：财务会计信息，15小项，每项有则得分1，没有为0，结果加和。

15小项包括：（1）资产负债表；（2）利润表；（3）现金流量表；（4）所有者权益变动表；（5）财务报表的编制基础；（6）重要会计政策说明；（7）会计估计的说明；（8）重要会计政策变更说明；（9）会计估计变更的说明；（10）或有事项；（11）资产负债表日后事项；（12）表外业务的说明；（13）对公司财务状况有重大影响的再保险安排说明；（14）企业合并、分立的说明；（15）财务报表中重要项目的明细。

D3：风险管理信息，共7小项，每项有则得分1，没有为0，结果加和。

7小项包括：（1）对保险风险的识别和评价；（2）对市场风险的识别和评价；（3）对信用风险的识别和评价；（4）对操作风险的识别和评价；（5）对风险管理组织体系简要介绍；（6）风险管理总体策略；（7）风险管理总体策略执行情况。

D4：保险产品经营信息，人身险共3小项，财产险共6小项，每项有则得分1，没有为0，结果加和。

财产险3小项包括：（1）上一年度保费收入居前5位的保险产品名称；（2）前5位保险产品的保费收入；（3）前5位保险产品新单标准保费收入。

人身险6小项包括：（1）上一年度保费收入居前5位的商业保险险种名称；（2）保险金额；（3）保费收入；（4）赔款支出；（5）准备金；（6）承保利润。

D5：偿付能力信息，共6小项，每项有则得分1，没有为0，结果加和。

6小项包括：（1）公司的实际资本；（2）公司最低资本；（3）资本溢额或者缺口；（4）偿付能力充足率状况；（5）相比报告前一年度偿付能力充足率的变化及其原因；（6）（如果偿付能力充足率不足）偿付能力充足率不足的原因。

D6：重大关联交易，通过媒体查验，如果有且披露了则记分1；如果有但没有披露则违反了《办法》规定，记分0；其他情况记分1。

该分量在《办法》里的要求是有则披露。笔者评估的方法是媒体查验，看报告中是否披露了"公开渠道已经公布"的以下6项内容：(1)交易对手；(2)定价政策；(3)交易目的；(4)交易的内部审批流程；(5)交易对公司本期和未来财务及经营状况的影响；(6)独立董事的意见。如果有且披露了则记分1；有没有披露则违反了《办法》规定，记分0；其他情况记分1。

D7：重大事项，如果有且披露了则记分1；如果有但没有披露则违反了《办法》规定，记分0；其他情况记分1。

该分量类似D6，在《办法》里的要求是有则披露。评估方法仍然是媒体查验，看报告中是否披露了"公开渠道已经公布"的以下13项信息：(1)控股股东或者实际控制人发生变更；(2)更换董事长或者总经理；(3)当年董事会累计变更人数超过董事会成员人数的1/3；(4)公司名称、注册资本或者注册地发生变更；(5)经营范围发生重大变化；(6)合并、分立、解散或者申请破产；(7)撤销省级分公司；(8)偿付能力出现不足或者发生重大变化；(9)重大战略投资、重大赔付或者重大投资损失；(10)保险公司或者其董事长、总经理因经济犯罪被判处刑罚；(11)重大诉讼或者重大仲裁事项；(12)保险公司或者其省级分公司受到中国保监会的行政处罚；(13)更换或者提前解聘会计师事务所。如果有且披露了则记分1；有没有披露则违反了《办法》规定，记分0；其他情况记分1。

为使上述指标得分结果具有一致性，也是为了后期处理方便，我们对上述指标进行了变换，将其转换为1~2之间的数值。1意味着完全没有提供信息，2意味着完全符合规定。

指标转换需要考虑3种情况：

- 第一类是取值为0和1的指标：变换只需要将0变为1，1变成2即可。
- 第二类是0到1之间的指标，主要指D类前5个小项指标D1，D2，D3，D4，D5：只需要将其结果加1即可，这样结果就位于1到2之间。
- 第三类是其他取值为整数的指标：变换时使用距离法，设该指标初始为"t原始"，所有样本的原始指标的"最大值"，"最小值"，变换后的指标为t，则变换公式为：

$$t_{新} = \frac{t_{原始} - 最小值}{最大值 - 最小值}$$

- 这样转换后,结果为一个 1~2 之间的数。

第三节 人身险公司信息披露质量统计与分析

根据以上四大类 18 个分项指标,对 155 家保险公司的信息披露报告进行统计赋值,最后得到人身险和财产险的得分结果:

人身险公司 78 家,每家有 18 个指标得分,共 78×18 个数据;

财产险公司 77 家,每家有 18 个指标得分,共 77×18 个数据;

然后对上述数据进行统计分析。

一、指标维度的统计结果

对 18 项指标中的每项指标进行统计,对于人身险公司来说,计算该指标下,78 家公司得分的平均值和最大值、最小值;对于财产险公司来说,计算该指标下,77 家公司得分的平均值和最大值、最小值。该结果可以清晰地展示信息披露情况,了解哪些指标角度下,信息披露尚有欠缺。表 2-2 给出了人身险公司指标维度的统计结果。

表 2-2　　　　　　　　　人身险公司指标统计结果

评价角度及原则	分项指标	最大值	最小值	平均值	标准差
A 行为角度:及时性	A1 披露时间	2.00	1.35	1.82	0.23
	A2 重大事项及时公布	2.00	2.00	2.00	0.00
	A3 网站披露信息	2.00	1.00	1.99	0.11
	A4 指定媒体披露信息	2.00	1.00	1.46	0.50
B 内容角度:准确性,可靠性,一致性	B1 内容冲突	2.00	2.00	2.00	0.00
	B2 更正与补充行为	2.00	1.00	1.68	0.47
	B3 质疑记录	2.00	2.00	2.00	0.00
	B4 内容可靠性抽检	2.00	2.00	2.00	0.00
C 信息量角度:充分性	C1 页码	2.00	1.00	1.27	0.14
	C2 字数	2.00	2.00	2.00	0.00
	C3 披露报告补充信息	2.00	1.00	1.06	0.25

续表

评价角度及原则	分项指标	最大值	最小值	平均值	标准差
D 信息合规：完整性，可靠性，准确性，真实性	D1 基本信息	2.00	1.35	1.95	0.12
	D2 财务会计信息	2.00	1.00	1.48	0.13
	D3 风险管理信息	2.00	1.57	1.96	0.11
	D4 保险产品经营信息	2.00	1.00	1.95	0.20
	D5 偿付能力信息	2.00	1.00	1.73	0.16
	D6 重大关联交易	2.00	1.00	1.69	0.46
	D7 重大事项	2.00	1.00	1.58	0.50

从表2-3和表2-4来看，本年度信息披露情况总体较好，18个指标中，有9个指标平均分超过了1.9，较2016年减少2个指标，这意味着，大部分公司在这些指标上符合保监会的规定，但部分公司的指标不符合规定影响了整体情况。其中，5项指标平均分达到2，与2016年持平。结果表明2017年保险公司信息披露质量较2016年有所提升。

具体来看，在重大事项及时公布、网站披露信息、内容冲突、质疑记录、字数、基本信息、经营产品、风险管理信息方面，公司整体平均分都达到或超过了1.9，这意味着在这些方面信息披露工作较好。

表2-3　　　　　　　　2016年人身险公司整体指标得分顺序

得分顺序	原名称	平均
1	重大事项及时公布	2.00
2	内容冲突	2.00
3	质疑记录	2.00
4	内容可靠性抽验	2.00
5	字数统计	2.00
6	经营产品	2.00
7	基本信息	1.97
8	网站披露信息	1.96
9	风险管理	1.95
10	偿付能力	1.95
11	披露时间	1.92
12	关联交易	1.88
13	重大事项	1.84

续表

得分顺序	原名称	平均
14	财务会计	1.79
15	更正与补充行为	1.68
16	其他媒体披露信息	1.61
17	补充信息	1.36
18	页码	1.25

表2-4　　　　　　　　2017年人身险公司整体指标得分顺序

得分顺序	原名称	平均
1	重大事项及时公布	2.00
2	内容冲突	2.00
3	质疑记录	2.00
4	内容可靠性抽验	2.00
5	字数统计	2.00
6	网站披露信息	1.99
7	风险管理	1.96
8	基本信息	1.95
9	经营产品	1.95
10	披露时间	1.82
11	偿付能力	1.73
12	关联交易	1.69
13	更正与补充行为	1.68
14	重大事项	1.58
15	财务会计	1.48
16	其他媒体披露信息	1.46
17	页码	1.27
18	补充信息	1.06

二、公司维度的统计结果

表2-5给出了人身险公司18个指标的平均结果，同时表2-3和表2-4还给出了2016年和2017年的结果，从平均分来看，2017年比2016年要低一些，且有一定的差距。和2016年整体情况比较，整体上2017年的平均分要低于2016年。

表2-5　2017年与2016年人身险公司18个指标的平均分排序对比（前30家）

2017年人身险公司18个指标的平均分排序对比			2016年人身险公司18个指标的平均分排序对比		
排名	公司	平均分	排名	公司	平均分
1	弘康人寿	1.911	1	珠江人寿	1.930
2	中国人寿	1.893	2	新华人寿	1.922
3	富德生命	1.881	3	和谐健康	1.901
4	百年人寿	1.866	4	平安养老	1.899
5	人保健康	1.862	5	生命人寿	1.898
6	汇丰人寿	1.862	6	幸福人寿	1.893
7	民生人寿	1.860	7	光大永明	1.891
8	华泰寿险	1.859	8	君龙人寿	1.890
9	长生人寿	1.859	9	百年人寿	1.890
10	光大永明保险	1.857	10	中邮人寿	1.890
11	君龙人寿	1.856	11	工银安盛	1.889
12	交银康联	1.855	12	平安人寿	1.889
13	恒安标准人寿	1.849	13	太保寿险	1.886
14	中华人寿	1.847	14	中国人寿	1.885
15	工银安盛	1.846	15	天安人寿	1.885
16	人保人寿	1.845	16	君康人寿	1.884
17	中意人寿	1.843	17	合众人寿	1.883
18	复星保德信人寿	1.842	18	同方全球人寿	1.881
19	招商信诺	1.835	19	信泰人寿	1.878
20	君康人寿	1.826	20	华泰寿险	1.878
21	太平养老	1.806	21	中银三星	1.877
22	中邮人寿	1.803	22	英大泰和	1.877
23	幸福人寿	1.801	23	信诚人寿	1.876
24	建信人寿	1.799	24	招商信诺	1.873
25	阳光人寿	1.799	25	复星保德信人寿	1.872
26	陆家嘴寿险	1.798	26	建信人寿	1.871
27	华夏人寿	1.798	27	中英人寿	1.870
28	中美联泰	1.790	28	吉祥人寿	1.866
29	国联人寿	1.788	29	渤海人寿	1.864
30	中英人寿	1.784	30	泰康人寿	1.861

三、综合排名结果

任何综合排名都需要一个成熟可靠的模型,在这里我们使用了经过广泛检验并获得一致好评的熵模型方法。

熵(entropy),本是热力学中的概念,用来度量系统的无序性,它在金融中的应用,并用来评价信息质量,源于熵与信息论的结合。1948 年,信息论的开创者香农(Shannon)在《Bell System Technical Journal》上发表了"A Mathematical Theory of Communication"一文,在该文中,香农正式提出了信息熵的概念,并用它来衡量数据所包含的信息量。

为了客观公正的衡量信息披露的质量情况,我们借助熵模型来对不同的指标维度进行综合考评,使最终结果体现出公司在信息披露方面所达到的水平。具体内容可以参考笔者基于熵模型的"2013 年信息披露质量研究"(《保险研究》,2013 年第 7 期,第 1 页)

根据熵模型的特点,对于分数,我们通过两个角度来进行说明:一个角度是符合保监会信息披露办法的程度,它反映在公司信息的熵值超过标准模板的熵值;另一个角度是对待"可披露可不披露的信息",它反映在其熵值距离完整模板熵值的距离。具体说明如下:

60~69 分:信息披露内容超过了 1/2 但距离反映公司整体状况还有差距;

70~79 分:基本符合保监会信息披露办法要求,对"可披露可不披露的信息"主要采用了不披露、不标注的方式;

80~89 分:较好的符合保监会信息披露办法要求,对"可披露可不披露的信息"进行了选择性的披露;

90~100 分:除了满足信息披露办法要求外,还对其他信息进行了尽量多的披露,信息披露报告能够反映出公司最全面的状况。

2017 年的前 30 名公司,最终综合排名如表 2-6 所示。

表 2-6　　　　　　　　　　人身险前 30 综合排名结果

排名	公司	百分
1	弘康人寿	97.64
2	中国人寿	97.39
3	百年人寿	95.48
4	富德生命	95.31

续表

排名	公司	百分
5	恒安标准人寿	95.14
6	人保健康	94.34
7	汇丰人寿	94.28
8	民生人寿	94.27
9	光大永明保险	94.27
10	华泰寿险	94.20
11	交银康联	94.07
12	长生人寿	94.06
13	君龙人寿	94.02
14	君康人寿	93.98
15	中意人寿	93.69
16	工银安盛	93.69
17	人保人寿	93.68
18	中华人寿	93.62
19	复星保德信人寿	93.47
20	招商信诺	93.29
21	华夏人寿	91.91
22	中邮人寿	91.84
23	太平养老	91.82
24	阳光人寿	91.74
25	幸福人寿	91.64
26	陆家嘴寿险	91.56
27	建信人寿	91.44
28	中美联泰	91.42
29	和泰人寿	91.04
30	国联人寿	91.03

表 2-7 给出了 2017 年的人身险公司综合排名结果（前 30）。

表 2-7　　　　　　人身险前 30 名综合排名结果

排名	公司	百分
1	新华人寿	98.83
2	珠江人寿	98.45
3	和谐健康	97.18
4	中国人寿	96.90

续表

排名	公司	百分
5	幸福人寿	96.90
6	平安人寿	96.86
7	光大永明保险	96.83
8	君龙人寿	96.66
9	生命人寿	96.60
10	平安养老	96.56
11	君康人寿	96.41
12	同方全球人寿	96.35
13	中邮人寿	96.20
14	华泰寿险	96.19
15	英大泰和	96.19
16	工银安盛	96.09
17	百年人寿	96.07
18	天安人寿	96.05
19	信泰人寿	96.04
20	太保寿险	95.97
21	合众人寿	95.96
22	信诚人寿	95.73
23	渤海人寿	95.71
24	中银三星	95.59
25	招商信诺	95.55
26	复星保德信人寿	95.42
27	中英人寿	95.37
28	建信人寿	95.37
29	吉祥人寿	95.22
30	泰康人寿	95.10

通过统计 2017 年全部 78 家公司，我们发现，有 36 家得分在 90～100 分之间。在选取的前 30 名中，仅前五名得分超过了 95 分，结果与 2016 年有一定差距；2017 年有 41 家得分在 80～90 之间，有 1 家公司得分低于 80 分。这样，从分布上，我们认为整体质量较 2016 年披露的结果有所下滑。

从最高分来看，2017 年低于 2016 年，且整体上来看 2017 年保险公司信息披露质量得分低于 2016 年。我们也根据前几年的数据发现，排名名次并不稳定，这一方面是熵方法考虑了全体公司的情况，另一方面也分说明某一年靠前的公司没有进行持续的努力以保持相对优势，据此，我们认为整体披露质量还需要保险公司进一步重视，以实现一个稳定的结果，这是保险业信息披露质量的发展方向。

第四节 财产险公司信息披露质量统计与分析

一、指标维度的统计结果

类似人身险公司的处理过程，我们从指标维度出发，来看一下财产险公司的情况。表2-8给出了2017年财产险公司披露分析的指标维度统计结果。作为对比，表2-9给出了2016年披露分析的指标维度结果。

表2-8　　　　　　2017年财产险公司披露分析指标维度统计结果

评价角度及原则	分项指标	最高分	最低分	平均分
A 行为角度：及时性	A1 披露时间	2.00	1.00	1.91
	A2 重大事项及时公布	2.00	2.00	2.00
	A3 网站披露信息	2.00	1.00	1.97
	A4 指定媒体披露信息	2.00	1.00	1.43
B 内容角度：准确性，可靠性，一致性	B1 内容冲突	2.00	2.00	2.00
	B2 更正与补充行为	2.00	1.00	1.99
	B3 质疑记录	2.00	2.00	2.00
	B4 内容可靠性抽检	2.00	2.00	2.00
C 信息量角度：充分性	C1 页码	2.00	1.08	1.39
	C2 字数	2.00	2.00	2.00
	C3 披露报告补充信息	2.00	1.00	1.01
D 信息合规：完整性，可靠性，准确性，真实性	D1 基本信息	2.00	1.35	1.92
	D2 财务会计信息	2.00	1.27	1.76
	D3 风险管理信息	2.00	1.43	1.93
	D4 保险产品经营信息	2.00	1.00	1.97
	D5 偿付能力信息	2.00	1.00	1.83
	D6 重大关联交易	2.00	1.00	1.56
	D7 重大事项	2.00	1.00	1.49

表2-9　　　　　　　　　2016年财产险公司披露分析指标维度统计结果

评价角度及原则	分项指标	最高分	最低分	平均分
A 行为角度：及时性	A1 披露时间	2.00	0.83	1.64
	A2 重大事项及时公布	2.00	2.00	2.00
	A3 网站披露信息	2.00	1.00	1.96
	A4 指定媒体披露信息	2.00	1.00	1.52
B 内容角度：准确性，可靠性，一致性	B1 内容冲突	2.00	2.00	2.00
	B2 更正与补充行为	2.00	1.00	1.65
	B3 质疑记录	2.00	2.00	2.00
	B4 内容可靠性抽检	2.00	2.00	2.00
C 信息量角度：充分性	C1 页码	2.00	1.09	1.50
	C2 字数	2.00	2.00	2.00
	C3 披露报告补充信息	2.00	1.00	1.32
D 信息合规：完整性，可靠性，准确性，真实性	D1 基本信息	2.00	1.45	1.96
	D2 财务会计信息	2.00	1.47	1.76
	D3 风险管理信息	2.00	1.00	1.90
	D4 保险产品经营信息	2.00	1.00	1.97
	D5 偿付能力信息	2.00	1.67	1.94
	D6 重大关联交易	2.00	1.00	1.86
	D7 重大事项	2.00	1.00	1.88

从表2-8和表2-9可以看到2017年的各公司信息披露质量得分较2016年产生两极分化趋势，从平均值较高的数值上看2017年有11项指标的平均分在1.90以上，而相比之下2016年仅有10项，且整体上来看指标平均分有明显上升；但从平均值较低的数值上看2017年有4项指标低于1.50，而2016年仅有1项，由此可以看出有一定的两极分化趋势。

表2-10、表2-11以及表2-12分别给出了2017年、2016年和2015年各指标的得分顺序。

表2-10　　　　　　　　　　　　2017年指标得分排名

排序	事项类别	平均值
1	重大事项及时公布	2.00
2	内容冲突	2.00
3	质疑记录	2.00

续表

排序	事项类别	平均值
4	内容可靠性抽验	2.00
5	字数统计	2.00
6	更正与补充行为	1.99
7	网站披露信息	1.97
8	经营产品	1.97
9	风险管理	1.93
10	基本信息	1.92
11	披露时间	1.92
12	偿付能力	1.83
13	财务会计	1.76
14	关联交易	1.56
15	重大事项	1.49
16	其他媒体披露信息	1.43
17	页码	1.39
18	补充信息	1.01

表 2-11　　　　　　　　　　　2016 年各指标平均值排名

排序	事项类别	平均值
1	字数统计	2.00
2	内容可靠性抽验	2.00
3	质疑记录	2.00
4	内容冲突	2.00
5	重大事项及时公布	2.00
6	经营产品	1.97
7	基本信息	1.96
8	网站披露信息	1.96
9	偿付能力	1.94
10	风险管理	1.90
11	重大事项	1.88
12	关联交易	1.86
13	财务会计	1.76
14	更正与补充行为	1.65
15	披露时间	1.64

续表

排序	事项类别	平均值
16	其他媒体披露信息	1.52
17	页码	1.50
18	补充信息	1.32

表 2-12　　　　　　　　　2015 年各指标平均值排名

排序	事项类别	平均值
1	重大事项及时公布	2.00
2	内容冲突	2.00
3	质疑记录	2.00
4	内容可靠性抽验	2.00
5	网站披露信息	1.98
6	经营产品	1.98
7	偿付能力	1.97
8	字数统计	1.97
9	关联交易	1.95
10	重大事项	1.92
11	风险管理	1.91
12	披露时间	1.89
13	其他媒体披露信息	1.87
14	更正与补充行为	1.82
15	基本信息	1.80
16	财务会计	1.60
17	页码	1.48
18	补充信息	1.12

二、公司维度的统计结果

表 2-13 给出了 2017 年财产险公司 18 个指标平均结果的排序。2017 年的信息披露质量我们增加一些文本分析的技术分析，但总体上可以看到，公司排名有一定的稳定性。

表 2-13 2017 年财产险公司 18 个指标平均结果

排名	名称	平均分
1	亚太财险	1.94
2	中银财险	1.90
3	平安财产	1.90
4	国元农业	1.90
5	北部湾财险	1.89
6	大地财险	1.88
7	安盛天平	1.87
8	中路财险	1.87
9	都邦财险	1.86
10	安达财险	1.86
11	太保财险	1.85
12	三星财险	1.85
13	安信农业	1.85
14	安联财险	1.85
15	富邦财险	1.84
16	泰山财险	1.84
17	日本兴亚	1.84
18	华安财险	1.84
19	长安责产	1.84
20	阳光信保	1.84
21	史带财险	1.84
22	建信财产	1.84
23	阳光财险	1.84
24	劳合社财险	1.84
25	安诚财险	1.83
26	鼎和财险	1.83
27	国寿财险	1.83
28	海峡财险	1.83
29	泰康在线	1.82
30	众安保险	1.82

从平均值角度来看，2017 年财产险整体情况和 2016 年类似，这在后面的综合评价里也得到了充分体现。

三、综合排名结果

类似于人身险情况，得分含义如下：

60~69 分：信息披露内容超过了 1/2 但距离反映公司整体状况还有差距；

70~79 分：基本符合保监会信息披露办法要求，对"可披露可不披露的信息"主要采用了不披露、不标注的方式；

80~89 分：较好的符合保监会信息披露办法要求，对"可披露可不披露的信息"进行了选择性的披露；

90~100 分：除了满足信息披露办法要求外，还对其他信息进行了尽量多的披露，信息披露报告能够反映出公司最全面的状况。

表 2-14 给出了基于"信息熵"模型的最终综合排名结果（前 30 名）。

表 2-14　财产险公司信息披露质量最终排名比较（2017 年与 2016 年）

2017 年财产险公司信息披露质量最终排名			2016 年财产险公司信息披露质量最终排名		
排名	公司名称	得分（百分制）	排名	公司名称	得分（百分制）
1	亚太财险	97.24	1	永诚财险	97.31
2	平安财产	94.18	2	中银财险	97.07
3	中银财险	94.10	3	安诚财险	96.02
4	国元农业	94.04	4	平安财险	95.98
5	北部湾财险	93.75	5	永安财险	95.94
6	大地财险	93.42	6	众诚保险	95.74
7	安盛天平	92.94	7	安信农业	95.52
8	中路财险	92.87	8	信达财险	95.49
9	安达财险	92.40	9	安邦财险	95.36
10	太保财险	92.32	10	阳光农互	95.35
11	长安责产	92.07	11	国元农业	95.30
12	安联财险	92.01	12	天安财险	95.21
13	泰山财险	91.82	13	都邦财险	95.17
14	都邦财险	91.72	14	国泰财险	94.74
15	日本兴亚	91.60	15	华安财险	94.70
16	阳光信保	91.48	16	富邦财险	94.47
17	史带财险	91.41	17	鼎和财险	94.40
18	阳光财险	91.40	18	亚太财险	94.30
19	三星财险	91.39	19	华泰财险	94.29

续表

2017年财产险公司信息披露质量最终排名			2016年财产险公司信息披露质量最终排名		
排名	公司名称	得分（百分制）	排名	公司名称	得分（百分制）
20	劳合社财险	91.35	20	阳光财险	94.26
21	安信农业	91.29	21	长安责产	94.24
22	海峡财险	91.12	22	国寿财险	94.24
23	富邦财险	91.10	23	安华农业	93.99
24	安华农业	90.97	24	日本兴业	93.72
25	阳光农互	90.94	25	渤海财险	93.59
26	华安财险	90.92	26	人保财险	93.57
27	泰康在线	90.90	27	紫金财险	93.53
28	安诚财险	90.87	28	太平财险	93.45
29	建信财产	90.76	29	福德财险	93.42
30	鼎和财险	90.48	30	安联财险	93.19

从今年的排名可以看到，该结果与指标直接平均排列顺序相差较大，体现出信息熵和平均分法之间的差异性。因为信息熵方法考虑了全体公司的情况，使得信息熵方法下的排名较平均分法更加客观。

通过统计2017年全部77家公司，我们发现，有34家得分在90~100之间，有43家得分在80~90之间，没有低于80分的公司。对比来说，2016年在70家公司里，有58家得分在90~100之间，有12家得分在80~90之间，没有低于80分的公司。整体上来讲，2017年信息披露情况较2016年有所退步。

对于财产险公司来说，2017年信息披露质量与2016年有所退步，这也是自2014~2016年信息披露质量持续保持稳步提升后的首次下滑。

第三章
中国保险公司竞争力评价的理论与方法

第一节 保险公司竞争力的定义

中国对保险公司竞争力的实证研究方面还处于初级阶段，国际上目前对保险公司竞争力还没有一个比较明确的、被较为广泛接受的定义。竞争力是参与者双方或多方的一种角逐或者比较而体现出来的综合能力，它是一种相对指标，通过竞争表现出来。MBA 百科把企业竞争力定义为：在竞争性市场条件下，通过培育自身资源和能力，获取外部可获得资源，并综合加以利用，在为顾客创造价值的基础上，实现自身价值的综合性能力。

姚壬元（2004）将保险公司竞争力定义为：保险公司在市场机制的作用下，合理充分地运用自身拥有的资源，提供适应市场经济要求和保险业发展规律的产品和服务，使之在市场竞争中相对于其竞争对手所表现出的长久和持续发展的能力。姚壬元（2004）认为保险公司的竞争力是一个包括资源、能力、环境三要素在内的综合系统，每个要素又分解为不同的能力和指标体系，通过对指标赋予权重，实现对保险公司竞争力的评价。指标权重的准确性在很大程度上影响了保险公司竞争力评价结果的科学性和正确性。

王成辉和江生忠（2006）指出，保险竞争力是一个保险行为主体与其他保险行为主体竞争保险资源的能力，它既指某一保险产品竞争力，也指某一保险公司的竞争力，还指保险行业竞争力和保险业的国际竞争力。他认为国内对保险公司的竞争力并没有形成定论，大多数研究是从定性分析的角度进行的。

由《21 世纪经济报道》、21 世纪研究院金融研究中心联合美国加州大学组成的课题组（2009）认为，保险公司的竞争力是指在同一市场环境下，同业竞争者实现其经营目标的综合实力。保险公司的经营目标是满足保险经营的各利益参与者（所有者、投资者、管理者和客户）的利益，并且为保险公司自身创造持续、安全和稳健的价值。

王小平（2005）指出人寿保险公司的核心竞争力，就是人身险公司长期形成的，建立在先进的经营要素（如客户关系、产品开发、销售体系、员工队伍等）基础上的相互融通、相互依存、相互促进、整体运作的能力。借助这一能力，人身险公司能够按国内寿险行业的一流标准销售保单、提供服务，保费收入和赢利能力领先于其他人身险公司。

冯占军和李秀芳（2012）主要基于中国保险年鉴的相关数据，提出了保险企业竞争力"三段式"评价分析模型。魏伟（2012）认为保险公司的核心竞争力是指其能够经受国内外激烈竞争考验，具有显著竞争优势、扩展应用潜力和竞争对手难以模仿的整合各种资源的能力。其中，创新能力是保险公司的重要核心竞争力，包括科研和开发能力、技术和开发成果转化为产品和提高业务规模和业务质量的能力、组织协调公司内各种资源进行有效经营的能力，以及公司为应付制度环境、市场变化和不可预测因素的应变能力。周毅（2013）在讨论我国论中小型财产保险公司核心竞争力的提升策略时指出，保险公司的核心竞争力主要包括五个方面：组织学习能力、险种研发能力、市场开拓能力、风险管理能力和企业文化的影响能力。其中，险种研发与风险控制能力、公司品牌意识与服务水平是制约中小型财险公司提升核心竞争力的主要因素。

孔婷婷（2015）认为构成保险企业核心竞争能力包括市场开拓、信息吸收、协调整合、开发创新和组织学习能力，保险企业核心竞争能力不是单一的某种能力，而是面对市场、面对环境所表现出的一种综合能力。施淑蓉（2015）认为寿险公司的核心竞争力既表现在公司的经营状况与投入产出效率等显性实力，也体现为支撑起整个寿险公司运行的潜在能力。李德立和于佳睿（2017）在利用价值链分析法评价我国寿险公司核心竞争力时认为，保险公司的核心竞争力来源于企业内部，是外在力量与内部控制相结合的产物。它包括了公司对内部资源的整合与协调能力，和对外部环境变化的适应能力。

综合以上结果并结合我们的经验和理解，我们对保险公司竞争力给出了如下定义：

保险公司竞争力是在市场经济环境中，保险公司根据行业和自身特点综合运用人力、物力、财力等各种资源，获得相对于竞争对手所表现出来的生存能力、创新能力和持续发展能力的总和，是保险企业综合能力的体现。竞争力是一个相对的概念，强调的是保险行业内竞争者之间的比较。

中国银行保险监督管理委员会（原保监会）于 2010 年 6 月 12 日颁布实施《保险公司信息披露管理办法》，绝大部分保险公司都按照此文件的规定对公司信息进行了披露。我们主要是根据保险公司据此披露的信息以及保险年鉴、保监会网站等方面的有关信息，将"生存能力、创新能力和持续发展能力"细化为五个可度量的方面，这五个方面为：盈利能力、资本管理能力、经营能力、风险管理能力和业务发展潜力，然后通过这五个方面来评价保险公司竞争力。

第二节 保险公司竞争力研究方法综述

石新武（2004）在其博士后的研究报告《开放条件下的保险竞争力》中把保险公司的竞争力指标分为三级，一级指标为权重 20% 的直接指标和权重 80% 的间接指标，直接指标为市场份额，间接指标包括规模实力（10%）、运营能力（20%）、成长能力（15%）、偿付能力（10%）、盈利能力（15%）和经营安全（10%）6 项二级指标。每个二级指标下有 1~3 项三级指标。

姬便便（2005）应用标杆测定法对我国财险保险公司的竞争力进行研究，把财产公司竞争力的构成要素分为外部市场要素、内部市场要素和外部政策环境，根据这 3 个要素分别构造评价指标，得出影响我国财产保险公司竞争力的主要因素。

冯占军和李秀芳（2012）认为，企业的竞争力主要体现在对市场地位的竞争、对市场要素的竞争、对盈利水平的竞争以及综合性的发展竞争等方面，在《2012 中国保险企业竞争力研究》一书中把中国保险企业的竞争力用竞争力绩效评价指标、竞争力状况评价指标和竞争力成因分析指标进行评价。

鲁维丽和谢晓迎等人在《2017 亚洲保险公司竞争力评价研究报告》中，主要基于保险公司财务实力来评估保险公司的竞争力，财务实力通过市场规模、资本金充足性、赔付准备金充足性、盈利能力、流动性和稳定性测试六部分数据来衡量。此外，该报告尽管参考了 A. M. Best、Weiss、和 Fitch 三大评级机构对保险公司的评级模型，在此基础上衍生出评估体系中所使用财务比率的主要类别和估算方法，但是，该报告对各国保险公司采用相同的评价方法、权重设定等，没有考虑不同的经济制度、财务制度和发展阶段等。

由于保险公司竞争力指标是保险企业在整个社会经济现象中多面性、复杂性和交叉性的客观反映，不能人为地主观地去掉或保留哪些指标，所以必须运用科学的、严格的定性和定量相结合的分析理论。国内文献中关于筛选、综合、优化保险公司竞争力指标体系的分析方法主要分为以下几种。

一、主成分分析方法和因子分析方法

这两种方法都通过简化数据结构达到降低维数的目的，把多个存在相关关系的指标化成少数几个互不相关的新的综合性指标。或者对原众多指标，按一定"原则"寻求原始指标的某种线性组合而形成新的综合指标（主成分变量）；或者把原始指标试图分解为公因子和特殊因子的线性组合（有时可忽略特殊因子）。这些新产生的主成分和公因子最大程度上反映了原始指标的信息（涵盖量达85%以上），它们之间互不相关，去除了重叠信息，个数又较少，而且层次较高，综合性较强，使形成的新指标体系达到最优。

在综合评价中，优化指标体系多用该类方法，即主成分分析法和因子分析法。这两种方法既有联系又有本质的区别，应用范围也不尽相同。主成分分析法和因子分析法简化数据结构的机理不同，主成分分析法是对具有复杂相关关系的原始指标 $X = (x_1, \cdots, x_p)$，寻求投影向量 a，选择具有方差最大或较大的新的线性组合变量，而舍去方差较小的变量重新组合成个数较少，互不相关，但又最大程度上反映原始指标信息的主成分向量 $Y = (y_1, \cdots, y_m)$ $(m<p)$，于是由原始评价指标 $x_1, \cdots, x_p$ 简化并优化为综合性指标 $y_1, \cdots, y_m$。

因子分析方法与主成分分析方法不同，其实质不是对数据进行数学变换，而是对于具有复杂相关关系的原始指标（变量）$X = (x_1, \cdots, x_p)$，通过寻找原始变量的共同方面来简化存在于原始变量之间的复杂关系，把各个测量本质相同的变量归入一个因子（公因子），这些公因子对原始变量起着重要的支配作用，公因子之间不相关，往往不可测，个数比原始变量个数要少，（比如 m 个，$m<p$），是所有变量共同具有的公共因素。这样 p 个原始变量 $x_1, \cdots, x_p$ 和每一原始变量独自具有的特殊因子 e 两部分来描述或解释，（通常只考虑公因子，忽略特殊因子）。因而达到简化数据结构的目的，即把原始评价指标化为 m 个公因子（综合指标），形成优化的指标体系。因子分析法的最大优势在于各综合因子的权重不是主观赋值而是根据各自的方差贡献率大小来确定的，方差越大的变量越重要，从而具有较大的权重；相反，方差越小的变量所对应的权重也就越小。这就避免了人为确定权重的随意性，使得评价结果唯一，而且较为客观合理。

叶欣（2007）通过运用主成分分析法构建评价模型，对上海主要中外资保险公司的竞争力进行排名和比较分析。王成辉和江生忠（2006）在建立我国保险业竞争力指标体系的基础上，应用因子分析方法，结合我国保险市场的实际数据，对竞争力进行了实证分析，并分别对我国的财险和人身险公司进行了竞争力比较和排名。胡永红（2007）利用因子分析方法对我国人寿保险公司竞争力进行了研究。张晶（2011）运用因子分析方法对我国保险市场中的28家保险企业的竞争能力进行了排序。吴成浩（2012）在现有关于上市公司特别是保险类上市公司竞争力指标体系的研究基础上，选取证监会分类的4家国内保险类上市的2011年财务数据，利用因子分析来构建竞争力评价指标体系。王光毅（2013）利用综合指标选择方法，综合利用聚类分析、相关性分析、主成分分析等多元统计分析方法，并根据保险年鉴数据，选取代表性公司，对保险公司竞争力评价指标进行选择和精简，最终构造出由3个综合指标和6个分项指标组成的评价指标体系。刘祥祥（2013）利用因子分析方法，使用2010年的数据选取9个指标对我国保险市场上各财产保险公司的竞争力进行实证分析，来衡量不同财产保险企业的竞争力。胡宏兵（2013）运用因子分析法和聚类分析法，对我国保险业核心竞争力进行了实证分析，文中构建了17项指标来综合分析我国保险公司的核心竞争力，包括保费收入水平、资产总额、资本充足率和资产负债率等。张永杰（2015）基于2013年和2014年我国寿险业数据，运用因子分析法对我国寿险企业的核心竞争力进行了实证分析。文中从市场运营管理、资金管理、风险管控和人力资源管理等五个维度选取了17项评价指标。

在经济领域，如果综合评价所基于的是反映客观社会经济现象数量特征的客观性指标体系，一般用主成分分析方法；如果综合评价基于的指标体系是反映人们的心理感受、主观愿望、满意程度等方面的主观性指标形成的指标体系，则用因子分析方法。

二、其他方法

数据包络分析（Data Envelopment Analysis）简称DEA，是美国著名运筹学家A. Charnes等人以相对效率概念为基础发展起来的一种效率评价方法，它是研究同类型生产决策单元相对有效性的有力工具。它主要采用数学规划方法，利用观察到的有效样本数据，对决策单元（DMU）进行生产有效性评价。DEA模型可同时对决策单元的多项投入和多项产出计算相对效率。每一个决策单元的各项投入和产出权重都是由模型根据最优原则计算出来的，而不是由决策者主观给定的，可避免主观随意性。但是，DEA模型的理论假设是：投入越少，产出越大，那么效率就越高。但实践中，有些产出是越少越好，如污染环境的物质。

对于数据包络分析方法（DEA）用于产出效率的分析，虽然投入产出指标的权重是通过模型计算出来的，但由于模型中没有对各权重的取值范围加以限制，因此有时会出现不切实际的权重分配，从而导致权重取值的任意性。此外，数据包络分析法只能从效率的角度评价分析竞争力。但我们知道，竞争力的评价分析必须从效能和效率两个角度进行，否则其评价分析就不是完整和系统的。

恽敏（2003）使用数据包络分析方法，综合考虑投入和产出以及它们之间的关系，考察目前保险公司的核心竞争实力，并且为如何提高核心竞争力提出相关建议；姚树洁、冯根福和韩钟伟（2005）基于1999~2002年22家我国主要保险公司的数据资料，用两阶段法分析影响保险公司效率的重要因素；孙林和李光金（2005）基于DEA方法对我国保险公司竞争力进行了分析；赵城和尹成远（2009）运用DEA法的"超效率"模型，基于2000~2007年我国18家主要财产保险公司的数据资料，测度其技术效率、纯技术效率、规模效率，并对影响其效率的因素进行分析，给出相关的政策建议；李杭蔚和刘强（2010）利用熵权和topsis法相结合对4家上市保险公司进行了实证分析；张春海（2011）利用DEA三阶段分析方法，对2009年我国财险业的46家公司的经营效率进行分析。施淑蓉（2015）将寿险公司核心竞争力分为显在和潜在两部分，分别运用超效率DEA分析和因子分析对它们分别进行评分，从而得到了寿险公司核心竞争力综合得分，并对外资、合资、中资寿险公司的核在心竞争力进行了排名。谢琛（2016）利用熵权法对4家财险公司财务报表中得到的评价指标赋予权重，进行综合评分，从而得出财险公司的竞争力评价。

有的学者认为，企业核心竞争力的评价具有模糊性，一是核心竞争力等级的分类具有模糊性，通常把核心竞争力强度分为优、良、中和差4个等级，但很难界定各等级的标准；二是企业核心竞争力的影响因素具有模糊性，如产品美誉度等。因此简金平（2004）采用模糊物元综合评价法来评价保险公司的综合竞争力，钱璐和郑少智（2005）基于AHP方法对我国保险公司核心竞争力进行了综合评价。张洪涛、甄贞和马驰（2014）基于成对比较矩阵方法对保险企业的核心竞争力进行评价。

此外，有的专家按照每个指标对研究对象独立作用的大小（或者叫方差贡献的大小），通过进行统计检验和数学变换等，筛选掉作用小的不重要指标，保留作用大的重要指标，最后形成由原指标体系中的部分重要指标组成的优化的指标体系，这类方法常用的有多元回归方法、逐步回归方法等。

由《21世纪经济报道》、21世纪研究院金融研究中心联合美国加州大学组成的课题组（2010）在《2010亚洲保险公司竞争力排名研究报告》中运用"均值—方差方法"进行相关研究。它将保险公司的财务实力通过划分为6个主要部分衡量：市场规模、资本充足性、赔款准备金充足率、盈利能力、流动性和稳定性测试。每一部分包含若干个因素，并人为规定每个因素在该部分中所占重要性比例（如50%），分别评分。通过计算出所有因素的平均值和标准差，得到公司的总体评价。为了获得比较合理的比率范围，首先将每一指标得分标准化，标准化后的变量分布变为新的分布。然后再根据指标特性调整其 Z（得分），并将其得分进行计算，得到保险公司的竞争力得分。

秦川杰（2014）从盈利能力、偿付能力和承保能力等方面的10个指标构建了综合竞争力评价体系，运用变异系数法（"均值—方差方法"）对我国12家中资财产险公司和8家外资财产险公司进行了核心竞争力分析。在变异系数法中，通过判断变异系数的大小，对评价指标赋予不同的权重，克服了主观赋权而造成的评价结果失真的影响，且操作简便、有较好的实用性。

总之，在保险公司竞争力研究的相关文献中，常用的、公认度较高的评价分析方法主要有主成分分析方法和因子分析方法；使用过但研究成果较少的方法有模糊数学方法、数据包络方法（DEA）；其他在个别文献中出现的方法包括均值—方差方法、多元回归方法、灰色关联分析等。由于主成分分析方法的原理比较容易理解，建模步骤明确，局限性和主观性较小，且能够使用SPSS等统计软件直接进行计算，因而，我们选用主成分分析方法进行保险公司竞争力的评价研究。

第三节　保险公司竞争力评价指标体系的构建与原则

根据保险公司竞争力的定义和保险公司负债经营的特征，我们通过构建盈利能力、资本管理能力、经营能力、风险管理能力和业务发展能力5个一级指标反映保险公司竞争力的不同方面；然后在每个一级指标下面构建若干个二级指标；最后通过对所有二级指标的综合分析得到保险公司综合竞争力的评价。同时通过对一级指标下面的二级指标的分析得到保险公司一级指标竞争力的评价。

由于人身险公司和财产险公司的经营模式、发展思路、监管要求等方面都有所区别，因此在构建二级指标时，这两类公司的指标有所不同。

一、保险公司竞争力评价指标构建的原则

保险公司竞争力是反映公司生存能力、创新能力和持续发展能力的一个综合性指标。因此，在构建指标时，必须能够反映保险公司的经营特点，并能够全面地体现竞争力的定义。

（一）可得性原则

可得性原则即是指具体指标的可量化和可计算性，又是指具体数据的可得性。

在进行保险公司竞争力评价时，各种指标的建立和定义不可避免。此时既要考虑各种指标的具体量化和计算方法，又要考虑各种数据的可获得性。近些年来，虽然我国的信息化建设取得了飞速发展（中国保监会于2010年6月12日起颁布施行了《保险公司信息披露管理办法》，中国保监会、保险行业协会、各公司自己的网站等为相关研究提供了比较权威和系统的数据），但面临各种具体研究时，我们在数据方面仍然感到捉襟见肘。

（二）客观性原则

在构建指标时，既要客观反映人身险公司和财产险公司在经营模式、发展思路、监管要求等方面的区别，又能够体现出保险业的发展特点，并真实反映保险公司竞争力的各个不同方面。

（三）均衡性原则

课题组把二级指标分为3类：规模性指标、结构性指标和比率性指标。

规模性指标是指保费收入、资产规模等反映公司经营规模的指标；

结构性指标是指反映公司当年的经营思路和发展水平的指标，它是由公司自己当年的经营业绩指标计算得到，与公司往年的表现和其他公司无关，比如，综合费用率、综合赔付率、退保率等指标；

比率性指标是反映公司经营业绩的年度变化情况的指标，比如保费收入增长率、净利润增长率等指标。

毋庸讳言，以上各类指标对于不同类别公司竞争力的评价影响是不同的。规模性指标的设立对于成立时间较长的大型保险公司的竞争力评价结果比较有利；比率性指标对于成立时间较短、发展比较迅速的保险公司竞争力的评价结果有利；因此在设立指标时，需要考虑各类指标间的均衡性问题，特别是运用主成分分析方法、

因子分析方法等进行保险公司竞争力评价时，均衡性原则尤其重要。

值得欣慰的是，中央财经大学"保险公司竞争力评价研究"课题组注意到了相关问题。我们除了在指标设立时，考虑到了均衡性原则外，我们还运用现代多元统计分析方法，从公司和指标两个角度，对我们的评价结果进行了 Wilcoxon 符号检验，做稳健性分析。

这也是我们课题组的一个创新性研究。

二、保险公司竞争力评价指标的构建

盈利能力是指企业获取利润的能力。利润是投资者取得投资收益、债权人收取本息的最终来源，是管理者经营业绩和管理效能的集中体现，也是职工集体福利不断完善的重要保障，因此，企业盈利能力分析十分重要。盈利能力指标包括总资产增长率、总资产收益率、净资产增长率等二级指标。

资本管理能力即资本的筹集、分配及运用的能力，主要表现在偿付能力充足率上。偿付能力一直是保险业监管的重心，保险公司偿付能力是指保险公司偿还债务的能力。2008 年 7 月 10 号，保监会正式发布了《保险公司偿付能力管理规定》，其中，第三条是保险公司应当具有与其风险和业务规模相适应的资本，确保偿付能力充足率不低于 100%。该项指标主要包括偿付能力充足率、认可资产负债率等二级指标。

保险公司经营能力是一个系统的概念，它指公司根据本身的内外部条件制定经营战略与计划的决策能力，以及进行各种活动的组织管理能力的总和。保险公司经营能力的强弱表明了资产的利用程度及使用效率，这在很大程度上决定了保险公司的经营效益以及由此产生的对债务偿付的保障程度。该项指标主要包括资本利用率、综合赔付率、综合费用率等二级指标。

保险公司风险管理是对风险的识别、衡量和控制的技术方法，也可以指经济主体用以降低风险负面影响的动态连续过程，其目的是直接有效地推动组织目标的实现。保险公司风险管理的总体目标是实现企业价值最大化，企业价值最大化将通过风险成本最小化实现。在经济全球化、金融一体化迅猛发展的今天，保险公司所面临的风险越来越大，因此，加强对保险公司风险管理能力的监管是十分必要的。风险管理能力包括流动性比率、融资比例等二级指标。

保险公司业务发展潜力关系到公司的发展前景，比如，保险公司未来的业务发展规模、市场份额占有状况、公司的发展潜力等，因此，该项指标是衡量保险公司未来可持续发展能力的一个重要指标，应该重视对保险公司业务发展潜力的监管。

影响保险公司业务发展的因素很多，主要包括原保费收入增长比率、发展系数等二级指标。

三、保险公司竞争力评价结果的科学性

（一）数据信息的公开性原则

数据信息的公开、客观和准确是一切公司评价的基础。为了保证《中国保险公司竞争力评价研究报告》结果的科学性和可验证性，我们进行保险公司评价的数据都是来源于公开渠道：既有各保险公司的年度信息披露报告、保险公司网站信息，又有中国保险监督管理委员会网站、中国保险行业协会网站以及中国保险年鉴等。这样在讨论评价结果时，就有一个可以共同讨论的数据基础。在此对中国保险监督管理委员会等政府部门的信息化建设再次表示感谢！

同时，为了保证数据的可信性、合规性，我们在第二章专门对我国保险公司的信息披露质量做了一个分析，这也为完善我们的评价工作提供了一个很好的数据支撑和准备。

（二）评价方法的稳定性原则

即使占有同样的数据，评价方法不同，其结果往往也不同，有时候甚至是天壤之别。

为了保证评价结果的可比较性，评价方法的稳定性至关重要。这里的稳定性有两方面的含义：一是评价方法一旦确定后，就尽量保持不变或者不做大的调整，保持评价结果的继承性和可比较性，使得被评价对象对自己的评价结果有一个直观的认识和比较，这也有助于增加评价结果的说服力；二是评价方法能够适用于具体评价的对象、行业或区域，不同类别的公司、行业或者区域，可能选用不同的评价方法或者设置不同的参数。具体问题具体分析，没有一成不变的适用所有类别的公司、行业或者区域的评价方法。

（三）评价结果的稳健性原则

稳健性最早来源于财务管理，往往指公司的财务应对各种风险的能力；在这里，稳健性主要考察的是评价方法和指标解释能力的强壮性，也就是当改变某些参数时，评价方法和指标是否仍然对评价结果保持一个比较一致、稳定的解释，即如果改变参数设定以后，结果发生了显著性改变，则说明不是稳健性的，需要寻找问题的所在。

当然，不同的评价方法，参数的设定也有所不同。对于非参数统计方法，人们往往是通过改变指标或者改变部分参选对象来评价结果的稳健性。《2018中国保险公司竞争力评价研究报告》通过运用模糊聚类分析方法，对一些特殊的保险公司、特殊的评价指标进行剔除，并对剔除前后的结果进行非参数检验的方法，分析评价结果的稳健性。

在国内外各种对经营单位进行的评价研究报告中，运用稳健性方法检验评价结果有效性的做法还不多见，这也是我们评价工作的一个鲜明特色和创新之处。

第四节 主成分分析方法与模糊聚类分析方法介绍

一、主成分分析方法

在各个领域的科学研究中，往往需要对反映事物的多个变量进行大量的观测，收集大量数据以便进行分析寻找规律。多变量大样本无疑会为科学研究提供丰富的信息，但也在一定程度上增加了数据采集的工作量，更重要的是在大多数情况下，许多变量之间可能存在相关性而增加了问题分析的复杂性，同时对分析带来不便。如果分别分析每个指标，分析又可能是孤立的，而不是综合的。盲目减少指标会损失很多信息，容易产生错误的结论。因此需要找到一个合理的方法，减少分析指标的同时，尽量减少原指标包含信息的损失，对所收集的资料作全面的分析。由于各变量间存在一定的相关关系，因此有可能用较少的综合指标分别综合存在于各变量中的各类信息。主成分分析就是把多个指标化为少数几个综合指标的统计分析方法，它通过几个综合因子（主成分）来代表原来众多的变量，使这些主成分尽可能多地反映原来变量的信息，而且彼此之间互不相关。

主成分分析的步骤如下：

设有 p 项指标的 n 个样本构成矩阵 X：

$$X = \begin{bmatrix} x_{11} & x_{12} & \cdots & x_{1p} \\ x_{21} & x_{22} & \cdots & x_{2p} \\ \vdots & \vdots & & \vdots \\ x_{n1} & x_{n2} & \cdots & x_{np} \end{bmatrix}$$

（一）进行原始数据的标准化

$$Z_{ij} = \frac{X_{ij} - \overline{X}_j}{S_j}, \quad i = 1, 2, \cdots, n; \quad j = 1, 2, \cdots, p$$

其中，$\overline{X}_j = \frac{1}{n}\sum_{i=1}^{n} X_{ij}$ 为第 j 个变量的均值；$S_j = \frac{1}{n-1}\sum_{i=1}^{n}(X_{ij} - \overline{X}_j)^2$ 为第 j 个变量的样本方差。

（二）计算样本的相关系数矩阵 R

$R = (r_{ij})_{p \times p}$，其中 $r_{ij} = \frac{1}{n-1}\sum_{k=1}^{n} Z_{ki} Z_{kj}, \quad i,j = 1,2,\cdots,p$

（三）求矩阵 R 的特征值 $\lambda_1 \geq \lambda_2 \geq \cdots \geq \lambda_p$ 和特征向量 $U = (u_{ij})_{p \times p}$

特征值 λ_i 是特征方程 $|R - \lambda E| = 0$ 的根，它的大小反映了各个主成分在描述所评价对象上所起的作用的大小，λ_i 对应的特征向量 U_{*j} 由方程 $(R - \lambda_i E)U_{*j} = 0$ 给出。

第 i 个主成分可以表示为 $F_i = \sum_{j=1}^{p} U_{ij} Z_{*j}, \quad i = 1, 2, \cdots, p$

（四）选取主成分数目的判定准则：

第 i 个主成分的方差贡献率表示该主成分能解释的原始变量的信息量，$\alpha_i = \lambda_i / \sum_{i=1}^{p} \lambda_i$，对于一般的主成分分析，通常约定累计方差贡献率 $q \geq 85\%$，对于约定的累计方差贡献率 q_0，如果有如下关系成立：$\sum_{i=1}^{k-1}\lambda_i / \sum_{i=1}^{p}\lambda_i < q_0 \leq \sum_{i=1}^{k}\lambda_i / \sum_{i=1}^{p}\lambda_i$，则取前 k 个主成分进行分析评价。

（五）利用主成分得分进行评价分析

利用所得到的前 k 个主成分 F_i 作为变量，相应的方差贡献率 λ_i 作为权重，得到主成分加权平均后的得分 $G = \sum_{i=1}^{k}\lambda_i F_i / \sum_{i=1}^{k}\lambda_i$，根据分数的高低可以对各个样本进行排名。

二、模糊聚类分析方法

聚类分析是按照一定的要求和规律将事物进行分类的一种数学方法，它原来是数量统计中多元分析的一个分支（许海洋、汪国安和王万森，2005）。从应用数学的角度来看，在某种程度上对公司的财务和经营状况评价，本质上是一个排名和分类工作，即在多大程度上与最优标准（或理想状况）处于同一个层次（寇业富和李晓林，2009）。因此模糊聚类分析方法从另一种角度对保险公司的业务结构和质量进行分析。

模糊聚类分析的步骤如下（寇业富和李晓林，2009）：

（一）确立指标体系并对指标数据进行预处理

在选择指标时，为了保证分析结果的科学性和适用性，应该将反映保单以及公司经营状况的全部重要特性包括进来。

在实际应用中，即使选用了一个较好的算法进行分析研究，但是由于各数据的性质以及数量级的不同，会出现有的指标数据，主要是大数量级的指标会"吃掉"小数量级的指标，影响分析的有效性。为弥补这一不足，须进行数据的预处理。

其中，对于指标的数量级不同以及量纲单位的不同，可以选用极差化法：
即对于数据矩阵的第 j 列，计算：

$$M_j = \max_{1 \leq i \leq n} x_{ij}, \quad m_j = \min_{1 \leq i \leq n} x_{ij}, \quad j = 1, \cdots, m$$

然后，对原数据作变换：

$$x'_{ij} = \frac{x_{ij} - m_j}{M_j - m_j}, \quad i = 1, \cdots, n, \quad j = 1, \cdots, m$$

通过这种方法可以将所有指标的量纲单位消除，变为无量纲量，从而可以消除数额、时间、百分率等单位的不同。

（二）聚类分析

设 $Z = \{x_1, x_2, \cdots, x_n\}$ 是 n 个对象集合，每个对象的特征数据表示为 $x_i = (x_{i1}, x_{i2}, \cdots, x_{im})$，$i = 1, 2, \cdots, n$，利用标定方法，可以得到 2 个对象 x_i 和 x_j 的模相似程序 r_{ij}，于是就得到模糊相似矩阵 R。

$$R = \begin{bmatrix} r_{11} & r_{12} & \cdots & r_{1n} \\ r_{21} & r_{22} & \cdots & r_{2n} \\ \vdots & \vdots & & \vdots \\ r_{n1} & r_{n2} & \cdots & r_{nn} \end{bmatrix}_{n \times n}$$

其中，$r_{ii} = 1$，$r_{ij} = r_{ji}$，$j = 1, 2, \cdots, n$。

定理设 R 是模糊相似矩阵，则存在一个最小自然数 $k \leqslant n$，使 $t(R) = R^k$，并且对一切大于 k 的自然数 q，均有 $R^q = R^k$。

该定理说明了从一个 Fuzzy 相似矩阵 R 通过求 R 的传递闭包，可构造一个 Fuzzy 等价矩阵，并且运算有限次，即不超过 n 次。为了提高运算速度，可以用平方法 $R \to R^2 \to R^4 \to \cdots R^{2^k} \to \cdots$，经过有限次运算后，一定有一个自然数（$2^k \leqslant n$），使 $R^{2^k} = R^{2^{k+1}}$，于是 $t(R) = R^{2^k}$。利用截关系对 R^{2^k} 进行等价分类，从而得到诸对象的评价结果。

对于众多公司来讲，由于其规模、发展定位和思路的不同，可将其归入不同的发展类型。因此，对其进行业务结构的相似性分析及其聚类研究将具有实际意义。

第四章
中国人身险公司竞争力评价分析

保险公司竞争力评价研究都是基于公开、客观和科学的原则，即研究方法、评价指标、数据来源等坚持公开、客观和科学的原则。

我们坚持评价过程和目标要客观有效，避免或者尽量减少人为主观因素的干扰；考虑到结果的敏感性，在有可能使用定量分析的地方，使用定量分析；尽量避免或者减少涉及权重选择等主观性问题的评价方法。

一、信息来源说明

保险公司竞争力评价研究的数据主要来源于各个保险公司的年度信息披露报告，少部分指标来源于历年的中国保险年鉴和保监会、保险学会、保险行业协会以及各公司自己的网站信息，即全部数据都是来源于公开渠道。

保险公司的 2017 年年报信息披露报告主要包括以下 5 个方面内容：公司简介、年度财务报告及其附注、风险管理状况、产品信息、偿付能力信息。本研究分析主要从以上报表获取数据进行研究。

二、研究对象

根据保监会网站，截止到 2017 年 12 月 31 日，中国共有 85 家人身险保险公司成立营业，中资公司 57 家，外资公司 28 家。

其中，华贵人寿、爱心人寿、信美人寿、招商仁和、和泰人寿、复星联合健康、人保养老，截至 2017 年年底，成立运营不到两年，不予评价；截止到 2018 年 5 月底，我们没有搜集到国寿存续的年度信息披露报告；这 8 家公司不予评价。

国寿养老、长江养老、新华养老仅规划经营养老保障管理等业务，暂不涉及保险产品的经营，不适用偿付能力的监管要求，缺少 2017 年度的偿付能力状况表和产品信息表等，不予评价。

和谐健康、安邦养老、安邦人寿、华汇人寿，年度信息披露报告暂缓披露，不予评价。

横琴人寿、中华人寿的资产负债表中，数据信息披露不完整，不予评价。

此外，中法人寿、中融人寿、新光海航、富德生命、国联人寿、吉祥人寿、上海人寿、君康人寿、恒大人寿、复星保德信的综合竞争力评价指标数值异常（并不表示这些公司的指标有问题，也不表示指标的优劣。只是因为这些公司的部分指标不具有代表性、可持续性；或者因为市场环境、公司发展阶段与策略等出现的短暂表现。如果把这些公司纳入综合竞争力评价体系里面，会比较严重地干扰对其余公司的评价），不予评价。

上述27家公司，如果有任何问题、建议或者意见，请与保险公司竞争力评价研究课题组联系。

最后，课题组共对58家人身险公司进行竞争力评价。

三、特别说明

（1）本研究分析都是采用公开发布的披露数据进行分析，我们根据实质重于形式的原则，对发现个别公司披露数据存在错误或异样的年报信息进行调整或者在涉及该指标时进行批注说明。

（2）本研究分析采用的数据皆来源于已公开的资料或课题组成员的个人分析，但我们不保证上述信息的完整与准确性，中国精算研究院不因使用本报告而产生的一切后果承担责任，只以此作为学术研究以及学界和业界的信息交流与参考。同时本研究分析为课题组成员的个人观点，并不代表中国精算研究院的观点。有关问题的来源、讨论或争议，请使用电话或电子邮件的方式与我方联系。

（3）评价指标中，有的指标的取值是越大越好，可以称为正向指标；有的指标取值是越小越好，可以称为逆向指标；有的指标取值是位于中间的某个值为好。

对于逆向指标，我们在本报告中都已经逆向化处理，即逆向化后的指标数据的取值也是越高越好；对于有的指标取值是位于中间的某个值为好，此时我们往往是通过构建系数的方式，对此类指标进行处理，经过系数化后的指标取值也是越大越好。

第一节 人身险公司竞争力指标体系的构建

一、评价指标体系说明

目前国内外还没有一个比较明确的、被广泛接受的"保险公司竞争力"的定义。我们综合国内外相关研究,结合自己的经验和理解,给出保险公司竞争力的定义:保险公司竞争力是保险公司根据行业和自身特点,在市场经济环境中,综合运用其各种人力、物力、财力等各种资源,获得相对于竞争对手所表现出来的更强的生存能力、创新能力和持续发展能力的总和,是公司综合能力的体现。同时竞争力也是一个相对的概念,强调的是保险行业内竞争者之间的比较。

我们进行的保险公司竞争力评价研究是以保险公司为出发点和落脚点,根据保险公司负债经营的特征以及当前保监会的监管重点,我们构建了保险公司的盈利能力、资本管理能力、经营能力、风险管理能力和发展潜力5个一级指标,来反映保险公司竞争力的不同方面。我们首先在每个一级指标下建立个数不等的二级指标,共有56个二级指标;其次通过对二级指标定量分析得到保险公司一级指标的评价结果;最后对全部二级指标进行定量分析,得到保险公司竞争力的综合评价结果。

二、具体指标构建

Ⅰ. 盈利能力指标

盈利能力指标共有9个二级指标,包括7个比率分析指标和2个规模性指标。

Ⅰ-1. 总资产收益率:总资产收益率 = 报告期净利润 ÷ [(期初总资产 + 期末总资产) ÷ 2] × 100%

Ⅰ-2. 净资产收益率:净资产收益率 = 净利润 ÷ 平均净资产 × 100%

Ⅰ-3. 投资收益率:投资收益率 = 投资收益总额 ÷ 平均投资资产 × 100%

Ⅰ-4. 净投资收益率:
净投资收益率 = 投资收益 + 其他业务收入 ÷ 平均投资资产 × 100%

Ⅰ-5. 承保利润率:
承保利润率 = 承保利润 ÷(期初保险业务收入 + 期末保险业务收入)的均值 × 100%

Ⅰ-6. 投资资产占总资产比率：投资资产占总资产比率＝平均投资资产÷平均总资产×100%

Ⅰ-7. 人均综合收益：人均综合收益＝综合收益总额÷公司职工人数

Ⅰ-8. 净利润

Ⅰ-9. 综合收益率：综合收益率＝（投资收益＋交易类公允价值变动＋可供出售类公允价值变动－交易费用及税金＋其他综合收益）/两年平均投资资产

Ⅱ. 资本管理能力

资本管理能力包含12个二级指标，11个比率和结构分析指标、1个规模指标。

Ⅱ-1. 资本管理系数：

偿付能力充足率(x) ＝实际资本÷最低资本

$$资本管理系数 = \begin{cases} \dfrac{x-150\%+70\%}{70\%}, & 80\% \leq x \leq 150\% \\ 1, & 150\% < x \leq 300\% \\ \dfrac{300\%+2000\%-x}{2000\%}, & 300\% < x \leq 300\%+2000\% \\ 0, & 其他 \end{cases}$$

Ⅱ-2. 资产杠杆系数：

杠杆比率（x）＝总资产/净资产

$$杠杆比率系数 = \begin{cases} 1, & 3 \leq x \leq 10 \\ \dfrac{30-x}{20} & 10 \leq x \leq 30 \\ \dfrac{x-1}{2} & 1 \leq x \leq 3 \\ 0 & others \end{cases}$$

Ⅱ-3. 认可资产负债率：认可资产负债率＝认可负债÷认可资产×100%

Ⅱ-4. 资产认可率：资产认可率＝认可资产÷总资产×100%

Ⅱ-5. 资本利用率：资本利用率＝保险业务收入÷所有者权益×100%

Ⅱ-6. 认可资产变化率：认可资产变化率＝（期末认可资产－期初认可资产）÷期初认可资产

Ⅱ-7. 自留保费系数（式中的X是杠杆率）：

自留保费系数 = $\begin{cases} \dfrac{x+2}{4}, & 0.0001 \leq x \leq 2 \\ 1 & 2 \leq x \leq 4 \\ \dfrac{20-x}{16} & 4 < x \leq 20 \\ 0, & 其他 \end{cases}$

Ⅱ-8. 资金运用效率：资金运用效率 = 可运用资金收益率 ÷ 一年期存款利率（3%）×100%

Ⅱ-9. 准备金保费比率：

准备金保费比率 = 两年的（未到期责任准备金 + 未决赔款准备金 + 保险保障基金 + 寿险责任准备金 + 长期健康险责任准备金 - 应收分保未到期责任准备金 - 应收分保未决赔款准备金 - 应收分保寿险责任准备金 - 应收分保长期健康险责任准备金）均值 ÷ 两年的原保费收入的均值

Ⅱ-10. 所有者权益

Ⅱ-11. 资产报酬率：

资产报酬率 =（股东权益合计 + 利润总额）/ 平均资产总额

平均资产总额 =（期初资产总额 + 期末资产总额）÷ 2

Ⅱ-12. 产权比率：

产权比率 = 负债总额 / 股东权益

Ⅲ. 经营能力指标

经营能力由以下11个指标构成，包括10个比率指标和1个规模性指标。

Ⅲ-1. 净资产周转率：净资产周转率 = 报告期营业收入合计 ÷ [（期初股东权益 + 期末股东权益）÷ 2] × 100%

Ⅲ-2. 总资产周转率：总资产周转率 = 报告期营业收入合计 ÷ [（期初总资产 + 期末总资产）÷ 2] × 100%

Ⅲ-3. 综合费用率：综合费用率 =（业务及管理费 + 手续费及佣金 + 分保费用 + 保险业务营业税金及附加 - 摊回分保费用）÷ 已赚保费 × 100%

Ⅲ-4. 综合费用率增长率：综合费用率增长率 =（当年的综合费用率 - 上一年的综合费用率）/ 上一年的综合费用率 × 100%

Ⅲ-5. 险种集中度系数：

险种集中度系数 = $\sum_{i=1}^{5}$（前 i 种产品的各自保费收入）^{2} ÷（前五种产品保费总收入）^{2}

Ⅲ-6. 退保率：

退保率 = 报告期退保金额/（期初寿险责任准备金 + 期初长期健康险责任准备金 + 报告期原保费收入）

Ⅲ-7. 报告期营业收入

Ⅲ-8. 两年平均赔付率：

两年平均赔付率 = 两年的（赔付支出 - 摊回赔付支出 + 提取未决赔款准备金 - 摊回未决赔款准备金）÷两年的已赚保费×100%。其中，已赚保费 = 原保费收入 + 分保费收入 - 分出保费 - 提取未到期责任准备金

Ⅲ-9. 保费收入费用增长比：

保费收入费用增长比 =（当期原保费收入 - 上一期原保费收入）/（当期综合费用 - 上一期综合费用）

Ⅲ-10. 应收保费率：

应收保费率 =（期初应收保费 + 期末应收保费）/（期初保险业务收入 + 期末保险业务收入）

Ⅲ-11. 应收分保率：

应收分保率 =（期初应收分保账款 + 期末应收分保账款）/（期初分出保费 + 期末分出保费）

Ⅳ. 风险管理能力指标

风险管理能力由13个比率和结构性分析指标构成。

Ⅳ-1. 偿付能力充足率：偿付能力充足率 = 实际资本÷最低资本×100%

Ⅳ-2. 流动性比率：流动性比率 = 流动性资产余额÷流动性负债余额×100%

Ⅳ-3. 自留比率：

自留比率 = 自留保费÷保险业务收入×100%

Ⅳ-4. 自留保费占净资产的比率（肯尼系数）：

自留保费占净资产的比率 = 自留保费/（期初所有者权益 + 期末所有者权益）的均值

Ⅳ-5. 自留保费增长率：

自留保费增长率 =（公司本年自留保费 - 公司上一年自留保费）÷公司上一年自留保费×100%

Ⅳ-6. 准备金安全率：

准备金安全率 = 两年的所有者权益均值÷两年的（未到期责任准备金 + 未决赔款准备金 + 保险保障基金 + 寿险责任准备金 + 长期健康险责任准备金 - 应收分保未到期责任准备金 - 应收分保未决赔款准备金 - 应收分保寿险责任准备金 - 应收分保

长期健康险责任准备金)均值

Ⅳ-7. 保险负债占总资产比：

保险负债占总资产比 = 保险负债/总资产

Ⅳ-8. 分出率：分出率 = 分保费支出÷保费收入

Ⅳ-9. 付现比：

付现比 = (经营活动、投资活动、筹资活动的现金流出合计 + 汇率变动对现金及现金等价物的影响额)÷营业支出合计

Ⅳ-10. 收入支出比：

收入支出比 = (经营活动、投资活动、筹资活动的现金流入合计 + 汇率变动对现金及现金等价物的影响额)÷营业支出合计

Ⅳ-11. 净利润赔付支出覆盖率：

净利润赔付支出覆盖率 = 净利润÷(赔付支出 − 摊回赔付支出 + 提取未决赔款准备金 − 摊回未决赔款准备金)

Ⅳ-12. 现金流满足率：

现金流满足率 = 现金及现金等价物净增加值/(经营活动、投资活动、筹资活动的现金流出合计 + 汇率变动对现金及现金等价物的影响额)

Ⅳ-13. 资产杠杆率：

资产杠杆率 = 总资产/净资产×100%

Ⅴ. 发展潜力

发展潜力由以下8个比率分析指标和3个规模性指标构成：

Ⅴ-1. 发展系数：发展系数 = 公司保费收入增量市场份额÷人身险市场保费收入增量份额×100%

Ⅴ-2. 综合收益增长率：综合收益增长率 = (本年的综合收益额 − 上一年的综合收益额)/上一年的综合收益额×100%

Ⅴ-3. 总资产增长率：总资产增长率 = (期末总资产 − 期初总资产)/期初总资产×100%

Ⅴ-4. 人均产能：人均产能 = 营业收入合计/公司职工人数

Ⅴ-5. 分支机构数目（机构数量）：指设立分公司的数目，包括在省级和经济单列市的分公司数目

Ⅴ-6. 万张保单投诉量

Ⅴ-7. 应收保费周转率：应收保费周转率 = 报告期原保费收入÷[(期初应收保费 + 期末应收保费)÷2]×100%

Ⅴ-8. 净资产增长率：净资产增长率=（期末所有者权益-期初所有者权益）÷期初所有者权益×100%

Ⅴ-9. 资本运用充分率（市场拓展能力）：资本运用充分率=公司原保费收入的两年均值/（股本+资本公积）的两年均值

Ⅴ-10. 综合成本率：综合成本率=综合赔付率+综合费用率

Ⅴ-11. 综合成本率的变化率：综合成本率的变化率=（当期的综合成本率-上一期的综合成本率）/当期的综合成本率×100%

第二节　2017年人身险公司综合竞争力评价结果与分析

在确定了指标和提取数据后，为了保证对保险公司竞争力评价的客观性和科学性，首先，根据指标的正向和逆向，进行数据的预处理、统一，使处理后的全部指标数据为正向，即其数据愈大愈好；其次，指标数据中有些是比率指标、有些是数值指标，为了避免"以大欺小"以及避免指标单位对评价结果的影响，我们对全部数据进行归一化处理，即全部指标数据都在0~1间取值；最后，在运用主成分分析方法进行综合竞争力评价时，我们是对全部56个二级指标数据进行分析处理，因此，二级指标与一级指标的隶属关系不影响对综合竞争力的评价结果。

为了便于对公司的业绩进行比较，以下披露的各个公司的二级指标数据都进行了逆向化处理，即得分高则意味着对一级指标具有更大的"正向"作用，得分低则对于一级指标具有较低的"负向"作用；同时，根据综合运用主成分分析、因子分析得到的对保险公司综合竞争力以及一级指标的评价结果，设定最高分不超过100分，最低分不低于40分。

一、2017年人身险公司综合竞争力的得分与排名

据预处理后，我们根据58家人身险公司的56个二级指标数据。为了更好地反映保险公司竞争力的实际情况，并根据保险业发展阶段和监管要求，课题组对部分指标进行了加权处理，得到一个56×60数据矩阵。利用主成分分析方法，共选取15个主成分，其累计解释率达到87.15%，每个主成分都是这些二级指标的线性组合（见图4-1）。

选取这15个主成分后，各保险公司综合竞争力的评价结果与排名如表4-1所示。

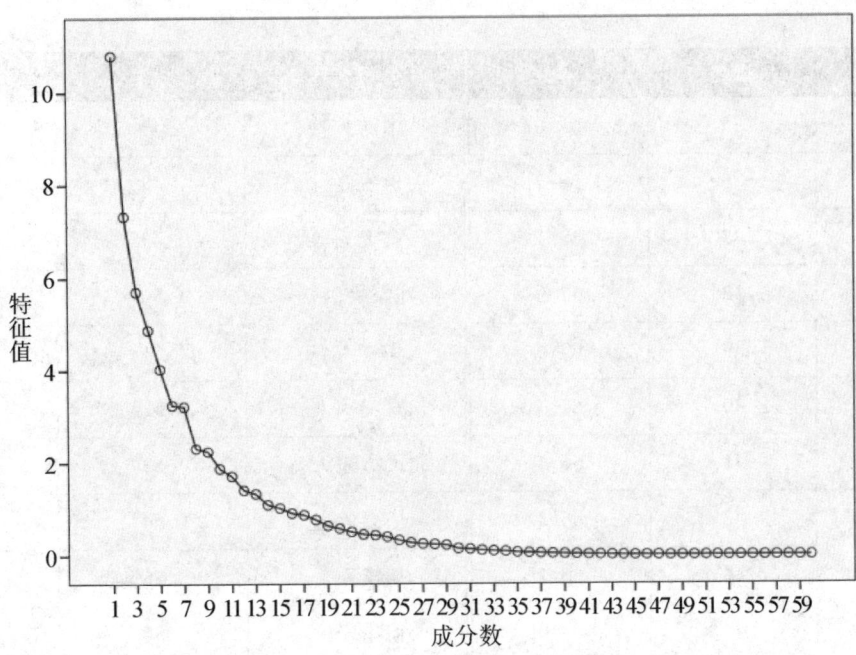

图 4-1 人身险公司综合竞争力分析的碎石图

表 4-1 　　　　2017 年中国人身险公司综合竞争力排名与得分

公司名称	排名	得分	公司名称	排名	得分
国寿股份	1	100.0	人保健康	18	74.0
平安人寿	2	98.0	弘康人寿	19	72.7
泰康人寿	3	90.6	君龙人寿	20	72.3
太保寿险	4	85.9	珠江人寿	21	72.3
太平人寿	5	83.6	前海人寿	22	72.2
工银安盛	6	79.4	建信人寿	23	72.0
人保寿险	7	78.9	招商信诺	24	71.2
中邮人寿	8	78.8	太平养老	25	71.1
交银康联	9	78.5	信诚人寿	26	70.6
新华人寿	10	77.5	泰康养老	27	70.2
平安健康	11	77.4	民生人寿	28	69.8
华夏人寿	12	77.2	中银三星	29	69.8
中德安联	13	76.4	利安人寿	30	69.6
合众人寿	14	76.1	平安养老	31	69.5
阳光人寿	15	75.5	幸福人寿	32	69.4
国华人寿	16	75.0	百年人寿	33	69.2
渤海人寿	17	74.1	长城人寿	34	68.7

续表

公司名称	排名	得分	公司名称	排名	得分
农银人寿	35	68.6	中荷人寿	47	63.6
天安人寿	36	68.2	太保安联健康	48	63.4
中美联泰	37	68.1	英大人寿	49	63.2
中英人寿	38	67.9	陆家嘴国泰	50	63.2
同方全球人寿	39	67.4	华泰人寿	51	60.7
汇丰人寿	40	67.4	东吴人寿	52	60.3
长生人寿	41	66.4	北大方正人寿	53	58.1
中意人寿	42	66.3	信泰人寿	54	57.0
友邦人寿	43	66.1	瑞泰人寿	55	56.6
光大永明	44	65.4	德华安顾	56	56.0
恒安标准	45	65.2	中韩人寿	57	53.8
中宏人寿	46	64.1	昆仑健康	58	40.0

二、结论与分析

本报告在2016年研究的基础上，根据影响当前中国人身险公司的发展和中国保监会的监管要求等各方面因素，修改完善了人身险公司竞争力评价指标体系。我们根据此评价指标体系，应用主成分分析方法对中国寿险公司的竞争力进行了经验分析。随着国际经济金融危机和我国经济结构的调整，中国保险业的发展逐渐克服了一些困难和瓶颈。2017年，全行业共实现原保险保费收入36 581.01亿元，同比增长18.16%。其中，财产险公司和人身险公司分别增长13.76%和20.04%；赔付支出11 180.79亿元，同比增长6.35%。保险业资产总量16.75万亿元，较年初增长10.80%。

基于公开的数据和课题组的评价体系，2017年中国人身险公司综合竞争力评价的基本情况如下：

1. 盈利能力方面：这58家人身险公司的盈利能力表现好差别较大，整体来看，比2016年的净利润有所减少；中资保险公司仍然优于外资保险公司。

在盈利能力竞争力排名前10位的公司中，只有两家外资保险公司平安健康和君龙人寿（分别排名第八和第九），其余8家全部是中资保险公司，中资保险公司的盈利能力普遍高于外资保险公司。显然，中资保险公司在注重规模、份额的同时，经营效益也普遍好于外资保险公司。

2. 资本管理能力方面：2017年人身险公司的资本管理能力得到大幅度提高，其中，中资人身险公司的资本管理能力略知优势。

在资本管理能力方面，有的保险公司的资本管理系数远低于1，主要是这些公司的偿付能力充足率太高，资本运用太不充分。

在资本管理能力竞争力排名前10位的公司中，外资有3家保险公司入围，分别是中德安联（排名第一）、同方全球人寿（排名第四）和交银康联（排名第五），其他7家都是中资保险公司，应该说在保险公司的资本管理能力方面，中资人身险公司比外资人身险公司略占优势，但优势不是很明显。

3. 经营管理能力方面：2017年人身险各公司整体凸显在综合成本率居高不下，基本都在100%左右，因此，承保利润形势严峻。整体相比而言，各公司间综合赔付率和综合费用率相对差异不大，多于一半公司的综合成本率高于100%。

在经营能力竞争力方面，前十名的保险公司有7家中资保险公司（国寿股份排名第一），3家外资保险公司（工银安盛、交银康联和中银三星）。在2016年的经营管理能力评价中，工银安盛和交银康联也入围前十，说明这两家外资保险公司在经营管理能力方面确实比较优秀。

4. 风险管理能力方面：在风险管理能力方面，外资保险公司略占优势。根据2017年的人身险公司数据，中资保险公司的风险管理能力也有比较明显的改善。在风险管理能力竞争力排名前10位的公司中，中资外资保险公司平分秋色，各有5家保险公司入围（其中，外资保险公司是太保安联健康、平安健康、君龙人寿、陆家嘴国泰和中宏人寿）。需要注意的是，在公司的分出再保能力方面，中资保险公司还有许多需要学习和改进的地方。

5. 发展潜力方面：在发展潜力方面，中资占有比较明显的优势。在排名前10位的公司中，只有一家是外资保险公司（招商信诺，排名第九），其余9家都是中资保险公司。中资保险公司在市场拓展能力、资本运用充分率、分支机构数目等方面优势明显。

基于上述5个方面，56家保险公司中，中资保险公司的综合竞争力优势比较明显。在排名前10位的人身险公司中有2家是外资保险公司（工银安盛、中德安联）；在排名前20位的人身险公司中，有5家外资保险公司，分别是（工银安盛、中德安联、交银康联、平安健康和君龙人寿）。

第三节 2017年人身险公司综合竞争力一级指标的评价结果与分析

根据定义，人身保险公司的综合竞争力评价含有盈利能力、资本管理能力、经营能力、风险管理能力和发展潜力5个一级指标。各一级指标下含有数量不等的二级指标。我们基于二级指标，运用主成分分析方法对各公司一级指标的表现情况进行评价和分析。

一、2017年人身险公司盈利能力的排名与分析

数据预处理后，我们根据58家人身险公司的9个二级指标数据，得到一个58×9数据矩阵；根据主成分分析方法，选取了5个主成分，方差贡献解释率为90.54%，每个主成分都是这9个二级指标的线性组合（见表4-2）。

表4-2　　　　　人身险公司盈利能力竞争力得分与排名

公司名称	排名	得分	公司名称	排名	得分
平安人寿	1	100.0	幸福人寿	30	62.7
国寿股份	2	96.9	中银三星	31	61.9
珠江人寿	3	94.6	英大人寿	32	61.6
弘康人寿	4	91.5	利安人寿	33	60.7
国华人寿	5	86.8	建信人寿	34	60.4
前海人寿	6	85.7	中德安联	35	60.3
华夏人寿	7	85.4	北大方正人寿	36	60.3
平安健康	8	82.2	农银人寿	37	59.9
君龙人寿	9	81.7	百年人寿	38	59.2
泰康人寿	10	80.6	中意人寿	39	59.2
渤海人寿	11	78.8	民生人寿	40	59.2
长生人寿	12	75.1	工银安盛	41	59.1
招商信诺	13	73.6	中荷人寿	42	59.0
太保寿险	14	71.0	友邦人寿	43	58.9
太平人寿	15	70.9	华泰人寿	44	58.6
中英人寿	16	69.6	光大永明	45	57.5
信诚人寿	17	69.4	合众人寿	46	57.5
平安养老	18	67.9	同方全球人寿	47	56.3
恒安标准	19	67.7	中宏人寿	48	55.0

续表

公司名称	排名	得分	公司名称	排名	得分
新华人寿	20	67.1	陆家嘴国泰	49	54.6
阳光人寿	21	67.1	瑞泰人寿	50	53.4
泰康养老	22	66.3	长城人寿	51	53.1
中邮人寿	23	65.0	信泰人寿	52	51.6
天安人寿	24	64.9	东吴人寿	53	51.2
汇丰人寿	25	64.6	中美联泰	54	50.6
太平养老	26	64.4	德华安顾	55	48.3
人保寿险	27	64.3	太保安联健康	56	47.4
人保健康	28	63.5	中韩人寿	57	45.1
交银康联	29	63.2	昆仑健康	58	40.0

从表4-2可以看出，人身险市场中盈利能力排名前三的依次是平安人寿、国寿股份和珠江人寿，在百分制基准下，得分分别为100分、96.9分和94.6分。

参评的58家人身险公司中，盈利能力的最高分为平安人寿（100分），最低分为昆仑健康（40分），平均得分为65.6分，大于平均分（含平均分）的公司有22家，占比37.93%。

其中，90分以上的公司有4家，80~90分的有6家，70~80分的有5家，60~70分的有21家，60分以下的有22家。

图4-2显示了盈利能力排名前十的公司，依次是平安人寿、国寿股份、珠江人寿、弘康人寿、国华健康、前海人寿、华夏人寿、平安健康、君龙人寿、泰康人寿。

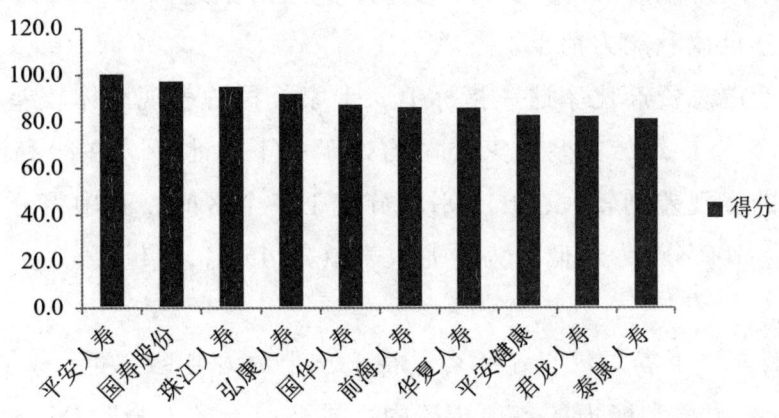

图4-2　盈利能力排名前十的人身险公司

总体来看，前十家公司得分相差不大，分布比较均衡，说明其盈利能力没有明显区别。

（一）盈利能力排名前十的人身险公司，其二级指标的排名与得分

盈利能力是反映保险公司竞争力的一项重要指标，表4-3具体分析了盈利能力排名前十的人身险公司其盈利能力二级指标的情况，给出了盈利能力体系下的9个二级指标的得分和排名。此表格为分析这十家公司的盈利情况提供了一个可以进行比较分析的平台。

平安人寿在盈利能力排名中位列第一，主要是因为其在盈利能力的各项指标得分均处于58家的中上游水平，且部分指标下表现优异。其各项指标中，净资产收益率、投资收益率、人均综合收益、净利润4项指标均位于58家公司中的前十名。特别是净利润指标得分100分，排名第一，且远远高过其余9家公司（例如，净利润指标单项第4名泰康人寿，57.5分，净利润指标单项第7名华夏人寿，48.9分），形成其显著的核心优势。此外，其余5项指标得分排名位于15~30之间，总体上处于中上游水平。

从整体上看，这些盈利能力排名前十的公司在总资产收益率、净资产收益率、投资收益率、净投资收益率、人均综合收益、净利润和综合收益率等指标上的表现都比较优良，多数进入58家公司的前十名。说明这10家公司的投资能力和经营水平总体上相当不错。但其中部分指标存在两极分化现象：如总资产收益率、净资产收益率和净利润等指标中，多数公司表现优异而少数1~2家公司得分落入后十名。

君龙人寿的总资产收益率（第50名，73.3分）、净资产收益率（第50名，71.9分）和净利润（第45名，41.5分），珠江人寿的承保利润率（第53名，62.7分）等与其他几家公司相比有一定差距，但由于这两家公司其他部分指标表现优异，得以立足盈利能力前十。

在投资资产占总资产比率这一指标上，十家公司的表现总体较差，除泰康人寿（第24名，92.5分）外，其余9家公司均处于中下游水平。在净利润增长率指标上，十家公司的表现差别较大，几乎平均分配于各个区间，其中得分最高的为平安人寿（第1名，100分），最低的为君龙人寿（第45名，41.5分）。

（二）盈利能力下各二级指标排名与得分前十的人身险公司

表4-4反映了盈利能力的各项指标中，排名前十的人身险公司及其得分情况，从而可以对人身险公司在盈利能力下的整体表现状况有一个基本的了解。

从表4-4可以看出，投资资产占总资产比率这两项指标的前十名得分为100~97.1分，说明各公司尽管有差别，但各个公司在这项指标上的差距并不明显。

第四章　中国人身险公司竞争力评价分析

表 4-3　盈利能力排名前十的人身险公司，其二级指标的表现

公司名称	总资产收益率		净资产收益率		投资收益率		净投资收益率		承保利润率		投资资产占总资产比率		人均综合收益		净利润		综合收益率	
	排名	得分	排名	得分	排名	得分	排名	得分	排名	得分	排名	得分	排名	得分	排名	得分	排名	得分
平安人寿	11	80.4	4	86.1	8	78.7	15	47.1	35	69.0	35	84.2	4	87.3	1	100.0	8	76.6
国寿股份	1	100.0	19	79.4	17	66.0	25	45.7	25	71.9	38	82.9	13	74.1	2	96.7	19	64.0
珠江人寿	31	77.7	29	76.8	1	100.0	2	56.7	53	62.7	53	62.9	3	88.9	25	42.0	1	100.0
弘康人寿	35	77.2	22	77.8	5	82.1	10	49.7	20	77.1	58	40.0	1	100.0	35	41.6	5	80.1
国华人寿	4	81.7	9	83.2	10	76.6	6	51.4	4	88.1	48	71.1	5	84.8	8	46.2	10	74.5
前海人寿	27	77.9	26	77.4	6	79.4	12	47.8	5	86.1	42	79.7	2	94.4	11	43.9	7	77.4
华夏人寿	18	78.9	6	84.1	4	83.1	8	50.0	47	63.7	44	78.8	6	83.3	7	48.9	4	84.0
平安健康	2	89.7	7	83.7	38	61.2	1	100.0	46	64.0	50	69.3	17	73.0	30	41.8	37	58.6
君龙人寿	50	73.3	50	71.9	2	91.6	4	51.9	17	78.0	55	52.5	32	66.0	45	41.5	2	90.4
泰康人寿	13	80.1	2	87.5	15	67.7	29	45.5	16	78.2	24	92.5	7	82.6	4	57.5	15	65.7

表 4-4　盈利能力下各二级指标得分与排名前十的人身险公司

二级指标 排名	总资产收益率 公司名称（得分）	净资产收益率 公司名称（得分）	投资收益率 公司名称（得分）	净投资收益率 公司名称（得分）	承保利润率 公司名称（得分）	投资资产占总资产比率 公司名称（得分）	人均综合收益 公司名称（得分）	净利润 公司名称（得分）	综合收益率 公司名称（得分）
1	国寿股份（100.0）	中德安联（100.0）	珠江人寿（100.0）	平安健康（100.0）	利安人寿（100.0）	幸福人寿（100.0）	弘康人寿（100.0）	平安人寿（100.0）	珠江人寿（100.0）
2	平安健康（89.7）	泰康人寿（87.5）	君龙人寿（91.6）	珠江人寿（56.7）	中银三星（92.8）	中邮人寿（98.9）	前海人寿（94.4）	国寿股份（96.7）	君龙人寿（90.4）
3	平安养老（84.2）	中美联泰（86.3）	长生人寿（87.4）	长生人寿（54.9）	人保健康（89.9）	新华人寿（98.1）	珠江人寿（88.9）	太保寿险（58.8）	长生人寿（86.0）
4	国华人寿（81.7）	平安人寿（86.1）	华夏人寿（83.1）	君龙人寿（51.9）	国华人寿（88.1）	百年人寿（98.1）	平安人寿（87.3）	泰康人寿（57.5）	华夏人寿（84.0）
5	中宏人寿（81.5）	信诚人寿（85.3）	弘康人寿（82.1）	渤海人寿（51.4）	前海人寿（86.1）	陆家嘴国泰（98.0）	国华人寿（84.8）	太平人寿（51.1）	弘康人寿（80.1）
6	招商信诺（81.4）	华夏人寿（84.1）	前海人寿（79.4）	国华人寿（51.4）	人保寿险（85.5）	泰康养老（97.8）	华夏人寿（83.3）	新华人寿（50.4）	渤海人寿（77.5）
7	中美联泰（81.3）	平安健康（83.7）	渤海人寿（78.8）	太平养老（50.7）	中邮人寿（85.0）	信诚人寿（97.6）	泰康人寿（82.6）	华夏人寿（48.9）	前海人寿（77.4）
8	信诚人寿（80.6）	汇丰人寿（83.7）	平安人寿（78.7）	华夏人寿（50.0）	中意人寿（83.1）	中宏人寿（97.5）	招商信诺（80.5）	国华人寿（46.2）	平安人寿（76.6）
9	中英人寿（80.5）	国华人寿（83.2）	德华安顾（78.0）	德华安顾（49.9）	百年人寿（82.1）	中银三星（97.5）	信诚人寿（75.4）	友邦人寿（44.9）	德华安顾（76.3）
10	友邦人寿（80.4）	太平人寿（83.0）	国华人寿（76.6）	弘康人寿（49.7）	渤海人寿（80.7）	北大方正人寿（97.1）	中邮人寿（75.1）	阳光人寿（44.3）	国华人寿（74.5）

各公司盈利能力差距比较明显的指标主要是净投资收益率（从平安健康的 100 分至弘康人寿的 49.7 分）和净利润（从平安人寿的 100 分至阳光人寿的 44.30 分）两项指标。因此可以说明这两项指标对于各个公司盈利能力的排名影响较大。

其中，平安健康在净投资收益率指标、中德安联在净资产收益率、国寿股份在总资产收益率指标上遥遥领先于其他各家公司。除此之外，投资资产占总资产比率排名在第二名至第十名的公司之间差距并不明显，位于 98.9~97.1 分之间。

（三）盈利能力结构的模糊聚类分析

聚类分析是数理统计中的一种多元分析方法，它是用数学方法定量地确定研究对象的亲疏关系，从而客观地划分类型以及度量研究对象之间的相似程度。事物之间的界限，有些是确切的，有些则是模糊的。当聚类涉及事物之间的模糊界限时，需运用模糊聚类分析方法。

我们根据保险公司在这些指标上的指标得分，运用模糊聚类方法分析各公司之间的相似程度，为各公司之间的盈利能力比较提供一个新的方法和视角。同时，模糊聚类分析是一种基于"物以类聚、人以群分"的观念进行各公司之间经营结构上近似程度的比较分析，不是优劣评价。

表 4-5　　　　盈利能力排名前 10 的公司的模糊聚类等价分析矩阵

	平安人寿	国寿股份	珠江人寿	弘康人寿	国华人寿	前海人寿	华夏人寿	平安健康	君龙人寿	泰康人寿
平安人寿	1.00	0.57	0.56	0.63	0.63	0.63	0.64	0.56	0.43	0.62
国寿股份	0.57	1.00	0.56	0.57	0.57	0.57	0.57	0.56	0.43	0.57
珠江人寿	0.56	0.56	1.00	0.56	0.56	0.56	0.56	0.56	0.43	0.56
弘康人寿	0.63	0.57	0.56	1.00	0.65	0.65	0.63	0.56	0.43	0.62
国华人寿	0.63	0.57	0.56	0.65	1.00	0.73	0.63	0.56	0.43	0.62
前海人寿	0.63	0.57	0.56	0.65	0.73	1.00	0.63	0.56	0.43	0.62
华夏人寿	0.64	0.57	0.56	0.63	0.63	0.63	1.00	0.56	0.43	0.62
平安健康	0.56	0.56	0.56	0.56	0.56	0.56	0.56	1.00	0.43	0.56
君龙人寿	0.43	0.43	0.43	0.43	0.43	0.43	0.43	0.43	1.00	0.43
泰康人寿	0.62	0.57	0.56	0.62	0.62	0.62	0.62	0.56	0.43	1.00

从表 4-5 可以看出，处于主对角线上的值都取 1，显然各个公司和自己的相似与贴近程度为 100%。

根据表 4-5，盈利能力排名前十的公司的各项指标的相似性都不高且差别较大，介于0.43~0.64之间，比去年的最低得分略有降低，说明公司之间盈利业务结构的趋同性稍显弱态。

盈利能力指标表现相似程度较高的是华夏人寿和平安人寿，它们的相似度为0.64；华夏人寿与弘康人寿、前海人寿、国华人寿三者之间的相似度是0.63，也比较高；说明这几家公司的盈利能力和模式具有较高的相似性和可比性。其中，比较有特点的公司是平安人寿，他的盈利能力得分排名第一，与华夏人寿的相似度是0.64分，比较高；但是与其余8家公司的盈利能力业务结构的相似度在0.63~0.43之间，可比性不是很高；再就是盈利能力排名第九的君龙人寿，他与其余9家公司的盈利能力业务结构的相似度都是0.43，位于矩阵中的最低分，说明该公司与其他九家公司的盈利能力可比性不强，这是一个值得继续关注和研究的现象。

从表4-5的各公司数据表现来看，说明各公司之间的盈利能力和模式可比性有待加强，这也从另一个方面说明我国人身险公司的盈利能力和水平还需要进一步提高。在国际经济危机和国内经济结构调整的过程中，寿险业如何实现盈利能力的提高，在市场中发现和发掘盈利模式将成为中国寿险业面临的一个严峻的问题。

二、2017年人身保险公司资本管理能力排名与分析

数据预处理后，我们根据58家人身险公司的12个二级指标数据，得到一个58×12数据矩阵；根据主成分分析方法，我们选取了6个主成分，其累计解释率为86.5%，每个主成分都是这12个二级指标的线性组合（见表4-6）。

表4-6　　　　　　　　　人身险公司资本管理能力得分与排名

公司名称	排名	得分	公司名称	排名	得分
中德安联	1	100.0	友邦人寿	23	63.8
国寿股份	2	91.4	珠江人寿	24	63.8
合众人寿	3	90.8	中意人寿	25	63.6
同方全球人寿	4	85.4	中邮人寿	26	63.6
交银康联	5	82.1	太平人寿	27	63.5
平安人寿	6	76.9	君龙人寿	28	62.5
华夏人寿	7	76.1	中荷人寿	29	61.4
太保寿险	8	75.3	前海人寿	30	61.4
农银人寿	9	73.8	招商信诺	31	61.0
泰康人寿	10	72.8	国华人寿	32	60.7

续表

公司名称	排名	得分	公司名称	排名	得分
天安人寿	11	70.5	幸福人寿	33	60.4
新华人寿	12	69.6	阳光人寿	34	60.1
工银安盛	13	69.3	太保安联健康	35	59.7
中银三星	14	68.7	人保健康	36	59.0
弘康人寿	15	68.5	长生人寿	37	57.7
人保寿险	16	68.4	华泰人寿	38	57.3
中美联泰	17	68.0	中宏人寿	39	57.0
百年人寿	18	66.9	东吴人寿	40	56.5
建信人寿	19	66.4	民生人寿	41	56.0
汇丰人寿	20	65.5	恒安标准	42	55.5
信诚人寿	21	65.1	光大永明	43	54.9
中英人寿	22	64.5	中韩人寿	44	54.4
泰康养老	45	53.5	长城人寿	52	49.4
北大方正人寿	46	53.2	陆家嘴国泰	53	49.2
英大人寿	47	52.2	太平养老	54	46.3
信泰人寿	48	52.1	利安人寿	55	45.1
瑞泰人寿	49	51.5	渤海人寿	56	43.9
平安养老	50	51.3	平安健康	57	43.2
德华安顾	51	50.3	昆仑健康	58	40.0

从表4-6可以看出，人身险市场上资本管理能力排名前三的依次是中德安联、国寿股份和合众人寿，在百分制基准下，得分分别为100分、91.4分和90.8分。

参评的58家人身险公司的资本管理能力的最高分为中德安联（100分），最低分为昆仑健康（40.0分），平均得分为62.6分，大于平均分的公司有27家，占比46.6%。

其中，80分以上的公司有5家，70~80分的公司有6家，60~70分的有23家，60分以下的有24家。

图4-3给出了资本管理能力排名前十的公司，依次是中德安联、国寿股份、合众人寿、同方全球人寿、交银康联、平安人寿、华夏人寿、太保人寿、农银人寿和泰康人寿。

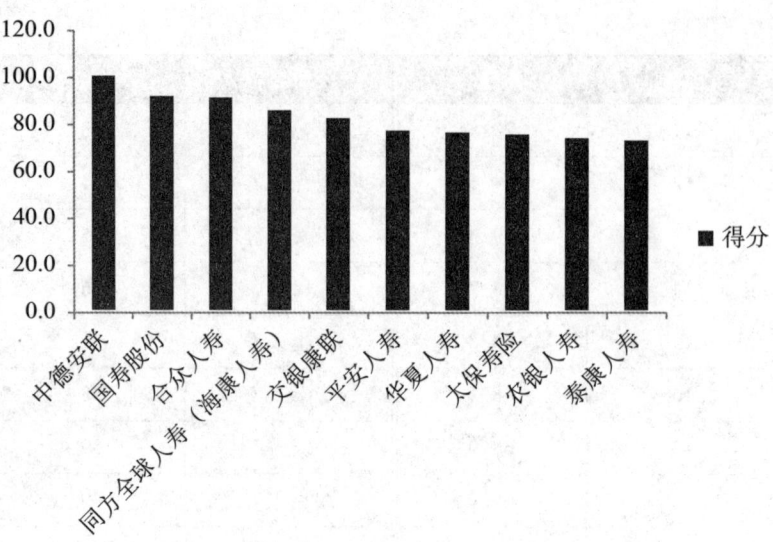

图 4-3　资本管理能力排名前十的人身险公司

其中，排名第一中德安联得分为 100 分，较第 2 名高出 8.6 分，优势明显；其余 9 家公司得分均在 72～92 分之间，差异较大。总体来说，这十家公司的资本管理能力得分呈缓慢下降的趋势，除位列第一的国寿股份优势相对较大之外，各区间内各公司的资本管理能力差别并不明显。

（一）资本管理能力排名前十的人身险公司，其二级指标的排名与得分

表 4-7 具体分析了资本管理能力排名前十的人身险公司的情况，即资本管理能力体系下 12 个二级指标的具体得分及排名，有助于我们分析这十家公司的资本管理能力。

从整体上来看，除农银人寿（第 57 名，52.6 分）、华夏人寿（第 53 名，56.2 分）外，其他 8 家资本管理能力排名前十的人身险公司的资本管理系数得分均为 100 分，均属优秀。

同时，这些资本管理能力排名前十的公司在资产认可率、资本利用率、自留保费系数、准备金保费比率、所有者权益和产权比率指标上的表现都比较优良，大部分都处于 58 家公司的中上游水平。

这十家公司在资产杠杆系数指标上呈现两极分化：国寿股份（第 1 名，100 分）得分最高，其余九家公司则全部位于 58 家公司中的后 20 名。

这十家公司在认可资产变化率指标上的表现差别较大：得分最高的为同方全球人寿（第 1 名，100.0 分），其次为交银康联（第 4 名，73.3）；其余 8 家公司中，中德安联（第 20 名，61.1 分）、华夏人寿（第 22 名，60.8 分）、农银人寿（第 23

第四章 中国人身险公司竞争力评价分析

表 4-7 资本管理能力排名前十的人身险公司，其二级指标的表现

公司名称	资本管理系数		资产杠杆系数		认可资产负债率		资产认可率		资本利用率		认可资产变化率		自留保费系数		资金运用效率		准备金保费比率		所有者权益		资产报酬率		产权比率	
	排名	得分	排名	得分	排名	得分	排名	得分	排名	得分	排名	得分	排名	得分	排名	得分	排名	得分	排名	得分	排名	得分	排名	得分
中德安联	1	100.0	57	40.0	29	89.7	10	75.2	1	100.0	20	61.1	29	89.6	50	55.2	20	66.1	58	40.0	56	46.5	1	100.0
国寿股份	1	100.0	1	100.0	5	98.4	53	61.9	43	44.3	46	58.1	1	100.0	40	60.4	6	85.0	1	100.0	27	56.5	30	47.5
合众人寿	1	100.0	57	40.0	14	95.5	48	64.3	2	84.8	44	58.2	26	90.5	39	60.6	35	55.8	39	40.4	57	45.9	2	76.1
同方全球人寿	1	100.0	42	91.5	40	83.2	16	72.9	19	50.2	1	100.0	44	66.8	9	77.9	40	53.8	50	40.1	24	57.5	15	51.8
交银康联	1	100.0	52	77.1	13	95.5	28	69.6	3	68.6	4	73.3	32	82.6	36	61.2	43	53.1	42	40.3	51	50.7	7	57.1
平安人寿	1	100.0	45	87.3	1	100.0	52	62.3	25	47.7	26	60.4	47	61.4	34	61.2	9	76.3	2	69.4	40	53.4	12	53.3
华夏人寿	53	56.2	54	68.7	6	98.2	32	68.6	7	55.1	22	60.8	17	97.9	11	76.8	48	50.9	10	44.2	52	49.5	5	60.2
太保寿险	1	100.0	48	83.0	8	97.8	50	62.9	20	49.8	28	60.0	23	96.2	29	64.7	5	86.8	4	51.7	49	51.5	10	54.9
农银人寿	57	52.6	53	71.5	21	92.6	35	68.2	4	62.4	23	60.5	1	100.0	27	65.1	21	63.1	31	40.7	54	48.2	6	59.2
泰康人寿	1	100.0	51	77.8	10	97.4	54	61.9	16	51.6	35	59.5	24	94.5	22	66.4	11	73.0	5	46.9	48	51.6	8	56.8

表 4-8 资本管理能力下各二级指标得分与排名前十的人身险公司

二级指标\排名	资本管理系数 公司名称(得分)	资产杠杆系数 公司名称(得分)	认可资产负债率 公司名称(得分)	资产认可率 公司名称(得分)	资本利用率 公司名称(得分)	认可资产变化率 公司名称(得分)	自留保费系数 公司名称(得分)	资金运用效率 公司名称(得分)	准备金保费比率 公司名称(得分)	所有者权益 公司名称(得分)	资产报酬率 公司名称(得分)	产权比率 公司名称(得分)
1	国寿股份(100.0)	国寿股份(100.0)	平安人寿(100.0)	德华安顾(100.0)	中德安联(100.0)	同方全球人寿(100.0)	国寿股份(100.0)	君龙人寿(100.0)	太保安联健康(100.0)	国寿股份(100.0)	平安健康(100.0)	中德安联(100.0)
2	太保寿险(100.0)	民生人寿(100.0)	太平人寿(100.0)	中韩人寿(90.1)	合众人寿(84.8)	平安健康(76.9)	新华人寿(100.0)	珠江人寿(87.5)	新华人寿(96.2)	平安人寿(69.4)	渤海人寿(88.3)	合众人寿(76.1)
3	平安人寿(100.0)	平安养老(100.0)	弘康人寿(98.8)	君龙人寿(82.0)	交银康联(68.6)	太保安联健康(76.8)	建信人寿(100.0)	国华人寿(85.3)	友邦人寿(92.0)	新华人寿(51.8)	陆家嘴国泰(86.3)	昆仑健康(62.1)
4	新华人寿(100.0)	太平养老(100.0)	友邦人寿(98.4)	长生人寿(78.6)	农银人寿(62.4)	交银康联(73.3)	天安人寿(100.0)	长生人寿(83.6)	中意人寿(87.9)	太保寿险(51.7)	德华安顾(74.1)	弘康人寿(61.7)
5	泰康人寿(100.0)	人保健康(100.0)	国寿股份(98.4)	信泰人寿(77.9)	百年人寿(56.5)	陆家嘴国泰(71.4)	平安养老(100.0)	恒安标准(81.4)	太保寿险(86.8)	泰康人寿(46.9)	太平安老(72.2)	华夏人寿(60.2)
6	太平人寿(100.0)	信泰人寿(100.0)	华夏人寿(98.2)	陆家嘴国泰(76.6)	弘康人寿(56.4)	中英人寿(70.8)	农银人寿(100.0)	前海人寿(81.4)	国寿股份(85.0)	太平人寿(46.1)	泰康养老(71.1)	农银人寿(59.2)
7	建信人寿(100.0)	长城人寿(100.0)	信诚人寿(97.8)	幸福人寿(76.1)	华夏人寿(55.1)	中英人寿(70.4)	阳光人寿(100.0)	德华安顾(80.7)	民生人寿(81.4)	人保寿险(46.0)	平安人寿(70.5)	交银康联(57.1)
8	光大永明(100.0)	国华人寿(100.0)	太保寿险(97.8)	瑞泰人寿(75.3)	中美联泰(54.4)	泰康养老(68.4)	百年人寿(100.0)	工银安盛(80.1)	汇丰人寿(81.3)	阳光人寿(45.2)	利安人寿(68.8)	泰康人寿(56.8)
9	平安养老(100.0)	英大人寿(100.0)	新华人寿(97.7)	中银三星(75.3)	天安人寿(54.4)	天安人寿(68.0)	前海人寿(100.0)	同方全球人寿(77.9)	平安人寿(76.3)	前海人寿(45.0)	中英人寿(67.2)	瑞泰人寿(56.3)
10	合众人寿(100.0)	泰康养老(100.0)	泰康人寿(97.4)	中德安联(75.2)	中邮人寿(54.3)	百年人寿(65.1)	中宏人寿(100.0)	北大方正人寿(77.7)	中荷人寿(76.2)	华夏人寿(44.2)	中韩人寿(63.2)	太保寿险(54.9)

名，60.5 分）、平安人寿（第 26 名，60.4 分）4 家公司在 58 家公司中处于中上游水平，而剩余 4 家公司则排名较低，其中两家进入后 15 名。

在认可资产变化率、资金运用效率和资产报酬率指标中，除个别公司以外，十家公司排名普遍靠后，得分也普遍偏低，在这些指标方面各家公司都有待提高。

（二）资本管理能力下各二级指标排名与得分前十的人身险公司情况

表 4-8 给出了资本管理能力下各二级指标排名前十的公司及其得分情况，从而可以对保险公司资本管理能力的整体表现有一个基本的了解。

从表 4-8 可以看出，各项指标排名前十的公司，在资本管理系数、资产杠杆系数、认可资产负债率、自留保费系数指标上的表现差别不大，从第 1 名的 100 分至第 10 名的 97.40 分以上。特别是资本管理系数、资产杠杆系数和自留保费系数 3 项指标，前十名均为满分 100 分。

其中，资本管理系数：长城人寿、人保寿、英大人寿、泰康养、阳光人寿、中邮人寿、利安人寿、东吴人寿、太保安联健康、中宏人寿、中德安联、工银安盛、信诚人寿、交银康联、中意人寿、友邦人寿、中荷人寿、中英人寿、同方全球人寿、招商信诺、长生人寿、恒安标准、华泰人寿、陆家嘴国泰、中银三星、汇丰人寿、君龙人寿和中韩人寿均为 100 分。

资产杠杆系数：幸福人寿、阳光人寿、中邮人寿、利安人寿、前海人寿、东吴人寿、珠江人寿、太保安联健康、中宏人寿、工银安盛、北大方正人寿、中荷人寿、中英人寿、招商信诺、长生人寿、恒安标准、华泰人寿、陆家嘴国泰、君龙人寿和中韩人寿均为 100 分。

自留保费系数：工银安盛、中意人寿、中英人寿和中美联泰均为 100 分。

上述公司由于表格篇限制，未在表格中说明，因此在这里进行说明。

这些指标反映了公司财务状况的稳定性，同时也说明在这些指标上，这些公司的差别并不明显，没有能力和水平上的差距。

在资金运用效率和所有者权益指标中，第 1 名分别为中德安联（100 分）、国寿股份（100 分），而其余 9 名得分则分别在 54.30~84.80、44.20~69.40 之间，说明这十家公司在资金运用效率和所有者权益方面差距明显。

（三）资本管理能力结构的模糊聚类分析

聚类分析是数理统计中的一种多元分析方法，它是用数学方法定量地确定研究对象的亲疏关系，从而客观地划分类型和度量研究对象之间的相似程度。事物之间的界限，有些是确切的，有些则是模糊的。当聚类涉及事物之间的模糊界限时，须运用模糊聚类分析方法。

本书试图根据保险公司在这些指标上的指标得分，运用模糊聚类方法分析各公司之间的相似程度，为各公司之间的盈利能力比较提供一个新的方法和视角。同时它体现的是一种"物以类聚、人以群分"的观念，实现的是对于公司资本管理能力结构的相似性分析，得分高低并不意味着资本管理能力的水平高低。

从表4-9可以看出，处于主对角线上的值都取1，显然各个公司和自己的相似与贴近程度为100%。

表4-9 资本管理能力排名前10的公司的模糊聚类等价分析矩阵

	中德安联	国寿股份	合众人寿	同方全球人寿	交银康联	平安人寿	华夏人寿	太保寿险	农银人寿	泰康人寿
中德安联	1.00	0.55	0.59	0.47	0.55	0.55	0.52	0.55	0.52	0.55
国寿股份	0.55	1.00	0.55	0.47	0.60	0.70	0.52	0.70	0.52	0.67
合众人寿	0.59	0.55	1.00	0.47	0.55	0.55	0.52	0.55	0.52	0.55
同方全球人寿	0.47	0.47	0.47	1.00	0.47	0.47	0.47	0.47	0.47	0.47
交银康联	0.55	0.60	0.55	0.47	1.00	0.60	0.52	0.60	0.52	0.60
平安人寿	0.55	0.70	0.55	0.47	0.60	1.00	0.52	0.70	0.52	0.67
华夏人寿	0.52	0.52	0.52	0.47	0.52	0.52	1.00	0.52	0.65	0.52
太保寿险	0.55	0.70	0.55	0.47	0.60	0.70	0.52	1.00	0.52	0.67
农银人寿	0.52	0.52	0.52	0.47	0.52	0.52	0.65	0.52	1.00	0.52
泰康人寿	0.55	0.67	0.55	0.47	0.60	0.67	0.52	0.67	0.52	1.00

从此等价分析矩阵可以看出，各公司间的相似性得分差别较大，最高的是0.7分、最低的是0.47分。

中德安联在资本管理能力中排名第一。根据此模糊聚类等价分析矩阵，中德安联与其他9家保险公司在资本管理能力方面的相似程度最高的达到0.59分，说明中德安联在资本管理能力方面与合众人寿具有较强的可比性；中德安联与海康人寿、农银人寿、华夏人寿的相似程度介于0.47~0.52之间，可比性不强；与国寿股份的相似度得分是0.55分，可比性一般。

事实上，在此矩阵中，资本管理能力最具有可比性的是太保人寿与平安人寿、国寿股份相似度达到0.7左右，具有较强的相似性。

需要关注的是同方全球人寿，尽管这家公司的资本管理能力得分排名第四，但是这家公司与其余9家公司的相似程度都是在0.47,可比性都较差。

整体来看,在资本管理能力和水平上,资本管理能力排名前十的公司之间的近似性与可比性都不高,说明各公司需要加强这方面的研究分析,提高资本管理能力水平。

三、2017年人身险公司经营能力排名与分析

数据预处理后,我们根据58家人身险公司的11个二级指标数据,得到一个58×11数据矩阵;根据主成分分析方法,我们选取了7个主成分,其累计解释率为86.9%,每个主成分都是这11个二级指标的线性组合(见表4-10)。

从表4-10可以看出,人身险市场上经营能力排名前三的依次是国寿股份、工银安盛和合众人寿,在百分制基准下,得分分别为100分、96.5分和96分。

表4-10　　　　　　　　人身险公司经营能力得分及排名

公司名称	排名	得分	公司名称	排名	得分
国寿股份	1	100.0	中美联泰	30	62.0
工银安盛	2	96.5	中意人寿	31	61.1
合众人寿	3	96.0	泰康养老	32	60.9
平安人寿	4	93.0	平安健康	33	60.6
中邮人寿	5	85.7	平安养老	34	60.0
人保健康	6	84.9	英大人寿	35	59.6
交银康联	7	83.8	君龙人寿	36	59.2
百年人寿	8	82.9	信诚人寿	37	59.0
中银三星	9	81.6	中宏人寿	38	58.4
利安人寿	10	81.3	中英人寿	39	58.3
中德安联	11	81.2	中荷人寿	40	58.0
泰康人寿	12	80.8	华泰人寿	41	57.1
农银人寿	13	79.2	同方全球人寿	42	56.6
太平人寿	14	78.6	东吴人寿	43	55.9
天安人寿	15	78.5	恒安标准	44	55.7
幸福人寿	16	76.9	太保安联健康	45	55.2
国华人寿	17	76.7	民生人寿	46	55.1
太保寿险	18	73.8	友邦人寿	47	55.1
弘康人寿	19	73.5	陆家嘴国泰	48	54.5
阳光人寿	20	73.3	信泰人寿	49	54.4

续表

公司名称	排名	得分	公司名称	排名	得分
建信人寿	21	71.8	北大方正人寿	50	54.2
人保寿险	22	70.7	汇丰人寿	51	53.8
前海人寿	23	68.8	光大永明	52	53.7
中韩人寿	24	68.1	长生人寿	53	51.8
新华人寿	25	68.0	长城人寿	54	49.9
太平养老	26	67.9	瑞泰人寿	55	49.6
华夏人寿	27	67.7	珠江人寿	56	44.6
招商信诺	28	66.5	德华安顾	57	41.0
渤海人寿	29	66.4	昆仑健康	58	40.0

在参评的58家人身险公司中，经营能力得分最高的为国寿股份（100分），最低的为昆仑健康（40.0分），平均得分为66.7分，大于平均分（含平均分）的公司有27家，占比46.6%。

其中，80分以上的公司有12家，70~80分的有10家，60~70分的有12家，60分以下的有24家。

图4-4给出了经营能力排名前十的公司，依次是国寿股份、工银安盛、合众人寿、平安人寿、中邮人寿、人保健康、交银康联、百年人寿、中银三星和利安人寿。

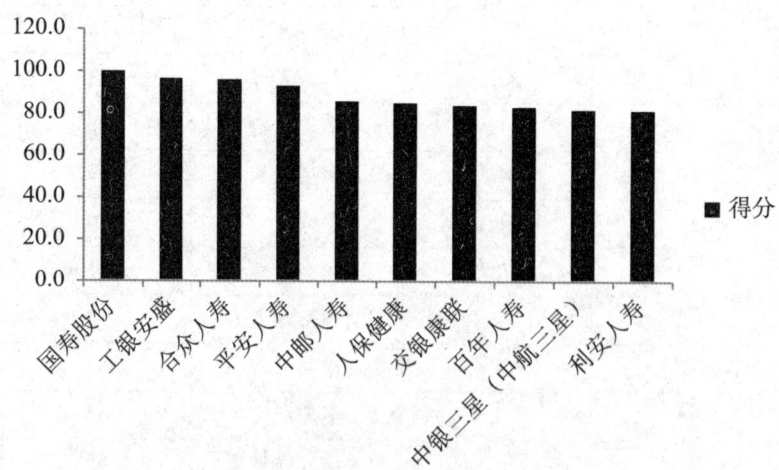

图4-4 经营能力排名前十的人身险公司

从图4-4可以看出，前十名公司得分均在80分以上，除前四名优势相对明显外，其余各家公司之间差距不大。其中，中外合资人身险公司包括工银安盛（第2

名)、平安人寿(第4名)、交银康联(第7名)和中银三星(第9名)4家,其余6家均为中资人身险公司,总体来看,中资人身险公司的经营能力相对较强。

(一)经营能力排名前十的人身险公司,其二级指标的排名与得分

经营能力是反映保险公司竞争力的一项重要指标,表4-11具体分析了经营能力排名前十的人身险公司其经营能力二级指标的情况,给出了在经营能力体系下的11个二级指标的得分和排名。逆向评价指标已逆向化处理。

国寿股份在经营能力排名中位列第一,主要原因在于其在部分二级指标下表现优异。其中,国寿股份在保险业务收入增长指标中取得100分的得分,排名第一;在应收分保率(第6名,94.6分)指标中表现优秀,可见国寿股份在展业方面增长势头较为强劲。但与此同时,其在总资产周转率指标上的表现较差(第46名,52.5),资产周转效率有待加强。

总资产周转率和净资产周转率是考察企业资产运营效率的重要指标,能够反映企业对其全部资产的管理质量及利用效率。总体来看,经营能力综合排名前十的公司,除个别公司外(如国寿股份的总资产周转率排第46名,利安人寿的净资产收益率排第53名),在这两项二级指标上的表现普遍处于中上游水平。特别是净资产收益率指标,合众人寿(第2名,89.4分)、交银康联(第3名,73.3分)、中邮人寿(第8名,60.6分)、百年人寿(第9名,59.8分)进入58家公司中的前十名。一定程度上说明这些公司具备较强的资产经营能力。

从整体上来看,这些经营能力排名前十的公司在综合费用率、险种集中度系数、报告期营业收入、保险业务收入增长率、保费收入费用增长比和应收保费率等指标上的表现都较为良好,除个别公司外,几乎都属于58家公司的中游以上水平,部分进入前十名。说明这十家公司在业务拓展方面的表现都较为不错,从而取得了经营能力总体评价的高分。

但也应该看到,这十家公司在综合费用率增长率、退保率、应收分保率3个指标上表现平平,相当一部分公司处于中下游水平。特别是退保率指标,9家公司全部位于中下游,甚至有5家公司落入后十名。以上指标的表现从一定程度上说明这些公司的经营能力在某些方面仍存在短板,如产品结构、保单服务、费用管控等等。公司可以有针对性地加以改进,以进一步提高其综合经营能力。

(二)经营能力下各二级指标排名与得分前十的人身险公司

表4-12反映了经营能力的各项指标中,排名前十的人身险公司及其得分情

表4-11 经营能力排名前十的人身险公司，其二级指标的表现

公司名称	净资产周转率		总资产周转率		综合费用率		综合费用率的增长率		险种集中度系数		退保率		报告期营业收入		两年平均赔付率		保费收入费用增长比		应收保费率		应收分保率	
	排名	得分	排名	得分	排名	得分	排名	得分	排名	得分	排名	得分	排名	得分	排名	得分	排名	得分	排名	得分	排名	得分
国寿股份	38	46.8	46	52.5	16	93.2	35	73.9	17	98.0	30	93.8	1	100	45	58.6	18	52.9	44	85.2	6	94.6
工银安盛	13	57.8	14	65.7	4	98.4	9	81.1	24	96.7	41	80.5	14	44.0	42	60.7	1	100.0	21	94.9	11	94.3
合众人寿	2	89.4	25	61.4	20	92.4	16	77.7	2	99.5	38	83.5	17	42.4	16	72.4	7	53.1	22	94.8	58	40.0
平安人寿	16	55.6	43	53.0	33	87.6	33	74.3	26	96.4	17	97.7	2	85.1	38	63.4	28	52.9	41	86.4	42	84.5
中邮人寿	8	60.6	5	76.7	1	100.0	21	76.7	19	97.5	50	75.3	13	44.1	13	76.2	2	53.4	9	97.5	21	89.8
人保健康	19	54.6	9	71.2	7	96.7	55	59.7	21	97.2	57	50.1	21	41.8	7	81.7	55	52.6	55	71.7	47	83.1
交银康联	3	73.3	6	75.6	8	96.6	39	72.3	33	95.1	39	83.2	25	41.3	39	62.6	12	53.0	12	96.9	46	83.2
百年人寿	9	59.8	3	77.9	12	95.7	20	76.8	3	99.4	51	73.7	16	42.9	23	70.1	8	53.0	14	96.9	33	87.6
中银三星	18	55.1	15	65.4	19	92.5	49	65.5	37	93.4	55	53.1	44	40.4	4	91.1	41	52.8	20	95.0	17	90.1
利安人寿	53	43.2	18	63.8	22	92.2	56	46.9	23	96.9	58	40.0	32	40.9	3	93.0	52	52.6	7	98.1	22	89.6

况，从中可以对人身险公司经营能力的整体表现有一个基本的了解。其中逆向指标已经过逆向化处理。

从表4-12可以看出，各个公司在经营能力各项指标上的表现还是存在一定差距的。

其中，净资产收益率和总资产收益率反映了公司资产的管理质量和利用效率。在这两个指标下，交银康联表现优异，均入围前十名。交银康联在两个指标中分别排名第3名（73.30分）、第6名（77.90分），百年人寿则分别第9名（71.4分）、第3名（95.3分）。

综合费用率能够反映成本控制能力、公司业务拓展能力的总体情况，可以看到排名前十的公司中有7家中资保险公司，仅有3家外资保险公司（第2名国华人寿（99.2分）、第4名工银安盛（98.40分）和第5名渤海人寿（97.30分）。同时可以注意到，在此指标下，排名前十的公司之间差距都较小，整体表现较好。

同样，与综合费用率情况类似，综合费用率的增长率指标下也是中资保险公司占优，前十名中仅有两家外资保险公司［第8名德华安顾（81.30分）、第9名工银安盛（81.10分）］。这也能从一定程度上反映出，与外资公司相比，中资保险公司在费用管理及业务拓展方面仍占有较大优势。

同样排名前十的公司之间差距较小的二级指标还有险种集中度系数、退保率、和应收保费率，前十名得分差距均在5分以内。

险种集中度系数反映了公司保费收入来源的产品险种集中程度，由于指标已经过逆向化处理，因此此项指标得分越高，说明公司的保费收入越分散，能够反映公司产品开发及市场拓展能力。此项指标的前三名分别为：友邦人寿（100分）、合众人寿（99.5分）、百年人寿（99.4分）。

退保率指标能够较为全面地反映公司的经营能力和应对退保的风险准备能力，由于指标已经过逆向化处理，退保率指标得分越高的公司，其退保率就越低，说明公司的风险管理能力较强且公司的业务经营较为稳定。此项指标的前三名分别为平安健康（100分）、太保安联健康（100分）、平安养老（99.5分），延续了2015年和2016年的优良表现。

应收分保率指标是一个逆向指标，体现了公司的分保能力。其中，排名前三的公司分别为平安养老（100分）、同方全球人寿（96.60分）、民生人寿（95.1分）。该指标下第2名至第10名得分均在94~97分之间，表现也较为良好，且彼此差距很小。

两年平均赔付率与公司的产品特点及公司的服务管理水平相关，指标经过逆向

表 4-12 经营能力下各二级指标得分与排名前十的人身险公司

二级指标 排名	净资产周转率 公司名称 (得分)	总资产周转率 公司名称 (得分)	综合费用率 公司名称 (得分)	综合费用率的增长率 公司名称 (得分)	险种集中度系数 公司名称 (得分)	退保率 公司名称 (得分)	报告期营业收入 公司名称 (得分)	两年平均赔付率 公司名称 (得分)	保费收入费用增长比 公司名称 (得分)	应收保费率 公司名称 (得分)	应收保费分 公司名称 (得分)
1	中德安联 (100.0)	平安健康 (100.0)	中邮人寿 (100.0)	农银人寿 (100.0)	友邦人寿 (100.0)	平安健康 (100.0)	国寿股份 (100.0)	中韩人寿 (100.0)	工银安盛 (100.0)	弘康人寿 (100.0)	平安养老 (100.0)
2	合众人寿 (89.4)	太平养老 (78.7)	国华人寿 (99.2)	昆仑健康 (95.5)	合众人寿 (99.5)	太保安联健康 (100.0)	平安人寿 (85.1)	农银人寿 (93.8)	中邮人寿 (53.4)	渤海人寿 (99.9)	同方全球人寿 (96.6)
3	交银康联 (73.3)	百年人寿 (77.9)	弘康人寿 (99.0)	弘康人寿 (91.9)	百年人寿 (99.4)	平安养老 (99.5)	太保寿险 (60.4)	利安人寿 (93.0)	弘康人寿 (53.4)	珠江人寿 (99.8)	民生人寿 (95.1)
4	弘康人寿 (64.6)	平安养老 (77.6)	工银安盛 (98.4)	信泰人寿 (88.7)	中意人寿 (99.4)	东吴人寿 (99.5)	泰康人寿 (53.9)	中银三星 (91.1)	国华人寿 (53.3)	前海人寿 (99.5)	民生人寿 (95.1)
5	农银人寿 (64.4)	中邮人寿 (76.7)	渤海人寿 (97.3)	中德安联 (86.7)	中荷人寿 (99.3)	友邦人寿 (99.3)	新华人寿 (53.2)	德华安顾 (85.8)	前海人寿 (53.2)	建信人寿 (98.5)	民生股份 (94.6)
6	华夏人寿 (62.8)	交银康联 (75.6)	珠江人寿 (96.9)	英大人寿 (82.4)	中美联泰 (99.0)	陆家嘴国泰 (99.3)	太平人寿 (52.1)	君龙人寿 (81.9)	幸福人寿 (53.2)	农银人寿 (98.3)	国寿股份 (94.6)
7	泰康人寿 (61.0)	天安人寿 (71.8)	人保健康 (96.7)	太保安联健康 (81.9)	招商信诺 (98.9)	泰康养老 (99.0)	人保寿险 (51.7)	人保健康 (81.7)	合众人寿 (53.1)	利安人寿 (98.1)	长城人寿 (94.6)
8	中邮人寿 (60.6)	泰康养老 (71.5)	交银安联 (96.6)	德华安顾 (81.3)	陆家嘴国泰 (98.9)	信诚人寿 (99.0)	华夏人寿 (49.4)	瑞泰人寿 (81.3)	百年人寿 (53.0)	国华人寿 (97.7)	君龙人寿 (94.6)
9	百年人寿 (59.8)	人保健康 (71.2)	建信人寿 (96.1)	工银安盛 (81.1)	天安人寿 (98.8)	中宏人寿 (98.8)	阳光人寿 (45.8)	太平养老 (79.3)	信泰人寿 (53.0)	中邮人寿 (97.5)	渤海人寿 (94.5)
10	天安人寿 (59.5)	国华人寿 (70.1)	幸福人寿 (96.0)	前海人寿 (80.4)	民生人寿 (98.7)	中德安联 (98.8)	天安人寿 (45.3)	人保寿险 (79.0)	汇丰人寿 (53.0)	太保安联健康 (97.3)	建信人寿 (94.4)

化处理,指标排名越高,说明公司赔付率水平越低。该指标下第一名中韩人寿(100分)优势明显,高于第2名至第10名(79分~93.8分)。

此外,报告期营业收入和保险业务收入增长率两项指标下,前十名的公司得分差距较大。除第1名100分、第2名85分以上外,其余均在45~60分之间,显著低于其他指标。

(三)经营能力业务结构的模糊聚类分析

聚类分析是数理统计中的一种多元分析方法,它是用数学方法定量地确定研究对象的亲疏关系,从而客观地划分类型和度量研究对象之间的相似程度。事物之间的界限,有些是确切的,有些则是模糊的。当聚类涉及事物之间的模糊界限时,需运用模糊聚类分析方法。

本书试图根据保险公司在这些指标上的指标得分,运用模糊聚类方法分析各公司之间的相似程度,为各公司之间的盈利能力比较提供一个新的方法和视角。同时它体现的是一种"物以类聚、人以群分"的观念,实现的是对于公司经营能力结构的相似性分析,矩阵中的得分评价的是公司之间经营能力业务结构的相似性,是对保险公司经营能力的一个分类,是满足自反性、对称性和传递性的等价分类。

表4-13 经营能力排名前十的公司的模糊聚类等价分析矩阵

	国寿股份	工银安盛	合众人寿	平安人寿	中邮人寿	人保健康	交银康联	百年人寿	中银三星	利安人寿
国寿股份	1.00	0.50	0.50	0.73	0.50	0.50	0.50	0.50	0.50	0.50
工银安盛	0.50	1.00	0.63	0.50	0.69	0.65	0.69	0.69	0.57	0.57
合众人寿	0.50	0.63	1.00	0.50	0.63	0.63	0.63	0.63	0.57	0.57
平安人寿	0.73	0.50	0.50	1.00	0.50	0.50	0.50	0.50	0.50	0.50
中邮人寿	0.50	0.69	0.63	0.50	1.00	0.65	0.75	0.86	0.57	0.57
人保健康	0.50	0.65	0.63	0.50	0.65	1.00	0.65	0.65	0.57	0.57
交银康联	0.50	0.69	0.63	0.50	0.75	0.65	1.00	0.75	0.57	0.57
百年人寿	0.50	0.69	0.63	0.50	0.86	0.65	0.75	1.00	0.57	0.57
中银三星	0.50	0.57	0.57	0.50	0.57	0.57	0.57	0.57	1.00	0.65
利安人寿	0.50	0.57	0.57	0.50	0.57	0.57	0.57	0.57	0.65	1.00

从表4-13可以看出,处于主对角线上的值都取1,显然各个公司和自己的相似与贴近程度为100%。

此模糊聚类等价矩阵中,各项得分都比较低,最高的是0.86分,最低的是

0.5分，各公司经营能力与水平之间的可比性不高，且差别性不大。

经营能力评价得分最高的是国寿股份，但是，这家公司与其九家公司之间的相似度得分都在0.5，是矩阵中最低的得分，说明这家公司的经营能力或者经营模式，与其他9家公司不具有可比性，具有进一步分析讨论的价值。

在此矩阵中，最高分是百年人寿与中邮人寿之间的0.86分，说明这两家公司之间在经营能力各项指标下的表现相似性最接近，具有比较高的可比性。这两家公司与交银康联的相似度都是0.75分，是矩阵中的第二高取值，说明这3家公司在经营能力方面具有可比性和相似性。

整体而言，经营能力排名前十的公司之间的相似性与可比性都不高，大公司之间的可比性相对来讲更强一些，而不同背景或者新公司之间的经营能力和水平更参差不齐，寿险公司需要加强这方面的研究分析，提高经营能力管理水平。

四、2017年人身险公司风险管理能力排名与分析

数据预处理后，我们根据58家人身险公司的13个二级指标数据，得到一个58×13数据矩阵；根据主成分分析方法，我们选取了7个主成分，其累计解释率为87.0%，每个主成分都是这13个二级指标的线性组合（见表4–14）。

表4–14　　　　　　　　人身险公司风险管理能力得分及排名

公司名称	排名	得分	公司名称	排名	得分
太保安联健康	1	100.0	工银安盛	30	71.5
平安健康	2	96.2	东吴人寿	31	71.1
人保健康	3	94.7	平安人寿	32	71.0
渤海人寿	4	94.6	太保寿险	33	70.7
太平养老	5	89.1	太平人寿	34	69.9
君龙人寿	6	87.4	中邮人寿	35	69.9
民生人寿	7	84.5	泰康人寿	36	69.7
陆家嘴国泰	8	83.8	中意人寿	37	69.6
泰康养老	9	82.4	国华人寿	38	67.9
中宏人寿	10	80.1	幸福人寿	39	67.6
平安养老	11	79.2	前海人寿	40	67.2
国寿股份	12	77.1	中银三星	41	67.1
长生人寿	13	76.9	信泰人寿	42	66.9

续表

公司名称	排名	得分	公司名称	排名	得分
同方全球人寿	14	76.9	信诚人寿	43	66.8
利安人寿	15	76.5	珠江人寿	44	66.4
中美联泰	16	76.5	瑞泰人寿	45	62.1
恒安标准	17	76.3	北大方正人寿	46	60.9
英大人寿	18	76.1	天安人寿	47	60.0
中英人寿	19	75.1	德华安顾	48	59.6
友邦人寿	20	75.0	交银康联	49	53.4
招商信诺	21	74.8	中韩人寿	50	53.2
光大永明	22	74.7	百年人寿	51	53.0
汇丰人寿	23	74.1	长城人寿	52	51.0
华夏人寿	24	73.2	昆仑健康	53	45.9
中荷人寿	25	72.8	新华人寿	54	45.3
建信人寿	26	72.7	农银人寿	55	45.0
阳光人寿	27	72.6	合众人寿	56	42.4
人保寿险	28	72.1	弘康人寿	57	40.4
华泰人寿	29	71.8	中德安联	58	40.0

从表4-14可以看出，人身险市场上风险管理能力排名前三的依次是太保安联健康、平安健康、人保健康，在百分制基准下，得分分别为100分、96.2分和94.7分。

在参评的58家人身险公司中，风险管理能力得分最高的为太保安联健康（100分），最低分为中德安联（40.0分），平均得分为70分，大于平均分（含平均分）的公司有33家，占比56.9%。

其中，80分以上的公司有10家，70~80分的有23家，60~70分的有14家，60分以下的有11家。

平安健康在2016年风险管理能力的统计分析中排名第一，在本次2017年度的排名中位列第二，保持着较为稳健的优势。

图4-5显示了风险管理能力排名前十的公司，依次是太保安联健康、平安健康、人保健康、渤海人寿、太平养老、君龙人寿、民生人寿、陆家嘴国泰、陆家嘴国泰、泰康养老、中宏人寿。

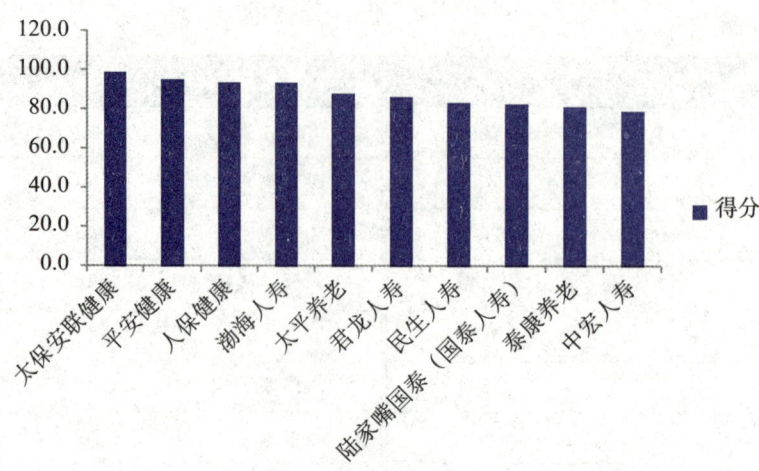

图 4-5 风险管理能力排名前十的人身险公司

从图 4-5 可以看到，风险管理能力排名前十的人身险公司的得分总体呈逐一下降趋势。第十名得分相对于第一名得分降幅为 19.9%。

（一）风险管理能力排名前十的人身险公司，其二级指标的排名与得分

表 4-15 具体分析了风险管理能力排名前十的人身险公司的情况，即风险管理能力体系下 13 个二级指标的具体得分与排名，有助于我们分析这 10 家公司的风险管理能力。

太保安联健康在风险管理能力排名中位列第一，主要是由于其在风险管理能力下各二级指标的优异表现。太保安联健康在分出率和现金流满足率指标上排名第一，在保险负债占总资产比指标上排名第三。加上流动性比率、自留比率、准备金安全率和付现比，太保安联健康共计 7 个二级指标进入前十名，总体来看其具备较强的风险管理能力。

平安健康在风险管理能力排名中位列第二。其在净利润赔付支出覆盖率指标上排名第一，在偿付能力充足率、流动性比率、自留比率、准备金安全率、保险负债占总资产比、分出率、现金流满足率、偿付能力充足率指标上同样表现出色，进入前五名。但平安健康在自留保费增长率指标上的表现劣势明显，落入后五名。

总体来看，总体排名前十的公司在流动性比率、肯尼系数、保险负债占总资产比、准备金安全率、现金流满足率、资产杠杆率、偿付能力充足率 8 个指标上表现较为良好，多数公司位于 58 家公司中的中上游水平。

从现金流满足率、资产杠杆率以及偿付能力充足率指标来看，风险管理能力综合评分前十的公司表现优秀，其中，在现金流满足率指标全部进入前十名，资产杠杆率指标中仅一家未进入前十（太保安联健康（42.4 分）），说明绝大多数公司都

表 4-15 风险管理能力排名前十的人身险公司，其二级指标的表现

公司名称	偿付能力充足率		流动性比率		自留比率		肯尼系数		自留保费增长率		准备金安全率		保险负债占总资产比		分出率		付现比		现金收入支出比		净利润赔付支出覆盖率		现金流满足率		资产杠杆率	
	排名	得分	排名	得分	排名	得分	排名	得分	排名	得分	排名	得分	排名	得分	排名	得分	排名	得分	排名	得分	排名	得分	排名	得分	排名	得分
太保安联健康	30	54.2	4	82.8	4	76.9	13	94.1	53	89.6	4	75.5	3	93.1	1	100.0	7	98.1	38	42.5	55	89.5	1	100.0	51	42.4
平安健康	5	71.5	2	91.2	3	87.0	32	89.7	54	88.2	3	76.0	4	91.9	4	44.3	22	97.4	36	42.8	1	100.0	3	79.6	9	40.8
人保健康	2	81.7	7	78.3	14	59.0	43	84.0	6	98.4	24	47.0	18	58.4	15	41.7	19	97.8	37	42.7	43	95.9	2	90.8	3	46.0
渤海人寿	1	100.0	5	81.3	52	48.4	2	99.3	29	95.7	2	77.2	6	75.5	5	42.7	43	93.0	17	46.8	27	96.6	9	71.0	10	40.3
太平养老	4	72.8	20	65.4	8	65.6	25	92.4	17	96.8	10	58.6	8	70.8	9	42.3	17	97.9	44	42.1	26	96.6	10	70.3	7	41.8
君龙人寿	36	51.3	58	40.0	1	100.0	19	93.3	13	97.3	22	47.5	23	55.7	2	45.4	25	96.9	33	43.1	54	91.3	6	73.3	4	44.0
民生人寿	3	75.8	16	68.1	41	49.8	4	96.8	7	98.3	33	45.4	12	61.6	42	40.9	33	95.9	26	44.0	20	97.2	7	72.3	1	47.4
陆家嘴国泰	10	65.9	15	68.8	38	49.9	3	97.1	50	93.2	7	63.1	7	71.3	39	40.9	30	96.3	28	43.9	48	94.9	4	77.1	8	40.8
泰康养老	27	56.4	1	100.0	30	50.8	15	93.9	43	94.9	9	59.7	20	57.3	31	41.0	8	98.1	51	41.9	36	96.2	8	72.2	5	42.4
中宏人寿	15	60.8	18	67.2	23	53.3	27	91.7	30	95.7	35	44.6	36	47.9	24	41.2	5	98.3	53	41.7	5	98.2	5	73.4	2	46.2

具有稳健经营的能力。

净利润赔付支出覆盖率这个二级指标上的表现则两极分化较为明显。在净利润赔付支出覆盖率指标上，表现出色的公司有平安健康（第1名，100分）、中宏人寿（第5名，98.2分）君龙人寿（第13名，97.3分）、太平养老（第7名，98.3分）；其余8家公司则均处于中下游水平。

此外，肯尼系数、资产杠杆率等指标上各公司表现分化也较为明显，分布在总体中的各个水平段。

二级指标得分分化较为明显从一定程度上说明了各个公司在风险管理能力、管理意识以及具体的风险管理控制策略选择上存在较大的差异。

最后，现金收入支出比、自留保费增长率两个指标上十家公司除个别公司外表现普遍较差，其中付现比指标甚至出现前十家公司中7家公司处于中下游水平，说明这些方面各公司在风险管理能力上需要加强。

（二）风险管理能力下各二级指标排名与得分前十的人身险公司情况

表4-16给出了风险管理能力指标下各二级指标排名前十的人身险公司及其得分，主要反映保险公司风险管理能力的整体状况。

流动性比率是衡量公司财务安全状况和短期偿债能力的重要指标，流动性比率排名最高的是泰康养老（100分）；平安健康位列第二（91.2分）；利安人寿排名第三（87.2分）。可以看到各个公司间的差距不大。就流动性比率排名前十位的人身险公司而言，整体上该指标较2016年有了明显提高，同时各家公司之间的差距显著缩小。

偿付能力充足率排名前十的公司中，渤海人寿排名第一（100分），并与排名第二的人保健康（81.7分）及排名第三的民生人寿（75.80分）拉开了一定的差距。与此同时，从第4名到第10名的7家公司在偿付能力充足率指标下的得分差距较大（72.80分~65.90分）。

同样前十名差距较大的指标还有自留比率、准备金安全率、保险负债占总资产比、分出率、现金收入支出比、现金流满足率和资产杠杆率，从一定程度上再次说明了各个保险公司所的风险管理能力、风险管理策略的选择都存在较大不同。

分出率衡量的是保险公司再保分出情况，将风险分散到再保险市场是保险公司控制风险的重要途径。分出率指标表现突出的公司分别是太保安联健康（第1名，100分）、君龙人寿（第2名，45.40分）、华夏人寿（第3名，44.80分）。而第4名至第10名的人身险公司，分出率指标得分出现了持续下降（从44.3分到42.2分）。可以看出，在风险分出能力方面，排名靠前的公司已经和靠后的公司拉开了

第四章 中国人身险公司竞争力评价分析

表 4-16 风险管理能力下各二级指标得分与排名前十的人身险公司

排名	偿付能力充足率 公司名称(得分)	流动性比率 公司名称(得分)	自留比率 公司名称(得分)	肯尼系数 公司名称(得分)	自留保费增长率 公司名称(得分)	准备金安全率 公司名称(得分)	保险负债占总资产比 公司名称(得分)	分出率 公司名称(得分)	付现比 公司名称(得分)	现金收入支出比 公司名称(得分)	净利润赔付支出覆盖率 公司名称(得分)	现金流满足率 公司名称(得分)	资产杠杆率 公司名称(得分)
1	渤海人寿(100.0)	泰康养老(100.0)	君龙人寿(100.0)	瑞泰人寿(100.0)	建信人寿(100.0)	德华安顾(100.0)	德华安顾(100.0)	太保安联健康(100.0)	中荷人寿(100.0)	新华人寿(100.0)	平安健康(100.0)	太保安联健康(100.0)	中德安联(100.0)
2	人保健康(81.7)	平安健康(91.2)	华夏人寿(92.1)	渤海人寿(99.3)	同方全球人寿(99.5)	渤海人寿(77.2)	弘康人寿(98.1)	君龙人寿(45.4)	中邮人寿(98.6)	长城人寿(83.2)	中意人寿(99.0)	人保健康(90.8)	合众人寿(76.1)
3	民生人寿(75.8)	利安人寿(87.2)	平安健康(87.0)	陆家嘴国泰(97.1)	珠江人寿(99.5)	平安健康(76.0)	太保安联健康(93.1)	华夏人寿(44.8)	中美联泰(98.5)	弘康人寿(66.8)	泰康人寿(98.5)	平安人寿(79.6)	昆仑健康(62.1)
4	太平养老(72.8)	太保安联健康(82.8)	农银人寿(68.0)	民生人寿(96.8)	利安人寿(99.1)	太保安联健康(75.5)	平安健康(91.9)	平安健康(44.3)	招商信诺(98.3)	百年人寿(64.6)	信诚人寿(98.3)	陆家嘴国泰(77.1)	弘康人寿(61.7)
5	平安健康(71.5)	渤海人寿(81.3)	中意人寿(67.5)	长城人寿(96.7)	瑞泰人寿(98.8)	昆仑健康(75.3)	光大永明(91.2)	农银人寿(42.7)	中宏人寿(98.3)	中意人寿(61.8)	中宏人寿(98.2)	人保寿险(77.0)	华夏人寿(60.2)
6	中美联泰(70.9)	百年人寿(78.5)	同方全球人寿(67.2)	德华安顾(96.5)	人保健康(98.4)	瑞泰人寿(68.8)	渤海人寿(75.5)	中银人寿(42.5)	人保安联健康(98.2)	北大方正人寿(61.8)	平安人寿(98.2)	中邮人寿(75.2)	农银人寿(59.2)
7	德华安顾(69.9)	人保安联人寿(78.3)	太平养老(67.2)	利安人寿(96.2)	民生人寿(98.3)	陆家嘴国泰(63.1)	陆家嘴国泰(71.3)	中意人寿(42.5)	太保安联健康(98.1)	信诚人寿(61.4)	友邦人寿(98.2)	建信人寿(74.8)	交银康联(57.1)
8	汇丰人寿(66.5)	中邮人寿(75.7)	太平人寿(65.6)	英大人寿(96.1)	中意人寿(97.9)	平安养老(63.0)	太平养老(70.8)	同方全球人寿(42.5)	泰康养老(98.1)	利安人寿(58.6)	中美联泰(98.0)	泰康人寿(74.5)	泰康人寿(56.8)
9	信诚人寿(66.0)	信诚人寿(73.4)	建信人寿(64.0)	前海人寿(95.8)	长生人寿(97.9)	泰康养老(59.7)	利安人寿(70.1)	太平人寿(42.3)	长生人寿(98.1)	瑞泰人寿(55.3)	国华人寿(97.9)	华泰人寿(74.2)	瑞泰人寿(56.3)
10	陆家嘴国泰(65.9)	幸福人寿(72.5)	中德安联(62.1)	长生人寿(95.3)	中韩人寿(97.8)	太平养老(58.6)	汇丰人寿(68.9)	建信人寿(42.2)	泰康人寿(98.1)	交银康联(53.6)	汇丰人寿(97.8)	东吴人寿(74.2)	太保寿险(54.9)

较大差距。

准备金安全率中，除德华安顾（第1名，100分）表现优良外，渤海人寿（第2名，77.2分）、平安健康（第4名，76分）等其余公司的准备金安全状况不佳。说明除少数公司外，很多人身险公司的准备金安全风险保障能力仍有所欠缺。

而对于肯尼系数、自留保费增长率、付现比、净利润赔付支出覆盖率等二级指标，排名前十的公司之间的得分差距都较小，均在10以内。

（三）风险管理能力指标结构的模糊聚类分析

聚类分析是数理统计中的一种多元分析方法，它是用数学方法定量地确定研究对象的亲疏关系，从而客观地划分类型和度量研究对象之间的相似程度。事物之间的界限，有些是确切的，有些则是模糊的。当聚类涉及事物之间的模糊界限时，需运用模糊聚类分析方法。

本书试图根据保险公司在这些指标上的指标得分，运用模糊聚类方法分析各公司之间的相似程度，为各公司之间的风险管理能力比较提供一个新的方法和视角；同时，模糊聚类分析是一种基于"物以类聚、人以群分"的观念进行各公司之间经营结构上近似程度的比较分析，不是优劣评价。

表4-17中的模糊聚类等价分析矩阵，是对风险管理能力排名前十的公司的一个等价分类，满足自反性、对称性与传递性。

表4-17　　风险管理能力排名前10的公司的模糊聚类等价矩阵

	太保安联健康	平安健康	人保健康	渤海人寿	太平养老	君龙人寿	民生人寿	陆家嘴国泰	泰康养老	中宏人寿
太保安联健康	1.00	0.55	0.51	0.51	0.51	0.48	0.51	0.51	0.51	0.51
平安健康	0.55	1.00	0.51	0.51	0.51	0.48	0.51	0.51	0.51	0.51
人保健康	0.51	0.51	1.00	0.54	0.60	0.48	0.60	0.60	0.60	0.60
渤海人寿	0.51	0.51	0.54	1.00	0.54	0.48	0.54	0.54	0.54	0.54
太平养老	0.51	0.51	0.60	0.54	1.00	0.48	0.61	0.62	0.67	0.61
君龙人寿	0.48	0.48	0.48	0.48	0.48	1.00	0.48	0.48	0.48	0.48
民生人寿	0.51	0.51	0.60	0.54	0.61	0.48	1.00	0.61	0.61	0.62
陆家嘴国泰	0.51	0.51	0.60	0.54	0.62	0.48	0.61	1.00	0.62	0.61
泰康养老	0.51	0.51	0.60	0.54	0.67	0.48	0.61	0.62	1.00	0.61
中宏人寿	0.51	0.51	0.60	0.54	0.61	0.48	0.62	0.61	0.61	1.00

从表 4-17 可以看出，处于主对角线上的值都取 1，显然各个公司和自己的相似度与贴近程度为 100%。

除了主对角线线上的元素外，此等价矩阵的取值介于 0.48～0.67 之间，说明这十家公司的风险管理能力和水平具有较大的差异性；这主要因为：一是外资公司与中资公司的风险管理能力和理念差别较大；二是因为中资公司之间以及外资公司之间的再保能力和风险管理能力的水平差别也很大；因此公司之间的风险管理能力的可比性都较差。

在此矩阵中，泰康养老和太平养老这组之间的相似程度最高，为 0.67 分，说明这两家公司的风险管理能力具有一定的可比性。

风险管理能力排名第一的太保安联健康与排名第十的中宏人寿之间的相似度得分取值是 0.51 分。

风险管理能力排名第二的平安健康与其他 9 家公司之间的相似度得分都是 0.51 分，是矩阵中的第二低分，说明弘康人寿的风险管理业务结构与管理模式与其他九家公司之间不具有可比性，相似程度较低。

尤其值得关注的是，与《2013～2016 中国保险公司竞争力评价研究报告》的相关内容做比较，就会发现平安健康的风险管理能力在前几年排名名列前茅，但是与其他 9 家公司的相似度都很低，这是一个值得研究和讨论的现象和问题。

通过表 4-17 可以看出，尽管这些公司的风险管理能力都是前十名，但是各公司的风险管理能力和水平等差别还是很大，这有多方面的原因，也是中资保险公司需要多加注意和学习的地方。

五、2017 年人身险公司发展潜力排名与分析

数据预处理后，我们根据 58 家人身险公司的 11 个二级指标数据，得到一个 58×11 数据矩阵；根据主成分分析方法，我们选取了 7 个主成分，其累计解释率为 87.1%，每个主成分都是这 11 个二级指标的线性组合（见表 4-18）。

表 4-18　　　　　　　　人身险公司发展潜力得分及排名

公司名称	排名	得分	公司名称	排名	得分
弘康人寿	1	100.0	中银三星	22	74.1
渤海人寿	2	96.9	太保寿险	23	71.9
太平人寿	3	94.9	阳光人寿	24	71.3
平安健康	4	93.6	工银安盛	25	71.2

续表

公司名称	排名	得分	公司名称	排名	得分
平安人寿	5	90.8	百年人寿	26	70.3
建信人寿	6	90.3	中英人寿	27	70.2
国华人寿	7	89.2	华夏人寿	28	69.7
中邮人寿	8	88.6	平安养老	29	68.7
招商信诺	9	88.5	新华人寿	30	68.0
珠江人寿	10	87.2	信诚人寿	31	67.9
人保寿险	11	82.9	友邦人寿	32	67.7
前海人寿	12	82.1	合众人寿	33	66.4
利安人寿	13	80.3	太平养老	34	65.7
国寿股份	14	79.9	中意人寿	35	65.7
农银人寿	15	79.7	泰康养老	36	65.3
泰康人寿	16	79.2	陆家嘴国泰	37	63.5
中韩人寿	17	77.1	君龙人寿	38	62.7
人保健康	18	76.7	长城人寿	39	62.6
交银康联	19	76.6	中宏人寿	40	60.9
幸福人寿	20	76.5	中美联泰	41	60.3
同方全球人寿	21	75.4	恒安标准	42	60.1
民生人寿	43	57.2	北大方正人寿	51	51.7
英大人寿	44	55.8	长生人寿	52	49.3
光大永明	45	55.3	信泰人寿	53	49.1
天安人寿	46	54.9	瑞泰人寿	54	47.9
中荷人寿	47	54.7	汇丰人寿	55	47.8
太保安联健康	48	53.4	中德安联	56	46.8
东吴人寿	49	52.3	昆仑健康	57	42.8
华泰人寿	50	52.3	德华安顾	58	40.0

从表4-18可以看出，人身险市场上发展潜力排名前三的依次是弘康人寿、渤海人寿、太平人寿，在百分制基准下，得分分别为100分、96.9分和94.9分。

在参评的58家人身险公司中，发展潜力得分最高的为弘康人寿（100分），最低分为德华安顾（40.0分），平均得分为69.0分，大于平均分的公司有28家，占比48.27%。其中，80分以上的公司有13家，70~80分的有14家，60~70分的有15家，60分以下的有16家。

图4-6给出了发展潜力排名前十的公司，依次是弘康人寿、渤海人寿、太平

人寿、平安健康、平安人寿、建信人寿、国华人寿、中邮人寿、招商信诺、珠江人寿。

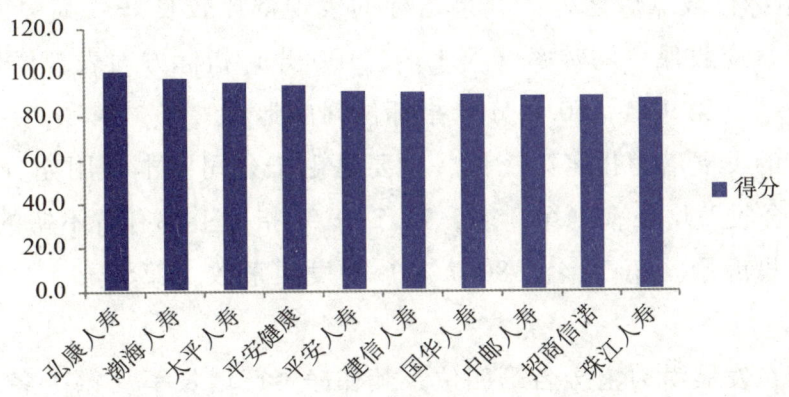

图 4-6　发展潜力排名前十的人身险公司

可以看到，发展潜力排名前十的人身险公司中，前五名之间呈现出较为明显的下降趋势，分数差的平均值在 2 分左右。第 6 名至第 10 名得分差距不大，分数差的平均值在 0.5 分左右。观察其余的 48 家人身险公司发展潜力情况，可以发现得分趋势与第 5~10 名相似，同样表现出了缓慢下降趋势，分数差的平均值为 0.73 分，整体差异不大。

与此同时，比较不同排名段的人身险公司发展潜力得分的平均值，不难发现在发展潜力一级指标得分方面，不同排位的公司得分差异较大。第一梯队的前 4 名公司的平均得分为 96.35 分，将其余公司甩开很远。其中，第 5~10 名的平均得分为 89.1 分，与第一梯队的平均分差为 8.25 分；第 11~56 名的平均得分为 64.21 分，与第一梯队的平均分差为 32.14 分，与第二梯队的平均分差为 24.89 分。

（一）发展潜力排名前十的人身险公司，其二级指标的排名与得分

弘康人寿在 58 家人身险公司中的发展潜力排名第一位，反映了公司较为良好的发展前景。安邦人寿在发展潜力上的优异表现，得益于其在发展系数（第 2 名，78.9 分）、人均产能（第 3 名，78.8 分）、亿元保费投诉量（第 3 名，99 分）、应收保费周转率（第 3 名，76.8 分）、综合成本率的增长率（第 1 名，100 分）5 个二级指标上的优异表现，同时，弘康人寿在综合收益增长率（第 6 名，65.7 分）指标中也表现较好，位列前十。其余的二级指标中，弘康人寿表现较为良好，净资产增长率、资本运用充分率、综合成本率等指标处于中等偏上的水平。

渤海人寿在发展潜力上排名第二位，主要是由于公司在发展潜力各项指标上稳

定且优秀的表现。渤海人寿除发展系数（第58名、40分）、综合收益增长率（第49名，58.5分）、机构数量（第56名，41.7分）、资本运用充分率（第54名，41.9分）等指标比较靠后之外，其余指标的表现都比较良好。其中人均产能（第1名，100分）、应收保费周转率（第1名，100分）指标方面表现优异，同时综合成本率的增长率（第9名，60.4分）指标位列前十。

太平人寿的发展潜力排名第三位，主要是由于公司资本运用充分率（第1名，100分）和综合收益增长率（第3名，71.7分）指标上都有着不错的表现。但是，其在万张保单投诉量（第39名，80.7分）和发展系数（第37名，44.9分）指标中表现稍弱。

平安健康在发展潜力上排名第四位，其在净资产增长率（第1名，100分）总资产增长率（第2名，80.1分）方面表现优异，维持了公司整体较强的发展潜力。

计算发展潜力得分前十位的人身险公司各项二级指标的平均值，可以看出在各指标下前十位人身保险公司的整体情况（见表4-19）。总体来看，发展潜力排名前十位的十家公司，在综合收益增长率（第6名，67分①）、人均产能（第6名，64.4分②）、应收保费周转率（第5名，57.1分③）、净资产增长率（第7名，56.1分④）等指标下的表现都较为良好，均处于整体的上游水平。

（二）发展潜力下各二级指标排名与得分前十的人身险公司情况

表4-20给出了发展潜力指标下各个二级指标排名前十的人身险公司及得分，此表格主要反映了人身险公司在发展潜力上各二级指标的整体表现和分布情况。

从表4-20可以看出，各项指标排名前十位的公司在万张保单投诉量和机构数量两个指标上差异不大，前者从人保健康（第1名，100分）到太保寿险（第10名，94.50分），后者从国寿股份（第1名，100分）到平安养老（第10名，90分）。

但各个公司在发展系数（100~49.40分）、人均产能（100~53.2分）、应收保费周转率（100~44.3分）、净资产增长率（100~53.5分）指标上差距十分明显。这些指标中，基本表现为排位第1名或第2名以后的公司，指标得分会出现明显下降。可见，大多数二级指标下，不同公司的得分差异是十分明显的。

---

① 计算前十家公司各项二级指标的平均值，可以得到该平均值在58家人身险公司中的排名。
② 计算前十家公司各项二级指标的平均值，可以得到该平均值在58家人身险公司中的排名。
③ 计算前十家公司各项二级指标的平均值，可以得到该平均值在58家人身险公司中的排名。
④ 计算前十家公司各项二级指标的平均值，可以得到该平均值在58家人身险公司中的排名。

第四章 中国人身险公司竞争力评价分析

表4-19 发展潜力排名前十的人身险公司，其二级指标的表现

公司名称	发展系数		综合收益增长率		总资产增长率		人均产能		机构数量		万张保单投诉量		应收保费周转率		净资产增长率		资本运用充分率		综合成本率的增长率		综合成本率	
	排名	得分	排名	得分	排名	得分	排名	得分	排名	得分	排名	得分	排名	得分	排名	得分	排名	得分	排名	得分	排名	得分
弘康人寿	2	78.9	6	65.7	47	46.0	3	78.8	53	45.0	3	99.0	3	76.8	15	51.6	19	59.7	1	100.0	22	67.8
渤海人寿	58	40.0	49	58.5	35	48.4	1	100.0	56	41.7	8	96.0	1	100.0	31	48.3	54	41.9	9	60.4	14	73.3
太平人寿	37	44.9	3	71.7	16	51.6	31	44.9	12	88.3	39	80.7	29	41.3	16	51.2	1	100.0	37	52.9	20	70.8
平安健康	5	57.8	7	65.2	2	80.1	49	42.4	45	51.7	18	91.5	58	40.0	1	100.0	40	46.6	18	56.7	51	57.1
平安人寿	28	46.0	9	64.0	17	51.1	28	45.8	8	91.7	21	89.2	38	40.8	7	54.9	2	96.8	40	52.6	35	62.7
建信人寿	57	40.1	20	61.1	26	49.6	7	55.5	16	76.7	35	84.5	5	51.3	9	53.5	4	71.4	15	58.1	7	78.0
国华人寿	10	49.4	14	62.7	27	49.6	5	67.8	22	70.0	28	86.7	9	44.4	23	49.8	8	65.9	8	60.5	6	78.9
中邮人寿	22	46.4	12	62.9	18	50.5	2	81.4	21	71.7	13	92.6	8	44.7	13	51.9	16	62.3	58	40.0	9	76.9
招商信诺	46	43.7	1	100.0	11	53.9	15	51.2	26	68.3	19	91.1	31	41.2	19	50.6	10	65.2	23	54.2	27	65.1
珠江人寿	56	40.4	48	58.7	12	53.9	4	76.4	36	56.7	11	94.4	2	90.4	27	49.1	30	50.4	55	49.7	55	54.8

表 4-20 发展潜力下各二级指标得分与排名前十的公司

二级指标\排名	发展系数 公司名称 (得分)	综合收益增长率 公司名称 (得分)	总资产增长率 公司名称 (得分)	人均产能 公司名称 (得分)	机构数量 公司名称 (得分)	万张保单投诉量 公司名称 (得分)	应收保费周转率 公司名称 (得分)	净资产增长率 公司名称 (得分)	资本运用充分率 公司名称 (得分)	综合成本率的增长率 公司名称 (得分)	综合成本率 公司名称 (得分)
1	昆仑健康 (100.0)	招商信诺 (100.0)	同方全球人寿 (100.0)	渤海人寿 (100.0)	国寿股份 (100.0)	人保健康 (100.0)	渤海人寿 (100.0)	平安健康 (100.0)	太平人寿 (100.0)	弘康人寿 (100.0)	利安人寿 (100.0)
2	弘康人寿 (78.9)	恒安标准 (88.8)	平安健康 (80.1)	中邮人寿 (81.4)	泰康人寿 (100.0)	人保寿险 (100.0)	珠江人寿 (90.4)	中韩人寿 (100.0)	平安人寿 (96.8)	农银人寿 (95.2)	人保健康 (88.0)
3	信泰人寿 (70.2)	太平人寿 (71.7)	太保安联健康 (66.7)	弘康人寿 (78.8)	人保寿险 (100.0)	弘康人寿 (99.0)	弘康人寿 (76.8)	幸福人寿 (87.9)	国寿股份 (72.7)	利安人寿 (73.9)	中银三星 (86.6)
4	太保安联健康 (61.8)	前海人寿 (70.2)	中英人寿 (63.9)	珠江人寿 (76.4)	太保寿险 (98.3)	太保安联健康 (97.7)	前海人寿 (59.4)	幸福人寿 (77.5)	建信人寿 (71.4)	昆仑健康 (63.4)	人保寿险 (79.8)
5	平安健康 (57.8)	国寿股份 (68.1)	陆家嘴国泰 (63.5)	国华人寿 (67.8)	太保寿险 (98.3)	君龙人寿 (97.2)	建信人寿 (51.3)	长城人寿 (75.5)	交银康联 (71.1)	人保健康 (62.7)	中意人寿 (79.3)
6	德华安顾 (54.9)	弘康人寿 (65.7)	天安人寿 (57.1)	前海人寿 (59.7)	太保寿险 (98.3)	平安寿险 (96.6)	利安人寿 (48.2)	陆家嘴国泰 (68.0)	友邦人寿 (67.9)	中意人寿 (61.9)	国华人寿 (78.9)
7	华夏人寿 (50.9)	平安健康 (65.2)	交银康联 (56.5)	建信人寿 (55.5)	阳光人寿 (95.0)	太保养老 (96.4)	农银人寿 (47.7)	中英人寿 (63.8)	合众人寿 (66.8)	德华安顾 (60.6)	建信人寿 (78.0)
8	陆家嘴国泰 (49.7)	泰康养老 (64.1)	泰康养老 (55.8)	华夏人寿 (55.0)	平安人寿 (91.7)	渤海人寿 (96.0)	中邮人寿 (44.7)	平安人寿 (54.9)	国华人寿 (65.9)	国华人寿 (60.5)	前海人寿 (77.6)
9	英大人寿 (49.7)	平安人寿 (64.0)	中韩人寿 (55.2)	友邦人寿 (53.4)	平安人寿 (91.7)	中意人寿 (95.2)	国华人寿 (44.4)	德华安顾 (54.2)	太保寿险 (65.7)	渤海人寿 (60.4)	中邮人寿 (76.9)
10	国华人寿 (49.4)	太平养老 (63.8)	百年人寿 (54.8)	人保寿险 (53.2)	平安养老 (90.0)	太保寿险 (94.5)	幸福人寿 (44.3)	泰康人寿 (53.5)	招商信诺 (65.2)	君龙人寿 (60.0)	农银人寿 (74.5)

(三)发展潜力指标结构的模糊聚类分析

聚类分析是数理统计中的一种多元分析方法,它是用数学方法定量地确定研究对象的亲疏关系,从而客观地划分类型和度量研究对象之间的相似程度。事物之间的界限,有些是确切的,有些则是模糊的。当聚类涉及事物之间的模糊界限时,需运用模糊聚类分析方法。

本书试图根据保险公司在这些指标上的指标得分,运用模糊聚类方法分析各公司之间发展潜力的相似程度,为各公司之间的发展潜力比较提供一个新的方法和视角;同时,模糊聚类分析是一种基于"物以类聚、人以群分"的观念进行各公司之间经营结构上近似程度的比较分析,不是优劣评价。

表4-21中的模糊聚类等价分析矩阵,是对发展潜力排名前十的公司的一个等价分类,满足自反性、对称性与传递性。

表4-21   发展潜力排名前10的公司的模糊聚类等价矩阵

	弘康人寿	渤海人寿	太平人寿	平安健康	平安人寿	建信人寿	国华人寿	中邮人寿	招商信诺	珠江人寿
弘康人寿	1.00	0.46	0.46	0.29	0.46	0.46	0.46	0.46	0.46	0.46
渤海人寿	0.46	1.00	0.52	0.29	0.52	0.52	0.52	0.52	0.50	0.52
太平人寿	0.46	0.52	1.00	0.29	0.70	0.52	0.52	0.52	0.50	0.52
平安健康	0.29	0.29	0.29	1.00	0.29	0.29	0.29	0.29	0.29	0.29
平安人寿	0.46	0.52	0.70	0.29	1.00	0.52	0.52	0.52	0.50	0.52
建信人寿	0.46	0.52	0.52	0.29	0.52	1.00	0.73	0.71	0.50	0.52
国华人寿	0.46	0.52	0.52	0.29	0.52	0.73	1.00	0.71	0.50	0.52
中邮人寿	0.46	0.52	0.52	0.29	0.52	0.71	0.71	1.00	0.50	0.52
招商信诺	0.46	0.50	0.50	0.29	0.50	0.50	0.50	0.50	1.00	0.50
珠江人寿	0.46	0.52	0.52	0.29	0.52	0.52	0.52	0.52	0.50	1.00

从表4-21可以看出,处于主对角线上的值都取1,显然各个公司和自己的相似与贴近程度为100%。

此模糊聚类等价矩阵里的分值偏低、差距较大(0.29~0.73),说明在发展潜力竞争力上,各个公司的相似程度差别较大。

发展潜力排名第一的是弘康人寿,它与其他9家公司的相似程度得分均为0.46。显然,安邦人寿与其他9家公司之间在发展潜力的业务结构方面不太具有可比性。

从矩阵中可以发现，处于发展潜力排名第 2 名和第 3 名的分别是渤海人寿、太平人寿，这两家公司之间的相似度得分是 0.52 分，并不高；而这两家公司与平安健康相似度得分均为 0.29 分，是整个矩阵的最低分，可比性较差。

矩阵中，相似程度最高的分别是建信人寿和国华人寿之间，达到了 0.73 分；体现了这两家保险公司在发展潜力的表现形式和模式是具有较高的可比性和相似性的。

此外，平安健康与其余 9 家公司之间的相似程度达到了 0.29 分，均为矩阵最低分，基本不具有可比性。

综上，说明人身险公司在发展潜力的模式、观念上差别较大，在各项指标得分上近似很低，可比性和借鉴性不高。

第四节　2017 年人身保险公司综合竞争力评价结果的稳健性检验

一、稳健性分析的必要性

在对保险公司的竞争力评价研究中，需要对反映事物的多个变量进行大量的观测，收集大量数据以便进行分析寻找规律。多变量大样本无疑会为科学研究提供丰富的信息，主成分分析方法的降维特点使其在处理大量信息时显示其优越性，主成分分析法给出了全面衡量保险公司竞争力的一种渠道，然而正是基于其处理信息的大量性，其稳健性才显得愈发得重要。

同时，保险公司在现实的经营中有其自身的发展轨道和趋势，也拥有其自身在市场中地位的连续性即稳健性，市场微小波动，如某个小规模公司进入或者退出市场，对于其他在市场中已经拥有规模优势及占据大量市场的公司来说其相对位置冲击应该不大。如果市场微小波动，导致所有公司排名发生颠覆性变化，那么这个结果就有悖于市场和现实，就失去了其指导现实的客观性；主成分法基于选择代表保险公司竞争力特征的指标来为保险公司"打分"，如果某个指标的微小波动就导致保险公司竞争力排名的剧烈波动，那么主成分分析法也是不稳健的。我们假设这样一个市场，仅仅由于某个保险公司增开了一家分支机构，该公司本身甚至整个行业的竞争力都发生重大变化，那么这种情况在现实中也是不可能存在的，所以稳健性分析对于方法的适用性很重要。

稳健性分析对于运用定量分析方法研究保险公司的竞争力评价非常重要，这也是我们课题组的一个创新性应用研究成果。

二、稳健性的定义与步骤

稳健性（robust）检验的是实证结果是否随着参数设定的改变而发生变化，如果改变参数设定以后，发现结果的顺序等没有发生显著性改变，就说明结果是稳健的；相反，如果结果发生了显著性改变，说明结果不是稳健的，需要寻找问题所在。

一般根据所要检验问题的具体情况选择稳健性检验的内容。我们根据对保险公司综合竞争力评价结果的影响因素，分两种情况对评价结果进行稳健性检验：

（1）从公司出发，根据一定的标准去掉部分公司后，检验剩余公司的评价结果是否与原来一致；（2）从指标出发，根据一定的标准去掉部分指标后，重新进行竞争力评价，检验保险公司的评价结果是否与原来一致。

三、2017年人身险公司综合竞争力评价结果的稳健性检验

主要基于两种思路进行人身险公司的稳健性检验。

一是剔除部分公司进行稳健性检验。首先利用聚类分析，将保险公司分为两类；在排除掉一类公司（公司数目较少的一类）后，对另一类公司仍然运用主成分分析，进行竞争力评价的排名和得分，与这些公司在原来情况下的排名进行比较分析，从而得到保险公司竞争力评价结果的稳健性检验。二是剔除部分指标进行稳健性检验。利用聚类分析方法对评价指标进行分类，并剔除掉指标较少的类别后，运用余下的指标对保险公司竞争力进行主成分分析，得到的排名与原来的排名进行对比，从而完成稳健性分析。

（1）剔除部分公司后，保险公司竞争力评价的稳健性分析。

为了便于剔除公司和提高稳健性分析结果的有效性，首先运用聚类分析方法将56家人身险公司分为5类。根据前述方法，结果如表4-22所示。

表4-22　　　　　　　　人身险公司在聚类分析下分为5类结果

个案	5个聚类	4个聚类	3个聚类	2个聚类
国寿股份	1	1	1	1
太保寿险	1	1	1	1
平安人寿	1	1	1	1

续表

个案	5个聚类	4个聚类	3个聚类	2个聚类
新华人寿	1	1	1	1
泰康人寿	1	1	1	1
太平人寿	1	1	1	1
建信人寿	1	1	1	1
天安人寿	1	1	1	1
光大永明	1	1	1	1
民生人寿	1	1	1	1
平安养老	1	1	1	1
合众人寿	1	1	1	1
太平养老	1	1	1	1
人保健康	1	1	1	1
华夏人寿	1	1	1	1
信泰人寿	1	1	1	1
农银人寿	1	1	1	1
长城人寿	2	2	2	1
昆仑健康	3	3	3	2
人保寿险	1	1	1	1
国华人寿	1	1	1	1
英大人寿	1	1	1	1
泰康养老	1	1	1	1
幸福人寿	1	1	1	1
阳光人寿	1	1	1	1
百年人寿	1	1	1	1
中邮人寿	1	1	1	1
利安人寿	1	1	1	1
前海人寿	1	1	1	1
东吴人寿	1	1	1	1
珠江人寿	1	1	1	1
弘康人寿	1	1	1	1
渤海人寿	2	2	2	1
太保安联健康	4	4	2	1
中宏人寿	1	1	1	1
中德安联	1	1	1	1

续表

个案	5 个聚类	4 个聚类	3 个聚类	2 个聚类
工银安盛	1	1	1	1
信诚人寿	1	1	1	1
交银康联	1	1	1	1
中意人寿	1	1	1	1
友邦人寿	1	1	1	1
北大方正人寿	1	1	1	1
中荷人寿	1	1	1	1
中英人寿	1	1	1	1
同方全球人寿	1	1	1	1
招商信诺	1	1	1	1
长生人寿	1	1	1	1
恒安标准	1	1	1	1
瑞泰人寿	1	1	1	1
华泰人寿	1	1	1	1
陆家嘴国泰	2	2	2	1
中美联泰	1	1	1	1
平安健康	1	1	1	1
中银三星	1	1	1	1
汇丰人寿	1	1	1	1
君龙人寿	1	1	1	1
中韩人寿	4	4	2	1
德华安顾	5	4	2	1

根据聚类分析的原理，如果进行聚类分析时，类别越多，每个类别内的距离最近，则类别内的相似度最近。为了保证信息的充足性，增强可比性，将58家公司其分为两大类。由表4-22得到，属于类别1的公司有51家，占总体58家的87.9%，类别2~5的公司有7家，分别是长城人寿、昆仑健康、渤海人寿、陆家嘴国泰、中韩人寿、德华安顾、太保安联健康，占总体58家的13.1%。

剔除这7家后，再对于剩余的51家公司进行竞争力评价，通过对比分析，从而对2017年人身险公司综合竞争力的评价结果进行稳健性检验。

首先重新对类别1中的51个成员运用主成分分析法进行综合竞争力评价，结果如表4-23所示。

表4-23　2017年人身险公司综合竞争力评价结果的前后排名对比（剔除部分公司）

公司	原始排名	新排名	公司	原始排名	新排名
国寿股份	1	1	交银康联	9	14
平安人寿	2	2	新华人寿	10	5
泰康人寿	3	8	平安健康	11	3
太保寿险	4	21	华夏人寿	12	11
太平人寿	5	15	中德安联	13	7
工银安盛	6	16	合众人寿	14	6
人保寿险	7	19	阳光人寿	15	33
中邮人寿	8	10	国华人寿	16	13
人保健康	17	4	中美联泰	35	34
弘康人寿	18	17	中英人寿	36	31
君龙人寿	19	18	同方全球人寿	37	29
珠江人寿	20	12	汇丰人寿	38	35
前海人寿	21	23	长生人寿	39	37
建信人寿	22	25	中意人寿	40	36
人保健康	23	41	友邦人寿	41	42
太平养老	24	30	光大永明	42	39
信诚人寿	25	32	恒安标准	43	38
泰康养老	26	40	中宏人寿	44	44
民生人寿	27	49	中荷人寿	45	46
中银三星	28	20	英大人寿	46	45
利安人寿	29	27	华泰人寿	47	48
平安养老	30	28	东吴人寿	48	51
幸福人寿	31	24	北大方正人寿	49	47
百年人寿	32	22	信泰人寿	50	43
农银人寿	33	9	瑞泰人寿	51	50
天安人寿	34	26			

在表4-23中，第Ⅰ列示类别1中的公司在原58家公司时的排名；第Ⅱ列表示类别1中的公司重新利用主成分分析进行评价研究下的排名。

对公司的新旧排名进行对比，基本情况如表4-24所示。

表4-24　描述统计

	公司数	平均值	标准差	最小值	最大值	百分位数		
						第25个	第50个（中位数）	第75个
原始排名	51.00	26.00	14.87	1.00	51.00	13.00	26.00	39.00
新排名	51.00	26.00	14.87	1.00	51.00	13.00	26.00	39.00

根据表4-25的结果，运用威尔科克森（wilcoxon）符号秩检验，进行稳健性

分析。

表 4-25　　　　　　　威尔科克森（wilcoxon）符号秩检验

	秩		
	个案数	秩平均值	秩的总和
新排名 – 原始排名　负秩	29[a]	22.43	650.50
正秩	19[b]	27.66	525.50
绑定值	3[c]		
总计	51		

注：a. 新排名 < 原始排名；b. 新排名 > 原始排名；c. 新排名 = 原始排名。

表 4-26　　　　　　　　　　检验统计结果

检验统计[a]

	VAR00069 – VAR00068
Z	-0.642[b]
渐近显著性（双尾）	0.521

注：a. 威尔科克森符号秩检验；b. 基于正秩。

结果显示：使用"渐进"方法计算的双侧显著性水平 ρ 值为 0.521，大于 0.05，所以新旧排名的差异不显著；也就是说，两个样本来自于同一总体，具有相同的总体分布（见表 4-26）。

则运用主成分分析法对 2017 年人身险公司综合竞争力评价结果的检验在 0.05 的显著性水平下具有稳健性。即我们根据聚类分析的结果，剔除掉部分公司后，根据我们建立的指标体系，运用主成分分析方法对其余公司竞争力的评价结果的影响不显著，通过了稳健性检验。

（2）剔除部分指标后，保险公司竞争力评价的稳健性分析。

指标体系应该尽可能的反映保险公司竞争力各方面的信息，显然部分指标的缺失或波动对保险公司竞争力的评价结果有影响。此部分通过聚类分析，剔除部分表现"特殊"的指标后，在对保险公司竞争力进行评价。通过剔除部分指标对评价结果的影响来进行稳健性检验。

首先利用聚类分析将所有指标进行分类。

根据聚类结果，综合费用率、退保率、发展系数与其他指标不在同一类中。我们把综合费用率、退保率、发展系数这 4 项指标剔除出去，再对公司的综合竞争力评价结果进行检验（见表 4-27）。

表 4-27　剔除上述 4 个指标后，人身险公司综合竞争力评价结果的对比

公司	原始排名	新排名	公司	原始排名	新排名
国寿股份	1	1	利安人寿	30	29
平安人寿	2	2	平安养老	31	34
泰康人寿	3	5	幸福人寿	32	31
太保寿险	4	11	百年人寿	33	19
太平人寿	5	13	长城人寿	34	50
工银安盛	6	15	农银人寿	35	26
人保寿险	7	24	天安人寿	36	30
中邮人寿	8	4	中美联泰	37	36
交银康联	9	20	中英人寿	38	37
新华人寿	10	3	同方全球人寿	39	35
平安健康	11	7	汇丰人寿	40	33
华夏人寿	12	10	长生人寿	41	40
中德安联	13	8	中意人寿	42	28
合众人寿	14	12	友邦人寿	43	42
阳光人寿	15	14	光大永明	44	45
国华人寿	16	22	恒安标准	45	48
渤海人寿	17	17	中宏人寿	46	47
人保健康	18	6	中荷人寿	47	52
弘康人寿	19	18	太保安联健康	48	41
君龙人寿	20	21	英大人寿	49	49
珠江人寿	21	23	陆家嘴国泰	50	44
前海人寿	22	27	华泰人寿	51	51
建信人寿	23	32	东吴人寿	52	54
招商信诺	24	9	北大方正人寿	53	53
太平养老	25	25	信泰人寿	54	56
信诚人寿	26	16	瑞泰人寿	55	55
泰康养老	27	39	德华安顾	56	46
民生人寿	28	43	中韩人寿	57	57
中银三星	29	38	昆仑健康	58	58

根据表 4-27 的结果，运用威尔科克森（wilcoxon）符号秩检验，进行稳健性分析。公司的竞争力评价结果排名情况如表 4-28 所示。

表 4-28　　　　　　　　　　　　描述统计

	个案数	平均值	标准差	最小值	最大值	百分位数		
						第25个	第50个（中位数）	第75个
原始排名	58	29.50	16.89	1.00	58.00	14.75	29.50	44.25
新排名	58	29.50	16.89	1.00	58.00	14.75	29.50	44.25

主要结论如表 4-29 和表 4-30 所示。

表 4-29　　　　　指标的威尔科克森（wilcoxon）符号秩检验

	秩			
		个案数	秩平均值	秩的总和
新排名-原始排名	负秩	26[a]	22.92	596.00
	正秩	22[b]	26.36	580.00
	绑定值	10[c]		
	总计	58		

注：a. 新排名<原始排名；b. 新排名>原始排名；c. 新排名=原始排名。

表 4-30　人身险公司指标稳健性的威尔科克森（wilcoxon）符号秩检验结果

检验统计[a]	
	新排名-原始排名
Z	-0.082[b]
渐近显著性（双尾）	0.934

注：a. 威尔科克森符号秩检验；b. 基于正秩。

表 4-30 列出了统计检验结果。结果显示：使用"渐进"方法计算的双侧显著性水平 p 值为 0.934，大于 0.05，所以两组排名的差异不显著。所以认为剔除部分指标后，运用类别 1 中的指标进行竞争力评价与没有剔除这些指标下的评价结果差异不显著。也就是说，两个样本来自于同一总体，具有相同的总体分布，即认为主成分分析法对于指标的变化具有统计上的稳健性，通过了稳健性检验。

（3）结论及建议。

由以上一系列的分析可知，利用主成分分析方法进行保险公司竞争力评价研究时，剔除少部分公司或者指标后，对于保险公司竞争力的最后结果影响有限，即评价结果统计上的稳健性。

但是，从评价结果看，通过聚类分析方法，剔除少部分公司的评价结果比剔除少部分指标的评价结果更具有稳健性。这在一定程度上说明：部分公司的进入或者退出对最后结果的影响没有指标的选择对评价结果的影响大，所以选择比较客观、全面和科学的指标，对于保险公司竞争力的评价结果尤为关键；同时，从得到的个别结果来看，某些公司的排名波动较大，可以考虑在对公司进行最终的排名前能设计一种过滤方法，将对主成分排名法最终排名结果影响较大的因子予以剔除，或者运用最优化方法选择使得最终竞争力排名的结果波动最小的因子（这与主成分分析方法中，寻找方差占比最大的综合因子并不矛盾，因为他们所指的对象并不一样）。而这些因子从理论上说最能够代表保险公司竞争力的本质，但是这是一个不断探索和优化的过程，甚至需要对其选择标准进行数理化的设定，这有待进一步的研究。

第五章
中国财产保险公司竞争力评价分析

同中国人身险公司竞争力评价研究一样,我们始终坚持公开、客观和科学的原则,即研究方法、评价指标、数据来源等坚持公开、客观和科学的原则;我们坚持评价过程和目标要客观有效,避免或者尽量减少人为主观因素的干扰。

(一)信息来源说明

保险公司竞争力评价研究的数据主要来源于各个保险公司的年度信息披露报告,少部分指标来源于历年的中国保险年鉴和保监会、保险学会、保险行业协会以及各公司自己的网站信息,即全部数据都是来源于公开渠道。

2017年度保险公司年报信息披露主要包括以下5个方面内容:(1)公司简介;(2)年度财务报告及其附注;(3)风险管理状况;(4)产品信息;(5)偿付能力信息。

(二)研究对象

本研究分析主要从资产负债表、利润表、现金流量表、产品信息表和偿付能力信息等报表获取数据进行研究。

截至2017年年底,中国共有85家财产险公司,其中,中资63家,外资22家。在这85家财产险公司中:易安财产、东海航运、久隆财产、安心财产、前海联合、珠峰财险、海峡金桥、建信财产、众惠相互、中远海自保、汇友互助、粤电自保这12家公司的经营开业不到两周年,不予评价。

在剩余的73家公司中,出口信用、中石油专属保险、安邦财险没有进行年度信息披露报告,不予评估。中意财险、华海财产、劳合社中国年度信息披露报告不完整,数据不完整,不予评价。

阳光信用、泰康在线、瑞再企商(太阳联合)、燕赵财产、中路财产、日本财产（中国）、日本兴亚、乐爱金、信利保险等上述9家保险公司综合竞争力评价指标数据异常，不予评价。

上述27公司如果有任何问题、建议或者意见，请与课题组联系。

最后，课题组共对58家财产保险公司进行综合竞争力评价分析。

(三) 特别说明

（1）本研究分析尽量采用可获得的披露数据进行分析，并根据实质重于形式的原则，对发现个别公司披露数据存在错误或异样的年报信息进行调整或者在涉及该指标时进行批注说明。

（2）本研究分析采用的数据皆来源于已公开的资料或课题组成员的个人分析，但我们不保证上述信息的完整与准确性，中国精算研究院不为因使用本报告而产生的一切后果承担责任，只以此作为学术研究以及学界和业界的信息交流与参考。同时本研究分析为课题组成员的个人观点，并不代表中国精算研究院的观点。有关问题的来源、讨论或争议，请使用电话或电子邮件的方式与我方联系。

第一节 财产险公司竞争力指标体系的构建

(一) 评价指标体系说明

目前国内外还没有一个比较明确的、被广泛接受的"保险公司竞争力"的定义。我们综合国内外相关研究，结合自己的经验和理解，给出保险公司竞争力的定义：保险公司竞争力是保险公司根据行业和自身特点，在市场经济环境中，综合运用其各种人力、物力、财力等各种资源，获得相对于竞争对手所表现出来的更强的生存能力、创新能力和持续发展能力的总和，是公司综合能力的体现。同时竞争力也是一个相对的概念，强调的是保险行业内竞争者之间的比较。

我们进行的保险公司竞争力评价研究是以保险公司为出发点和落脚点，建立保险公司的盈利能力、资本管理能力、经营能力、风险管理能力和发展潜力五个一级指标，来反映保险公司竞争力的不同方面。我们首先在每个一级指标下建立个数不等的二级指标；其次通过对二级指标定量分析得到保险公司一级指标的评价结果；最后对全部二级指标进行定量分析，得到保险公司竞争力的综合评价结果。

(二) 指标体系构建

具体指标体系如下：

Ⅰ. 盈利能力指标

盈利能力指标共有9个二级指标，包括7个比率、结构分析指标和2个规模性指标。

Ⅰ-1. 总资产收益率：总资产收益率 = 报告期净利润 ÷ [(期初总资产 + 期末总资产) ÷ 2] × 100%

Ⅰ-2. 净资产收益率：净资产收益率 = 净利润 ÷ 平均净资产 × 100%

Ⅰ-3. 投资收益率：投资收益率 = 投资收益总额 ÷ 平均投资资产 × 100%

Ⅰ-4. 净投资收益率：净投资收益率 = (利润表中的投资收益 + 其他业务收入) ÷ (期初投资资产 + 期末投资资产) 的均值 × 100%

Ⅰ-5. 承保利润率：承保利润率 = 承保利润 ÷ 已赚保费 × 100%

Ⅰ-6. 综合收益率：综合收益率 = (投资收益 + 交易类公允价值变动 + 可供出售类公允价值变动 - 交易费用及税金 + 其他综合收益) / 两年平均投资资产

Ⅰ-7. 投资资产占总资产比率：投资资产占总资产比率 = 平均投资资产 ÷ 平均总资产 × 100%

Ⅰ-8. 人均综合收益：人均综合收益 = 综合收益 / 公司职工人数

Ⅰ-9. 净利润

Ⅱ. 资本管理能力

资本管理能力包含12个二级指标，包括1个规模性指标和11个比率、结构性分析指标。

Ⅱ-1. 资本管理系数：

偿付能力充足率 (x) = 实际资本 ÷ 最低资本，根据偿付能力充足率确定资本管理系数。

$$\text{资本管理系数} = \begin{cases} \dfrac{x - 150\% + 70\%}{70\%}, & 80\% \leqslant x \leqslant 150\% \\ 1, & 150\% < x \leqslant 300\% \\ \dfrac{300\% + 2000\% - x}{2000\%}, & 300\% < x \leqslant 300\% + 2000\% \\ 0, & \text{其他} \end{cases}$$

Ⅱ-2. 资产杠杆系数：

杠杆比率（x）= 总资产/净资产

$$资产杠杆系数 = \begin{cases} 1, & 3 \leq x \leq 10 \\ \dfrac{30-x}{20}, & 10 \leq x \leq 30 \\ \dfrac{x-1}{2}, & 1 \leq x \leq 3 \\ 0, & 其他 \end{cases}$$

Ⅱ-3. 自留保费系数：

杠杆（x）= 自留保费÷（资本金+资本公积+盈余公积）

$$自留保费系数 = \begin{cases} \dfrac{x+2}{4}, & 0.0001 \leq x \leq 2 \\ 1, & 2 < x \leq 4 \\ \dfrac{20-x}{16}, & 4 < x \leq 20 \\ 0, & 其他 \end{cases}$$

Ⅱ-4. 认可资产负债率：认可资产负债率 = 认可负债÷认可资产×100%

Ⅱ-5. 资产认可率：资产认可率 = 认可资产÷总资产×100%

Ⅱ-6. 资本利用率：资本利用率 = 保险业务收入÷所有者权益×100%

Ⅱ-7. 资金运用效率：资金运用效率 = 可运用资金收益率÷一年期存款利率（3%）×100%

Ⅱ-8. 准备金保费比率：准备金保费比率 = 两年的（未到期责任准备金+未决赔款准备金+保险保障基金+寿险责任准备金+长期健康险责任准备金-应收分保未到期责任准备金-应收分保未决赔款准备金-应收分保寿险责任准备金-应收分保长期健康险责任准备金）均值÷两年的原保费收入的均值

Ⅱ-9. 认可资产增长率：认可资产增长率 =（期末认可资产-期初认可资产）÷期初认可资产×100%

Ⅱ-10. 所有者权益（净资产）

Ⅱ-11. 资产报酬率：

资产报酬率 =（股东权益合计+利润总额）/两年平均资产总额×100%

两年平均资产总额 =（期初资产总额+期末资产总额）÷2

Ⅱ-12. 产权比率：产权比率 = 负债总额/股东权益

Ⅲ. 经营能力指标

经营能力由以下12个指标构成，11个是比率或结构性指标，1个规模性指标。

Ⅲ-1. 净资产周转率：净资产周转率 = 报告期营业收入合计÷[(期初股东权益 + 期末股东权益)÷2]×100%

Ⅲ-2. 总资产周转率：总资产周转率 = 报告期营业收入合计÷[(期初总资产 + 期末总资产)÷2]×100%

Ⅲ-3. 综合费用率：综合费用率 = (业务及管理费 + 手续费及佣金 + 分保费用 + 保险业务营业税金及附加 - 摊回分保费用)÷已赚保费×100%

Ⅲ-4. 综合费用率的变化率：综合费用率的变化率 = (当期的综合费用率 - 上一期的综合费用率)/当期的综合费用率×100%

Ⅲ-5. 综合赔付率：综合赔付率 = (赔付支出 - 摊回赔付支出 + 提取未决赔款准备金 - 摊回未决赔款准备金 + 保费准备金)÷已赚保费

Ⅲ-6. 综合成本率的变化率：综合成本率的变化率 = (当期的综合成本率 - 上一期的综合成本率)/当期的综合成本率×100%

Ⅲ-7. 总利润赔付支出覆盖率：总利润赔付支出覆盖率 = 总利润÷(赔付支出 - 摊回赔付支出 + 提取未决赔款准备金 - 摊回未决赔款准备金)

Ⅲ-8. 业务及管理费增长率：业务及管理费增长率 = (当年的业务及管理费 - 上一年的业务及管理费)/上一年的业务及管理费

Ⅲ-9. 险种集中度系数：险种集中度系数 = $\sum_{i=1}^{5}$(前 i 种产品的各自保费收入)^2÷(前五种产品保费总收入)^2

Ⅲ-10. 分出率：分出率 = 分保费支出÷保费收入

分保业务收入(支出) = 分保费收入(分出保费) + 摊回分保赔款(分保赔款) + 摊回分保费用(分保费用)

Ⅲ-11. 应收分保率：应收分保率 = (期初应收分保账款 + 期末应收分保账款)/(期初分出保费 + 期末分出保费)

Ⅲ-12. 保险业务收入

Ⅳ. 风险管理能力指标

风险管理能力由12个比率结构性分析指标构成。

Ⅳ-1. 偿付能力充足率：偿付能力充足率 = 实际资本÷最低资本×100%

Ⅳ-2. 流动性比率：流动性比率 = 流动性资产余额÷流动性负债余额×100%

Ⅳ-3. 自留比率：自留比率 = 自留保费÷保险业务收入×100%

Ⅳ-4. 资产杠杆率：资产杠杆率 = 总资产/净资产×100%

Ⅳ-5. 未决赔款准备金充足率：未决赔款准备金充足率 = 两年的提取未决赔

款准备金的均值÷两年赔付支出的均值×100%

Ⅳ-6. 自留保费增长率：自留保费增长率=（公司本年自留保费-公司上一年自留保费）÷公司上一年自留保费×100%

Ⅳ-7. 保险负债占总资产比：

保险负债占总资产比=保险负债/总资产（负债与所有者权益合计）

保险负债=存入保证金+预收保费+保险保障基金+未到期责任准备金+寿险责任准备金+长期健康险责任准备金+应付赔付款+应付保单红利+未决赔款准备金+应付分保账款+保户储金及投资款

Ⅳ-8. 现金盈余保障倍数：现金盈余保障倍数=经营活动净现金流÷（净利润的绝对值）

Ⅳ-9. 现金流满足率：现金流满足率=现金及现金等价物净增加值/（经营活动、投资活动、筹资活动的现金流出合计+汇率变动对现金及现金等价物的影响额）×100%

Ⅳ-10. 付现比：付现比=（经营活动、投资活动、筹资活动的现金流出合计+汇率变动对现金及现金等价物的影响额）÷营业支出合计

Ⅳ-11. 收现比：收入现金比=（经营活动、投资活动、筹资活动的现金流入合计+汇率变动对现金及现金等价物的影响额）÷营业收入合计

Ⅳ-12. 现金流入/营业支出合计

Ⅴ. 发展潜力

发展潜力由以下5个比率或结构性分析指标和3个规模指标构成：

Ⅴ-1. 发展系数：发展系数=公司保费收入增量市场份额÷人身险市场保费收入增量份额×100%

Ⅴ-2. 保险业务收入增长率

保险业务收入增长率=（公司当年保险业务收入-公司上一年保险业务收入）÷公司上一年保险业务收入×100%

Ⅴ-3. 承保潜力：承保潜力=4-自留保费/（实收资本+资本公积+盈余公积）

Ⅴ-4. 人均产能：

人均产能=保险业务收入/公司职工人数

Ⅴ-5. 分支机构数目，指在省与经济单列市设立的分公司数目

Ⅴ-6. 亿元保费投诉量

Ⅴ-7. 短期偿债能力：短期偿债能力=流动资产/流动负债

Ⅴ-8. 投诉处理考核评分

第二节 2017年财产险公司综合竞争力评价结果与分析

为了保证对保险公司竞争力评价的客观性和科学性,首先,根据指标的正向和逆向,进行数据的预处理、统一,使处理后的全部指标数据为正向,即其数据愈大愈好;其次,指标数据中有些是比率指标、有些是数值指标,为了避免"以大欺小"以及指标单位对评价结果的影响,我们对全部数据进行归一化处理,即全部指标数据都在0~1间取值;最后,在运用主成分分析方法进行综合竞争力评价时,我们是对全部53个二级指标数据进行分析处理,因此,二级指标与一级指标的隶属关系不影响对综合竞争力的评价结果。

为了便于对公司的业绩进行比较,以下披露的各个公司的二级指标数据都进行了逆向化处理,即得分高则意味着对一级指标具有更大的"正向"作用,得分低则对于一级指标具有较低的"负向"作用;同时,根据综合运用主成分分析、因子分析得到的对保险公司综合竞争力以及一级指标的评价结果,设定最高分不超过100分,最低分不低于40分。

一、2017年财产保险公司综合竞争力的得分与排名

数据预处理后,我们根据58家财产险公司的53个二级指标数据。为了更好地反映保险公司竞争力的实际情况,并根据保险业发展阶段和监管要求,课题组对部分指标进行了加权处理,得到一个58×57的数据矩阵;运用主成分分析方法,我们共选取了15个主成分,其累计解释率为87.5%,其中,每个主成分都是这些二级指标的线性组合(见图5-1)。

选取这15个主成分后,各保险公司综合竞争力的评价结果与排名如表5-1所示。

二、结论与分析

我们根据中国保险业的发展状况,修改和完善了财产险公司竞争力评价指标体系,并进一步明确了当前中国财产险公司行业发展与保险市场建设以及保险公司应关注的关键指标。根据保险公司竞争力的定义和相应的评价指标体系,运用主成分分析方法对中国财产险公司的竞争力进行了评价分析。

根据我们的研究表明,国际经济金融危机对中国保险业发展的影响开始逐渐减

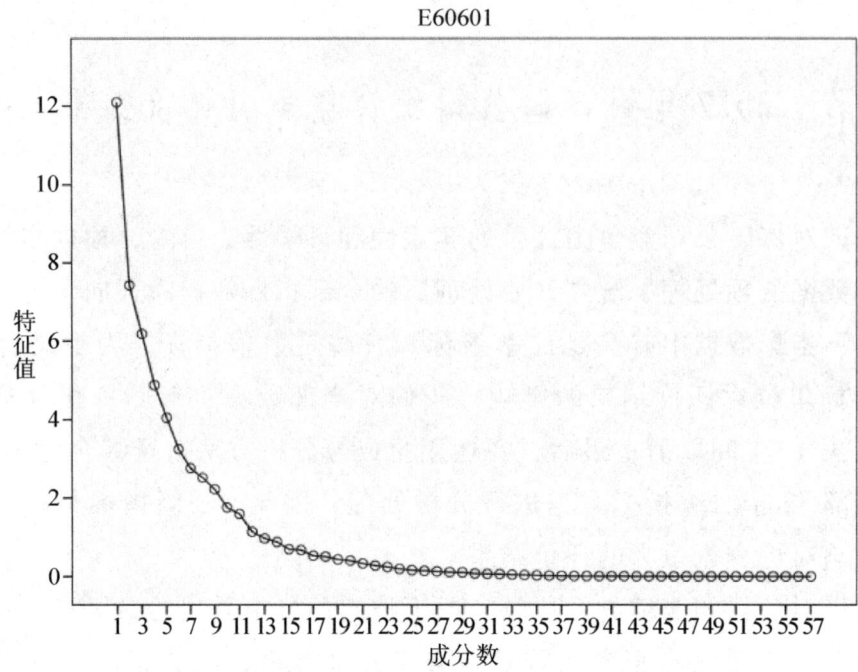

图 5-1　财产险公司综合竞争力分析的碎石图

表 5-1　中国财产险公司竞争力综合评价得分与排名

2017 年财产险公司综合竞争力					
公司名称	排名	得分	公司名称	排名	得分
人保股份	1	100.0	英大财险	16	62.2
平安财险	2	89.6	三井住友	17	62.2
太保财险	3	73.1	中银保险	18	61.7
国寿财险	4	72.0	安盛天平	19	61.5
大地财险	5	67.4	永安财险	20	61.0
合众财险	6	67.2	东京海上	21	60.9
华泰财险	7	66.1	北部湾财险	22	59.9
太平保险	8	65.9	锦泰财险	23	59.8
华安财险	9	64.7	长安责任	24	59.6
中华联合	10	64.6	永诚财险	25	59.5
阳光财险	11	64.2	国元农业	26	59.2
渤海财险	12	63.6	安达保险	27	59.1
爱和谊	13	63.6	紫金财险	28	58.7
阳光农业	14	63.2	史带财险	29	57.9
中原农业	15	62.3	安华农业	30	57.7
泰山财险	31	57.0	现代财险	45	50.5

续表

2017年财产险公司综合竞争力					
公司名称	排名	得分	公司名称	排名	得分
中煤财险	32	57.0	安诚财险	46	48.8
华农财险	33	57.0	长江财险	47	48.7
三星财险	34	56.7	苏黎世保险	48	48.0
国泰财险	35	56.6	利宝互助	49	47.5
都邦财险	36	56.5	鑫安汽车	50	47.0
富邦财险	37	56.2	富德财险	51	46.7
美亚保险	38	56.0	天安财险	52	46.2
中航安盟	39	55.9	诚泰财险	53	45.9
安信农业	40	55.0	恒邦保险	54	45.0
鼎和财险	41	54.9	信达财险	55	44.2
安联财险	42	52.8	众安财险	56	43.5
亚太财险	43	52.6	铁路自保	57	42.9
众诚保险	44	51.0	浙商财险	58	40.0

小，中国财产险公司的管理能力和技术不断得到提高。课题组的研究表明，中国财产险公司在注重规模的同时开始注重效益，并且中资保险公司的竞争力普遍高于外资保险公司。主要结论如下：

（1）综合竞争力方面：根据2017年中国财产险公司的综合竞争力评价结果可以看出，综合竞争力排名前十的公司，全部是中资财险公司。其中，人保股份综合竞争力排名第一，并且比排名其后的平安财险、太保财险、国寿财险等占有比较明显的优势。整体来看，得益于国家的经济发展、政策监管的不断完善和保险公司资本、管理、技术的不断提高，中国财产险公司的竞争实力不断得到加强，但是，在风险管理能力和产品开发能力方面还有待加强。

（2）盈利能力方面：2017年以承保为利润主要来源的财险业取得了不菲的业绩，财产险公司的盈利能力普遍提高。盈利能力竞争力排名前10位的公司中，全部为中资保险公司，说明中资保险公司的盈利能力与外资保险公司相比，占有一定的优势；

2017年盈利能力竞争力排名前10位的公司中，没有一家政策性农业保险公司入围，说明随着政策性农业保险业务的放开和相关业务的激烈竞争，政策性农业保险业务对财险公司盈利水平的贡献将越来越不明显，尽管我国的政策性农业保险公司和农业保险业务继续保持了一个很好的发展速度并取得不错的成绩。

相对于 2016 年，财险公司对于未来行业承保盈利能力水平充满担忧，从而加大当期业务拓展力度。在新增车险需求疲弱的环境下，如何拓展业务能力、寻找优势项目以及提高公司的产品开发能力等，被提到了一个前所未有的地位。

（3）资本管理能力方面：2017 年财产险公司的资本管理能力方面，中资保险公司比外资保险公司更占有优势。根据评价结果，财产险公司的资本管理能力前十名的公司中，有 3 家是外资保险公司，分别是利宝互助（排名第二）、爱和谊（排名第四）和富邦保险（排名第六），其余 7 家为中资保险公司。

（4）经营能力方面：根据 2017 年财产保险公司的经营能力评价结果，排名前十的保险公司中，中资保险公司与外资保险公司基本是平分秋色，其中中资保险公司有 6 家，其余 4 家是外资保险公司，分别是排名第三的利宝互助、排名第四的爱和谊、排名第六的安达保险和排名第七的安盛天平。

与 2016 年和 2015 年经营能力竞争力排名结果进行比较发现，外资保险公司在经营能力竞争力方面进步显著。在 2015 年，前三位的全部为外资保险公司（例如，安达保险、爱和谊），其余 7 家为中资保险公司；而 2016 年的经营能力竞争力排名，除了第一名爱和谊外，其余 9 家都是中资保险公司。

根据我们的经营能力评价指标可以看出，中资财险公司在总资产周转率和净资产周转率方面排名靠前（也意味着比较辛苦），在综合费用成本控制方面比较严格（综合费用率较低）；外资保险公司在综合赔付的成本控制比较严格（综合赔付比较低）、分保能力强、保费收入的来源比较均衡稳定。

由于股东背景和公司管理能力和策略的不同，中资财险公司在经营管理能力方面还有许多有待改进和学习的地方。

（5）风险管理能力方面：与往年的评价结果进行比较，在风险管理能力方面，2017 年中资保险公司占有明显的优势。在 2015 年的评级结果中，排名前十的保险公司，外资保险公司占有比较明显的优势（中资公司有两家，外资有 8 家）；在 2016 年的评价结果中，排名前十的保险公司，外资保险公司占有 4 席（第 1 名、第 2 名的日本兴亚、瑞再企商和第 7 名、第 9 名的乐爱金财险、史带财险）；根据今年的评价结果，风险管理能力排名前十的保险公司全部是中资保险公司。这说明中资财产险公司对风险管理能力的识别、控制和管理等方面取得了不小的进步。

（6）发展潜力方面：在公司增长潜力竞争力排名前 10 位的公司中，有 6 家为中资保险公司，4 家为外资保险公司（安达财险、国泰财险、爱和谊财产、苏黎世财险）。这说明中资保险公司在发展潜力方面略占优势。同时，外资保险公司在保险理念、技术、资本等方面有许多中资需要学习的地方。通过分析表明外资保险公司的增长潜力开始逐步克服机构数量较少、资产规模增长较慢等因素，呈现出良好的发展势头。

基于上述6个方面，58家保险公司中综合竞争力排名前10位的全部是中资保险公司。研究结论并不支持目前多数研究成果认为中资保险公司竞争力低于外资保险公司的论断。通过研究分析，我们对中国保险公司的竞争力现状有了一个基本的了解。

针对中国财产险公司竞争力评价的结论，为了更好地提高财产险公司的竞争力，建议如下：

第一，中国保险公司应该加强企业的风险管理。在中国的国家经济结构转型升级，以及国际金融危机尚未得到解决甚至有所深化的国内外环境下，如何控制资本市场的风险、产品创新风险等，是保险公司面临的诸多挑战，严重的可能会导致偿付能力不足的风险。因此，高标准地开展承保业务和充足的资本，是财产险公司管理其风险的关键。在中国财产险市场迅速发展的过程中，相对于外资保险公司，中资保险公司只有相对较低的资本实力和偿付能力充足率，这是一个很清楚的警示信号：财产险公司要注重内部的全面风险管理。

第二，在现阶段，整体比较而言，中国财产保险公司要想提高竞争力，必须实现规模、效益、风险的统一，确保机构数达到20~25家左右，保费规模达到100亿元以上，注册资本50亿元以上，总资产达到300亿元以上。

第三，2018年财产险市场竞争的激烈程度将进一步提高，市场格局的转变速度将不断加快，规模化经营与互联网金融的快速发展给实力不强的中小财产险公司带来巨大的生存压力和突破空间。因金融、保险市场的不断发展，政府监管力度、质量的不断提高，预计2018年财险行业承保利润和投资收益的竞争将更加激烈。

第四，加大政府和中国保险监督管理委员会的支持力度。随着第二代偿付能力建设，以及费率市场化、利率市场化的改革，财险公司需要继续推进渠道转型，需要更注重电销、网销和交叉销售，增强产品开发能力，满足不同层次消费者的需求，提高行业的服务管理水平。

第五，探讨外资保险公司竞争力普遍低于中资保险公司的原因并予以改进。

这方面既有股东背景和资金实力的问题，又有综合费用与综合赔付的成本管理策略和分保再保的技术策略等问题，需要财险公司根据自己的实际情况和定位进行具体分析。

第六,我国经济由高速增长阶段转向高质量发展阶段,需要更好发挥保险作用。党的十九大做出了我国经济由高速增长阶段转向高质量发展阶段的重大判断,这一过程要求坚持市场化改革,更好发挥市场配置资源的决定性作用。在我国经济由高速增长阶段转向高质量发展阶段这一历史进程中,通过商业保险市场化手段解决转型过程中可能出现的风险问题,可以有效促进社会和谐稳定。

总而言之,随着国家经济实力和保险意识的增强,我们研究所得到的中国财产险公司竞争力排名,向中国的财产险公司发出了强烈而积极的信号:中国财产险业有着光明的发展前景。

第三节 2017年财产险公司综合竞争力一级指标的评价结果与分析

根据定义,财产保险公司的综合竞争力评价含有盈利能力、资本管理能力、经营能力、风险管理能力和发展潜力5个一级指标。各一级指标下含有数量不等的二级指标。我们基于二级指标,运用主成分分析方法对各公司一级指标的表现情况进行评价和分析。

一、2017年财产险公司盈利能力排名与分析

数据预处理后,我们根据58家财产险公司的9个二级指标数据。根据得到的58×9数据矩阵,运用主成分分析方法,我们共选取了5个主成分,其累计解释率为89.5%,其中,每个主成分都是这9个二级指标的线性组合(见表5-2)。

表5-2　　　　　　　　财产险公司盈利能力竞争力得分与排名

公司名称	排名	得分	公司名称	排名	得分
人保股份	1	100.0	国寿财险	30	65.2
平安财险	2	91.7	鑫安汽车	31	65.1
铁路自保	3	88.5	众安财险	32	63.6
合众财险	4	86.3	安诚财险	33	62.8
华安财险	5	82.6	长江财险	34	62.6
阳光财险	6	80.8	美亚保险	35	62.5
泰山财险	7	80.1	众诚保险	36	62.0
永安财险	8	78.8	恒邦保险	37	62.0

续表

公司名称	排名	得分	公司名称	排名	得分
渤海财险	9	78.0	都邦财险	38	60.7
华泰财险	10	77.0	富德财险	39	60.5
锦泰财险	11	73.1	爱和谊	40	58.7
太保财险	12	72.6	永诚财险	41	56.7
阳光农业	13	71.1	鼎和财险	42	56.5
太平保险	14	70.8	中航安盟	43	56.0
英大财险	15	70.0	长安责任	44	55.2
中银保险	16	69.9	富邦财险	45	55.2
大地财险	17	69.8	中原农业	46	54.0
中华联合	18	69.0	安达保险	47	53.3
华农财险	19	68.7	现代财险	48	53.0
亚太财险	20	68.2	三井住友	49	52.0
安盛天平	21	68.1	三星财险	50	51.6
安信农业	22	67.7	苏黎世保险	51	51.1
国元农业	23	67.3	国泰财险	52	50.1
史带财险	24	66.6	东京海上	53	49.4
北部湾财险	25	66.5	安联财险	54	47.3
天安财险	26	66.1	安华农业	55	46.6
诚泰财险	27	65.8	信达财险	56	44.1
紫金财险	28	65.8	利宝互助	57	42.3
中煤财险	29	65.3	浙商财险	58	40.0

从表5-2可以看出，财产险市场中盈利能力排名前三的依次是人保股份、平安财险、铁路自保，在百分制基准下，得分分别为100分、91.7分、88.5分。

参评的58家财产险公司中，盈利能力的最高分为人保股份（100分），最低分为浙商财险（40分），平均得分为64.6分，大于平均分的公司有31家，占比53.4%。

其中，80分以上的有7家，70~80分的有8家，60~70分的有24家，60分以下的有19家。

图5-2给出了盈利能力排名前十的公司，依次是人保股份、平安财险、铁路自保、合众财险、华安财险、阳光财险、泰山财险、永安财险、渤海财险、华泰财险。

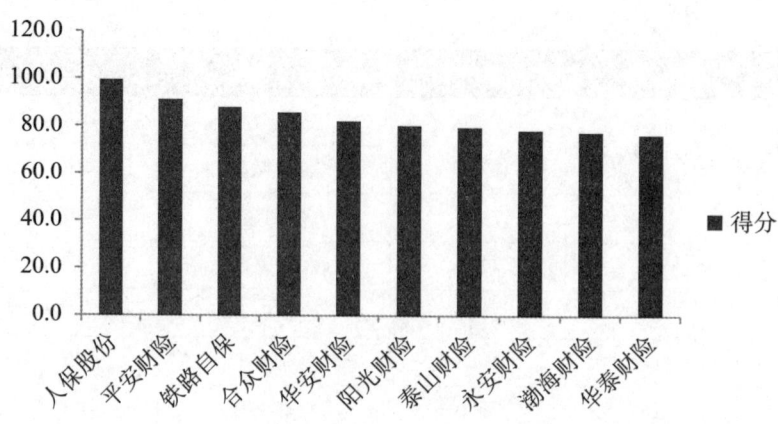

图 5-2 盈利能力排名前十的财产险公司

从图 5-2 可以看出,在前十家公司中,排名前两位的人保股份和平安财险,它们的盈利能力得分较为显著地高于其他财险公司,超过其他家财险公司盈利能力平均得分 14.4 分。其余各家保险公司之间得分较为紧凑,普遍集中在 80 分左右,分差平均值为 1.6 分。与此同时,盈利能力前十的公司全部为中资公司,可见中资产险企业在盈利能力上较外资企业有明显优势。

(一)盈利能力排名前十的财产险公司,其二级指标的排名与得分

盈利能力是保险公司竞争力的重要表现之一,我们首先对数据进行预处理。然后根据 58 家财产险公司的 9 个二级指标数据,得到一个 58×9 的数据矩阵;通过主成分分析方法,最后选取了累积解释率为 89.5% 的 5 个主成分,其中,每一个主成分都是这 9 个盈利能力二级指标的线性组合。将主成分分析得分按照最低分 20 最高分 100 为标准进行标准化,得到最后的展示分数。

表 5-3 主要反映了盈利能力排名前十的财产险公司,其各个二级指标的表现情况。

从表 5-3 中可以看出,人保股份的盈利能力排名第一,主要是由于该公司在净利润(第 1 名,100 分)、净资产收益率(第 5 名,89.1 分)、承保利润率(第 6 名,90.0 分)等二级指标上远超其他公司,其他盈利能力各项二级指标基本表现优秀,人保财险作为国内体量最大、资历最老的财产险公司,在市场上始终保持着强有力的竞争力,获得了此一级指标的第一名。

平安财险在盈利能力一级指标中排名第二,其在净资产收益率(第 4 名,91.6 分)、总投资收益率(第 7 名,85.6 分)、净利润(第 2 名,83.8 分)等指标上表现优异。同时,平安财险其他二级指标表现处于中上游水平。

第五章　中国财产保险公司竞争力评价分析

表5-3　盈利能力排名前十的财产险公司，其二级指标的排名与得分

公司名称	总资产收益率 排名	总资产收益率 得分	净资产收益率 排名	净资产收益率 得分	投资收益率 排名	投资收益率 得分	净投资收益率 排名	净投资收益率 得分	承保利润率 排名	承保利润率 得分	综合收益率 排名	综合收益率 得分	投资资产占总资产比率 排名	投资资产占总资产比率 得分	人均综合收益 排名	人均综合收益 得分	净利润 排名	净利润 得分
人保股份	12	84	5	89.1	20	76.5	20	66	6	90	20	65.6	21	73.7	21	46	1	100
平安财险	7	85.6	4	91.6	19	76.6	15	69	10	87.9	18	66.7	36	65.2	15	46.7	2	83.8
铁路自保	13	83.7	26	84.7	46	66.6	52	47.3	1	100	43	51.3	20	73.8	1	100	22	43.0
合众财险	1	100	7	88.2	2	96.3	1	100	58	40	2	99.8	58	40	3	54.4	34	42.8
华安财险	44	76.1	44	82.1	100	100	7	75	35	80.4	1	100	51	49.2	33	45.4	36	42.7
阳光财产	15	82.2	8	88.2	5	85.9	14	69.7	12	86.7	4	83.3	39	62.6	14	46.8	5	46.7
泰山财险	27	80.2	35	83.7	4	87.1	2	89.1	39	79.6	3	85.4	34	65.8	39	44.9	27	42.9
永安财险	25	80.5	25	84.7	8	84.1	3	84.1	28	82	6	80.8	26	69.5	26	45.7	13	43.5
渤海财险	11	84.7	6	88.6	3	88.9	5	81.3	47	76.2	8	78.7	47	55.8	20	46	17	43.2
华泰财险	17	81.6	20	85.2	6	85.8	4	82.6	19	84.4	7	79.4	55	46.5	16	46.6	9	43.8

铁路自保排名第三，其二级指标中承保利润率（第 1 名，100.0 分）、人均综合收益率（第 1 名，100 分）等指标中表现优异。值得一提的是铁路自保的人均综合收益率（第 1 名，100 分）指标与第二名的 61.1 分拉开了比较明显的差距。另外，铁路自保在其他二级指标上也表现比较优秀。

整体来看，盈利能力排名前十的各家公司各个二级指标排名都位于市场中上游水平，并且都有个别表现拔尖的二级指标。说明这十家保险公司具有较强的获取投资能力和利润获取能力。

（二）盈利能力下各二级指标排名与得分前十的财产险公司情况

表 5-4 给出了盈利能力指标下各二级指标排名前十的财产险公司及得分，主要反映了财产险公司盈利能力的整体情况。

首先，从表 5-4 中可以看到，人均综合收益和净利润指标中，第 1 名与第 2 名存在着较大差距，说明以上指标中排名第一的公司有较为明显的优势，而第 2 名到第 10 名得分则较为紧凑。结合前文所述，铁路自保和人保股份在这两指标分别有明显优势，使之在盈利能力一级指标排名中分别排名第三和第一。

其次，净利润指标中排名前二的公司与第 3 名至第 10 名的差距更为明显。净利润指标是规模性指标，该指标波动范围大主要是因为排名第一的人保财险、第二的平安财险在企业规模、盈利管理能力水平上具有较为明显的优势。净利润作为规模性指标，排名靠前的公司与后面的公司差距较大是符合客观情况的。

最后，总资产收益率、净资产收益率、承保利润率等指标，前十名的得分波动范围较小，第 10 名都接近 90 分。净投资收益率和承保利润率指标，第 1 名和第 10 名得分差距分别仅有 11.9 分和 12.1 分。

（三）盈利能力结构的模糊聚类分析

聚类分析是数理统计中的一种多元分析方法，它是用数学方法定量地确定研究对象的亲疏关系，从而客观地划分类型和度量研究对象之间的相似程度。事物之间的界限，有些是确切的，有些则是模糊的。当聚类涉及事物之间的模糊界限时，需运用模糊聚类分析方法。

本书试图根据保险公司在这些指标上的指标得分，运用模糊聚类方法分析各公司之间的相似程度，为各公司之间的盈利能力比较提供一个新的方法和视角。

第五章 中国财产保险公司竞争力评价分析 155

表 5-4 盈利能力各二级指标中，排名前十的财产险公司及其得分

二级指标\\排名	总资产收益率 公司名称（得分）	净资产收益率 公司名称（得分）	投资收益率 公司名称（得分）	净投资收益率 公司名称（得分）	承保利润率 公司名称（得分）	综合收益率 公司名称（得分）	投资资产占总资产比率 公司名称（得分）	人均综合收益 公司名称（得分）	净利润 公司名称（得分）
1	合众财险（100.0）	富邦财险（100.0）	华安财险（100.0）	合众财险（100.0）	铁路自保（100.0）	华安财险（100.0）	天安财险（100.0）	铁路自保（100.0）	人保股份（100.0）
2	众安财产（98.5）	中煤财产（97.3）	合众财险（96.3）	泰山财险（89.1）	美亚保险（97.1）	合众财险（99.8）	众安财产（94.2）	众安财产（61.1）	平安财险（83.8）
3	阳光农业（92.0）	长安责任（93.1）	渤海财险（88.9）	永安财险（84.1）	安信农业（91.7）	泰山财险（85.4）	华农财险（94.2）	合众财险（54.4）	太保财险（53.5）
4	富邦财险（91.6）	平安财险（91.6）	泰山财险（87.1）	华泰财险（82.6）	安达保险（91.2）	阳光财产（83.3）	富德财产（92.9）	苏黎世保险（54.3）	众安财产（47.0）
5	中煤财产（88.8）	人保股份（89.1）	阳光财产（85.9）	渤海财险（81.3）	阳光农业（90.7）	锦泰财险（81.0）	利宝互助（91.8）	史带财产（大众财险）（50.6）	阳光财产（46.7）
6	安信农业（86.0）	渤海财险（88.6）	华泰财产（85.8）	锦泰财产（81.2）	人保股份（90.0）	永安财险（80.8）	爱和谊（86.8）	爱和谊（50.4）	中华联合（46.5）
7	平安财险（85.6）	合众财险（88.2）	锦泰财产（85.7）	华安财险（75.0）	国元农业（89.5）	华泰财险（79.4）	都邦财险（83.1）	安信农业（49.1）	大地财产（46.1）
8	长江财产（85.4）	阳光财产（88.2）	永安财险（84.1）	太平保险（73.6）	鼎和财产（88.9）	渤海财险（78.7）	安华农业（81.6）	美亚保险（48.5）	国寿财产（45.0）
9	国元农业（85.0）	众安财产（88.1）	诚泰财产（81.9）	中华联合（73.1）	中原农业（88.4）	诚泰财产（76.9）	国元农业（80.8）	中煤财险（47.9）	华泰财险（43.8）
10	美亚保险（84.9）	阳光农业（88.1）	安盛天平（80.8）	史带财产（大众财险）（72.7）	平安财险（87.9）	太平保险（73.7）	中原农业（80.6）	长江财产（47.9）	英大财产（43.7）

表5-5　　　　　盈利能力排名前十的公司的模糊聚类等价矩阵

	人保股份	平安财险	铁路自保	合众财险	华安财险	阳光财险	泰山财险	永安财险	渤海财险	华泰财险
人保股份	1.00	0.81	0.41	0.50	0.60	0.65	0.65	0.65	0.65	0.65
平安财险	0.81	1.00	0.41	0.50	0.60	0.65	0.65	0.65	0.65	0.65
铁路自保	0.41	0.41	1.00	0.41	0.41	0.41	0.41	0.41	0.41	0.41
合众财险	0.50	0.50	0.41	1.00	0.50	0.50	0.50	0.50	0.50	0.50
华安财险	0.60	0.60	0.41	0.50	1.00	0.60	0.60	0.60	0.60	0.60
阳光财险	0.65	0.65	0.41	0.50	0.60	1.00	0.74	0.74	0.78	0.75
泰山财险	0.65	0.65	0.41	0.50	0.60	0.74	1.00	0.86	0.74	0.74
永安财险	0.65	0.65	0.41	0.50	0.60	0.74	0.86	1.00	0.74	0.74
渤海财险	0.65	0.65	0.41	0.50	0.60	0.78	0.74	0.74	1.00	0.75
华泰财险	0.65	0.65	0.41	0.50	0.60	0.75	0.74	0.74	0.75	1.00

从表5-5可以看出，处于主对角线上的值都取1，显然各个公司和自己的相似与贴近程度为100%。

此矩阵的得分介于0.41~0.86，这说明各公司之间的盈利能力与业务结构具有一定程度的差异性。我们需要关注那些公司盈利能力业务结构具有明显较高或明显较低之间的比较分析，因为即使盈利能力排名前十的公司，它们的盈利模式、能力和水平具有很多需要进一步分析研究的地方。

人保股份的盈利能力竞争力排名第一，它与其他9家财险公司的盈利能力相似度都是0.26分，也是整个矩阵的最低分。这也从定量分析的角度说明了中石油保险的盈利能力和模式与其他九家财险公司不具有可比性，模仿性不强。

在此矩阵中，人保股份与平安财险之间的盈利能力相似性达到了0.81分，也是矩阵中的第二高得分，说明这两家公司在盈利能力和模式比其他财险公司之间具有最高的可比性；同时，泰山财险、永安财险、渤海财险和华泰财险的盈利能力相似性介于0.74~0.78分，说明这4家最保险公司盈利能力的可比性高于与其他公司的可比性。

值得注意的是，除了人保股份和平安财险盈利能力相似性得分较高，泰山财险、永安财险、渤海财险和华泰财险着4家公司之间盈利能力相似度比较高，其余4家公司与上述6家保险公司之间盈利能力相似性得分不高。这说明这十家盈利能力排名靠前的公司，在盈利能力业务结构、盈利模式等方面的还是有一定的差异性，不具有很强的具有可比性，模仿学习性较低。

二、2017 年财产险公司资本管理能力排名与分析

资本管理能力共包含 12 个相关二级指标，经过数据预处理后，得到一个 58 × 12 的数据矩阵。根据主成分分析法，我们选取了 6 个累计解释率为 87.7% 的主成分，其中，每个主成分都是这 12 个资本管理能力二级指标的线性组合。主成分分析得分结果经过线性调整为 100～40 后的最终结果展示如表 5-6 所示。

表 5-6　　　　　　财产险公司资本管理能力竞争力排名及得分

公司名称	排名	得分	公司名称	排名	得分
人保股份	1	100.0	大地财险	18	74.7
利宝互助	2	95.2	天安财险	19	74.4
平安财险	3	93.4	永诚财险	20	74.3
爱和谊	4	87.2	安达保险	21	73.7
长安责任	5	86.8	英大财险	22	73.2
富邦财险	6	85.3	华安财险	23	72.5
浙商财险	7	84.5	三星财险	24	72.4
中原农业	8	83.4	苏黎世保险	25	72.2
太保财险	9	82.5	国泰财险	26	71.7
国寿财险	10	81.0	三井住友	27	71.3
都邦财险	11	80.0	安华农业	28	71.2
太平保险	12	79.5	锦泰财险	29	70.7
阳光财险	13	79.3	中银保险	30	70.2
安联财险	14	79.1	紫金财险	31	70.1
渤海财险	15	77.8	安盛天平	32	68.9
中煤财险	16	77.8	东京海上	33	68.8
中华联合	17	77.3	史带财险	34	68.4
北部湾财险	35	68.2	国元农业	47	59.0
信达财险	36	68.2	安信农业	48	58.5
中航安盟	37	68.2	泰山财险	49	57.9
永安财险	38	67.4	众安财险	50	56.2
现代财险	39	65.8	安诚财险	51	54.8
美亚保险	40	65.1	鑫安汽车	52	53.6
众诚保险	41	64.8	富德财险	53	53.3
亚太财险	42	62.7	铁路自保	54	52.6

续表

公司名称	排名	得分	公司名称	排名	得分
华泰财险	43	62.1	阳光农业	55	50.3
华农财险	44	61.7	恒邦保险	56	45.9
长江财险	45	60.5	诚泰财险	57	44.7
鼎和财险	46	60.2	合众财险	58	40.0

从表5-6可以看出,财产险市场上资本管理能力排名前三的依次是人保股份、利宝互助和平安财险,在百分制基准下,得分分别为100分、95.2分、93.4分。

参评的58家人身险公司的资本管理能力的最高分为人保股份(100分),最低分为合众财险(40分),平均得分为69.8分,大于平均分的公司有31家,占比53.4%。

其中,80分以上的公司有11家,70~80分的公司有20家,60~70分的有15家,60分以下的有12家。

图5-3给出了资本管理能力排名前十的人保股份、利宝互助、平安财险、爱和谊、长安责任、富邦财险、浙商财险、中原农业、太保财险和国寿财险。

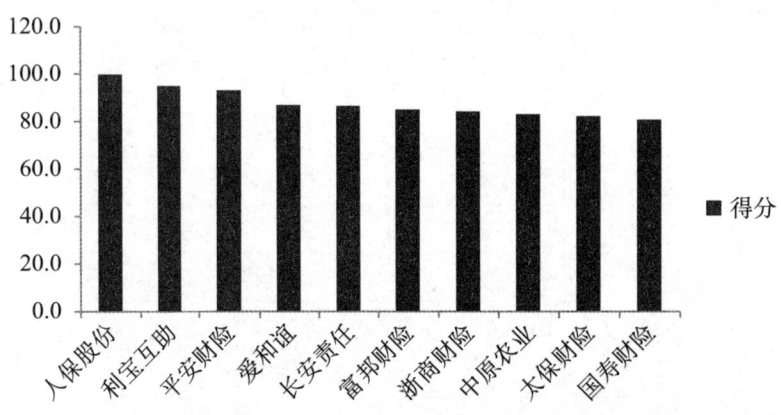

图5-3 资本管理能力前10名的财产保险公司得分比较

其中,前三名人保股份、利宝互助、平安财险得分高于90分,高于其余的公司;第2名到第10名的公司得分差距非常小,走势平缓。总体来说,这10家公司中,各公司的资本管理能力差别并不明显。

(一)资本管理能力排名前十的财产险公司,其二级指标的排名与得分

表5-7给出了资本管理能力排名前十的财产险公司的情况,即资本管理能力体系下12个二级指标的具体得分及排名,有助于我们分析这十家公司的资本管理

能力。

十家公司中，人保股份的资本管理能力排名第一，主要是因为其在所有者权益指标上具有非常明显的相对优势（第1名，100分），远高于其他公司（例如，第3名平安财险，71.9分），并且在资本管理系数指标（第1名，100分）和资产杠杆系数指标（第1名，100分）、认可资产负债率（第2名，99.2分）上均有不错的表现，同时其他指标中除资产认可率指标外，均处于中上游水平。

利宝互助在资本管理能力指标中位列第2名，这主要由于其在资产认可率（第1名，100分）资本利用率（第1名，100分），同时资产杠杆系数（100分）获得了并列第一名。同时在其余指标上的表现也基本处于中等水平。

整体来看，资本管理能力排名前十的公司中多数都取得了资本管理系数（100分）和资产杠杆系数（100分）这两个指标的并列第一，一定程度上说明了这几个指标对资本管理能力得分有显著的影响作用。

这十家公司在资产认可率指标上则呈现两极分化：利宝互助（第1名，100分）、富邦财险（第3名，71.2分）和浙商财险（第7名，65.8分）表现优秀，而太保财险（第48名，49.6分）、平安财险（第49名，49.0分）、人保股份（第56名，46.1分）则处于58家公司中的下游水平，其中，人保股份甚至落入后五名。

这十家公司在准备金保费比率指标上除爱和谊（第1名，100分）外，表现较为适中，相对均匀地分布在中游水平。但在资产报酬率指标上表现普遍较差，均处于中下游水平，说明资本管理能力排名前十的公司在资产报酬率水平方面整体有待提高。

（二）资本管理能力下各二级指标排名与得分前十的财产险公司情况

另外，对于资本管理系数，共有32家保险公司的得分为100分，除表格中给出的十家公司，还有阳光财产、都邦财险、国寿财险、长安责任、鼎和财产、中煤财产、英大财产、浙商财险、紫金财产、锦泰财产、北部湾财产、史带财产（大众财产）、美亚保险、东京海上、安达保险、三井住友、三星财险、安联财险、中航安盟、安盛天平、苏黎世保险和现代财产这22家公司，限于表格的篇幅，我们这里暂不进行说明。

对于资产杠杆系数：共有30家保险公司的得分为100分，除表格中给出的10家公司，还有安华农业、阳光财产、都邦财险、渤海财险、国寿财险、长安责任、中煤财产、英大财产、浙商财险、锦泰财产、中原农业、史带财产（大众财险）、

表5-7 资本管理能力排名前十的财产保险公司，其二级指标的排名与得分情况

公司名称	资本管理系数		资产杠杆系数		自留保费系数		认可资产负债率		资产认可率		资本利用率		资金运用效率		准备金保费比率		认可资产增长率		所有者权益(净资产)		资产报酬率		产权比率	
	排名	得分	排名	得分	排名	得分	排名	得分	排名	得分	排名	得分	排名	得分	排名	得分	排名	得分	排名	得分	排名	得分	排名	得分
人保股份	1	100.0	1	100.0	19	94.4	2	99.2	56	46.1	14	68.0	33	44.2	36	42.1	25	58.3	1	100.0	38	51.7	19	62.3
利宝互助	47	86.8	1	100.0	37	63.7	54	52.5	1	100.0	1	100.0	46	42.7	50	41.1	35	57.3	57	40.0	54	44.2	14	63.7
平安财险	1	100.0	1	100.0	1	100.0	1	100.0	49	49.0	11	72.8	26	44.8	14	42.7	8	61.9	2	71.9	43	50.6	7	67.6
爱和谊	37	99.5	32	94.9	22	84.2	29	72.7	12	61.4	22	61.5	54	41.2	1	100.0	11	60.2	51	40.1	23	57.2	32	53.2
长安责任	1	100.0	1	100.0	20	89.2	18	82.4	24	57.6	4	87.6	56	40.8	17	42.6	30	57.8	48	40.2	53	45.1	2	94.3
富邦财险	52	78.9	1	100.0	36	64.6	41	66.0	3	71.2	2	91.5	50	41.9	21	42.4	46	56.2	58	40.0	52	47.9	4	81.9
浙商财险	1	100.0	1	100.0	31	74.8	32	72.2	7	65.8	13	70.1	51	41.7	22	42.4	3	68.4	31	40.5	58	40.0	10	65.5
中原农业	38	99.5	1	100.0	34	67.7	14	84.2	16	58.7	42	49.9	58	40.0	56	40.3	1	100.0	40	40.4	22	57.4	22	59.7
太保财险	1	100.0	1	100.0	1	100.0	6	91.7	48	49.6	12	71.6	30	44.3	40	41.9	31	57.7	3	56.0	41	50.7	17	63.2
国寿财险	1	100.0	1	100.0	1	100.0	7	89.4	34	53.1	7	74.7	23	44.9	37	42.1	19	58.7	5	49.2	44	50.4	21	61.9

表 5-8 资本管理能力各二级指标中，排名前十的公司及得分

二级指标 排名	资本管理 系数 公司名称 (得分)	资产杠杆 系数 公司名称 (得分)	自留保费 系数 公司名称 (得分)	认可资产 负债率 公司名称 (得分)	资产认可率 公司名称 (得分)	资本利用率 公司名称 (得分)	资金运用 效率 公司名称 (得分)	准备金保 费比率 公司名称 (得分)	认可资产 增长率 公司名称 (得分)	所有者权益 (净资产) 公司名称 (得分)	资产报酬率 公司名称 (得分)	产权比率 公司名称 (得分)
1	人保股份 (100.0)	人保股份 (100.0)	大地财产 (100.0)	平安财险 (100.0)	利宝互助 (100.0)	利宝互助 (100.0)	合众财险 (100.0)	爱和谊 (100.0)	中原农业 (100.0)	人保股份 (100.0)	众安财产 (100.0)	安联财险 (100.0)
2	大地财产 (100.0)	大地财产 (100.0)	中华联合 (100.0)	人保股份 (99.2)	国泰财产 (78.0)	富邦财产 (91.5)	泰山财险 (50.0)	史带财产 (大众财险) (54.2)	众安财产 (91.4)	平安财险 (71.9)	合众财险 (81.7)	长安责任 (94.3)
3	中华联合 (100.0)	中华联合 (100.0)	太保财险 (100.0)	三星财险 (95.2)	富邦财产 (71.2)	安华农业 (87.8)	亚太财险 (49.8)	三井住友 (51.2)	浙商财险 (68.4)	太保财险 (56.0)	恒邦保险 (77.4)	天安财险 (85.2)
4	太保财险 (100.0)	太保财险 (100.0)	平安财险 (100.0)	天安财险 (95.2)	合众财险 (67.5)	长安责任 (87.6)	诚泰财产 (49.5)	苏黎世保险 (47.5)	三星财险 (65.2)	天安财险 (54.8)	诚泰财产 (76.2)	富邦财产 (81.9)
5	平安财险 (100.0)	平安财险 (100.0)	华泰财险 (100.0)	阳光财险 (94.5)	都邦财险 (66.6)	太平保险 (79.5)	永安财险 (49.4)	现代财产 (44.9)	安达保险 (63.6)	国寿财产 (49.2)	阳光农业 (71.5)	中煤财产 (75.1)
6	华安财险 (100.0)	华安财险 (100.0)	华安财险 (100.0)	太保财险 (91.7)	亚太财险 (65.9)	都邦财险 (75.5)	锦泰财产 (49.2)	东京海上 (43.8)	铁路自保 (62.6)	众安财产 (47.2)	铁路自保 (70.5)	中华联合 (68.2)
7	永安财险 (100.0)	永安财险 (100.0)	永诚财险 (100.0)	国寿财产 (89.4)	浙商财险 (65.8)	国寿财产 (74.7)	华泰财产 (49.0)	泰山财险 (43.6)	现代财产 (62.2)	中华联合 (46.6)	富安汽车 (69.5)	平安财险 (67.6)
8	太平财险 (100.0)	太平财险 (100.0)	太平财险 (100.0)	太平保险 (88.7)	众诚保险 (64.2)	中煤财产 (74.4)	恒邦保险 (48.8)	中银保险 (43.6)	平安财险 (61.9)	大地财产 (46.4)	鑫安汽车 (67.5)	阳光财产 (67.1)
9	中银保险 (100.0)	中银保险 (100.0)	永诚财险 (100.0)	三井住友 (87.3)	渤海财险 (62.7)	阳光财险 (74.0)	渤海财险 (48.7)	安信农业 (43.4)	华安财险 (61.1)	阳光财产 (44.7)	安诚财险 (66.9)	安华农业 (66.8)
10	永诚财险 (100.0)	永诚财险 (100.0)	安华农业 (100.0)	英大财产 (86.6)	众安财产 (62.3)	渤海财险 (73.5)	史带财产 (大众财险) (47.9)	英大财产 (43.2)	华农财险 (60.8)	太平保险 (42.7)	鼎和财产 (65.5)	浙商财险 (65.5)

东京海上、安达保险、三井住友、三星财险、安联财险、利宝互助、苏黎世保险和富邦财险这20家公司。

对于自留保费系数：共有14家保险公司的得分为100分，除表格中给出的10家公司，还有阳光农业、国寿财险、英大财产和安盛天平得分为100分。

上述3个指标，限于表格的篇幅，我们这里进行说明。

表5-8给出了资本管理能力指标下各二级指标排名前十的财产险公司及得分，主要反映了财产险公司资本管理能力的整体情况。

从表5-8可以看出，各项指标排名前十的公司，在资本管理系数、自留保费系数、资产杠杆系数指标上的得分均为满分100分，并列第一（排名顺序按照一级指标得分由高至低）。这说明财产险公司在偿付能力、自留保费水平、资产质量方面的表现都比较好。在这3个指标上是否获得第一导致了公司在资本管理能力得分的分层，获得满分的公司排名较为靠前；但同时由于并列满分的公司较多，也导致了这些指标对并列的公司之间的得分排序影响被稀释。

认可资产负债率指标和资产认可率指标反映了公司的经营类别、观念与资产质量。两项指标的第1名分别是平安财险和利宝互助，得分均为100分，排名第十的分别是英大财产（86.6分）和众安财产（62.3分），这两个指标第10名得分差异较大，说明认可资产负债率指标得分前十的公司差距较小，而资产认可率指标得分前十的公司差距相对较大。资产认可率指标中，第1名得分为100分，和第2名拉开较大差距，分差达到22分，说明利宝互助资产认可率优势较明显。除此之外，资产认可率指标前十名中有3家外资保险公司，考虑到今年考察分析的58家财险公司中外资仅占15家，1/5进入前十名，可见总体来看外资公司的资产质量稍优于中资公司。

资本利用率表明公司利用资本获取收入的能力，第1名为利宝互助（100分）。这项二级指标的得分前十名呈现较明显的递减趋势，第10名渤海财险得分减少至73.5分，比第1名低26.5%。

资金运用效率也是评价资金运用好坏的一个参数，第1名为合众财险（100分），其他公司的得分均较低，第2名到第9名分别为50分和47.9分。

准备金保费比率反映的是公司准备金占保费收入的比率，该指标下第1名爱和谊（100分）优势明显，其余9家公司得分普遍不高且相差不大，从54.2分至43.2分。可以看到，前十名中有6家外资公司，且具有较强优势的第1名（爱和谊）和其后的第2名（史带财险）均为外资公司，可见外资公司在管理资本时更趋于保守，能够为公司提供更安全的运营环境。

(三) 资本管理能力结构的模糊聚类分析

聚类分析是数理统计中的一种多元分析方法，它是用数学方法定量地确定研究对象的亲疏关系，从而客观地划分类型和度量研究对象之间的相似程度。事物之间的界限，有些是确切的，有些则是模糊的。当聚类涉及事物之间的模糊界限时，需运用模糊聚类分析方法。

根据保险公司在这些指标上的指标得分，运用模糊聚类方法分析各公司之间的相似程度，为各公司之间的资本管理能力比较提供一个新的方法和视角。

表 5-9　资本管理能力排名前 10 的公司的模糊聚类等价矩阵

	人保股份	利宝互助	平安财险	爱和谊	长安责任	富邦财险	浙商财险	中原农业	太保财险	国寿财险
人保股份	1.00	0.53	0.85	0.41	0.62	0.53	0.60	0.57	0.85	0.85
利宝互助	0.53	1.00	0.53	0.41	0.53	0.59	0.53	0.53	0.53	0.53
平安财险	0.85	0.53	1.00	0.41	0.62	0.53	0.60	0.57	0.89	0.89
爱和谊	0.41	0.41	0.41	1.00	0.41	0.41	0.41	0.41	0.41	0.41
长安责任	0.62	0.53	0.62	0.41	1.00	0.53	0.60	0.57	0.62	0.62
富邦财险	0.53	0.59	0.53	0.41	0.53	1.00	0.53	0.53	0.53	0.53
浙商财险	0.60	0.53	0.60	0.41	0.60	0.53	1.00	0.57	0.60	0.60
中原农业	0.57	0.53	0.57	0.41	0.57	0.53	0.57	1.00	0.57	0.57
太保财险	0.85	0.53	0.89	0.41	0.62	0.53	0.57	0.57	1.00	0.93
国寿财险	0.85	0.53	0.89	0.41	0.62	0.53	0.60	0.57	0.93	1.00

从表 5-9 可以看出，处于主对角线上的值都取 1，显然各个公司和自己的相似与贴近程度最好，为 100%。

此矩阵有以下几个特点：

（1）今年各公司之间的相似性得分不高，除人保财险、太保财险、国寿财险和平安财险外，大部分公司之间的相似性得分都在 0.80 以下。

（2）根据表 5-9，公司之间最具有相似性的是太保财险和国寿财险，相似性得分是 0.93；此外，它们与平安财险的相似性也达到了 0.89 分，说明这 3 家公司在资本管理能力竞争力方面具有较强的可比性和相似性。

（3）人保财险的资本管理能力竞争力排名第一。人保财险与其余 9 家公司的资本管理能力竞争力相似性程度差别较大（0.85 分~0.41 分），说明人保财险的资本管理能力比较具有代表性，可以反映中国财险业的资本管理水平。

此矩阵中的相关结果只是根据资本管理能力各个指标运算得到的。但是，这对我们认识保险公司在资本管理的模式、技术和意识方面肯定有所帮助，还需要感兴趣的学者做进一步的研究和分析。

三、2017年财产险公司经营能力的排名与分析

经营能力共包含12个相关二级指标，经过数据预处理后，得到一个58×12的数据矩阵。根据主成分分析法，我们选取了7个累计解释率为85.1%的主成分，其中每个主成分都是这12个经营能力二级指标的线性组合。主成分分析得分结果经过线性调整为100~40后的最终结果展示如表5-10所示。

表5-10　　财产险公司经营能力竞争力排名及得分

公司名称	排名	得分	公司名称	排名	得分
人保股份	1	100.0	富德财险	19	73.8
平安财险	2	97.4	富邦财险	20	73.7
利宝互助	3	96.1	长安责任	21	73.2
爱和谊	4	91.7	亚太财险	22	73.1
太保财险	5	84.7	信达财险	23	73.1
安达保险	6	83.2	华泰财险	24	72.8
都邦财险	7	82.8	阳光财险	25	72.7
安盛天平	8	81.4	紫金财险	26	72.3
渤海财险	9	81.4	现代财险	27	72.3
国寿财险	10	81.3	华安财险	28	71.9
浙商财险	11	80.8	中航安盟	29	70.1
太平保险	12	78.5	众诚保险	30	69.4
大地财险	13	77.1	合众财险	31	68.0
安华农业	14	76.3	锦泰财险	32	67.7
中华联合	15	75.6	泰山财险	33	65.1
中煤财险	16	75.2	国泰财险	34	64.9
永安财险	17	74.2	安诚财险	35	64.6
史带财险	18	74.0	英大财险	36	63.2
安联财险	37	61.6	鑫安汽车	48	54.3
鼎和财险	38	60.4	阳光农业	49	53.9
永诚财险	39	59.8	恒邦保险	50	53.7
东京海上	40	59.6	长江财险	51	53.4

续表

公司名称	排名	得分	公司名称	排名	得分
北部湾财险	41	59.3	天安财险	52	52.0
安信农业	42	58.6	诚泰财险	53	51.4
国元农业	43	58.2	三井住友	54	50.8
三星财险	44	56.6	中原农业	55	49.3
中银保险	45	55.6	众安财险	56	46.6
美亚保险	46	55.0	铁路自保	57	44.7
华农财险	47	54.5	苏黎世保险	58	40.0

从表5-10可以看出，财产险市场上经营能力排名前三的依次是人保股份、平安财险和利宝互助，在百分制基准下，得分分别为100.0分、97.4分和96.1分。

在参评的58家财产险公司中，经营能力得分最高的为人保股份（100.0分），最低的为苏黎世保险（40.0分），平均得分为68分，大于平均分的公司有31家，占比53.4%。

其中，80分以上的公司有11家，70~80分的有18家，60~70分的有9家，60分以下的有20家。

图5-4给出了经营能力排名前十的公司，依次是人保股份、平安财险、利宝互助、爱和谊、太保财险、安达保险、都邦财险、安盛天平、渤海财险、国寿财险。

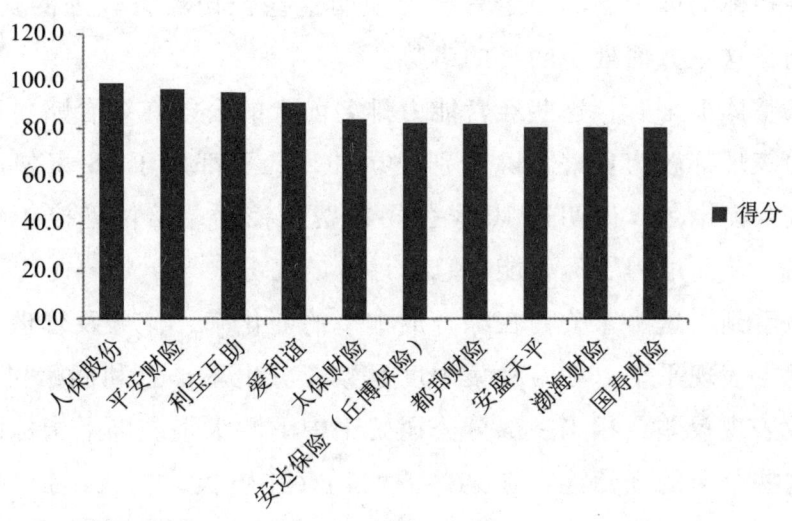

图5-4 经营能力排名前十的得分比较

从图5-4可以看出，前十名公司得分均在80分以上，各家公司之间差距不大，得分缓慢下降。其中，中外合资财产险公司有3家，总体来看外资财产险公司的经营能力相对较强。

(一) 经营能力排名前十的公司，其二级指标的具体得分及排名

从表5-11可以看出，人保股份的经营能力排名第一，主要是由于该公司在保险业务收入这一指标表现优异（第1名，100.0分），远高于第二名（77.0分）。除综合费用率的变化率（第41名，61.0分）和应收分保率（第40名，72.1分）得分较低外，其余指标也均位于56家公司中的中上游水平。可见人保股份的经营能力整体来看比较优秀。

平安财险的经营能力排名第二，主要是由于其在保险业务收入（第2名，77.0分），这是平安财险在经营能力方面的突出优势。除险种集中度系数（第41名，56.1分）得分较低外，其余指标也均位于56家公司中的中上游水平。

利宝互助的经营能力排名第三，主要是由于其在总资产周转率、净资产周转率、应收分保率指标上的优异表现，其中总资产周转率（第1名，100分）、净资产周转率（第1名，100分）是利宝互助在经营能力方面的突出优势。

总资产周转率和净资产周转率是考察企业资产运营效率的重要指标，能够反映企业对其全部资产的管理质量及利用效率。总体来看，经营能力综合排名前十的公司，除安达保险外（其总资产周转率排第45名，得分46.9分；净资产收益率排第52名，得分44.8分），这两项二级指标的表现普遍处于上游水平，分别有3家和6家公司进入各指标的前十名。一定程度上说明这些公司具备较强的资产经营能力，而安达保险则在这一方面处于明显的劣势。

此外，从整体上来看，这些经营能力排名前十的公司在综合赔付率、应收分保率等指标上的表现都较为良好，除个别公司外，几乎都属于58家公司的中游以上水平，部分进入前十名。说明这10家公司在费用控制、赔付管控、分保方面的表现都较为不错，从而取得了经营能力总体评价的高分。

但也应该看到，这十家公司在综合成本率的变化率、业务及管理费增长率、综合费用率指标上表现平平；在险种集中度系数、分出率、总利润赔付支出覆盖率3个指标上多数表现较差，相当一部分公司处于中下游水平。以上指标的表现从一定程度上说明这些公司的经营能力在某些方面仍存在短板，如成本控制、产品结构、费用管控等等。公司可以有针对性地加以改进，以进一步提高其综合经营能力。

经营能力排名前十的公司中，有4家外资保险公司，可以看出外资保险公司在经营能力这一块表现较好。

第五章 中国财产保险公司竞争力评价分析

表5-11 经营能力排名前十的财产险公司，其二级指标的排名与得分情况

公司名称	净资产周转率		总资产周转率		综合费用率		综合费用率的变化率		综合赔付率		综合成本率的变化率		总利润赔付支出覆盖率		业务及管理费增长率		险种集中度系数		分出率		应收分保率		保险业务收入	
	排名	得分	排名	得分	排名	得分	排名	得分	排名	得分	排名	得分	排名	得分	排名	得分	排名	得分	排名	得分	排名	得分	排名	得分
人保股份	15	70	20	69.1	6	89.5	41	61	34	70.3	30	90.7	19	55.7	28	81.2	39	59.39	31	40.64	40	72.05	1	100.0
平安财险	11	74.3	19	69.3	13	86.4	24	65.9	27	71.6	46	90.2	14	56.8	17	85.2	41	56.10	35	40.51	37	75.93	2	77.0
利宝互助	1	100	1	100	29	81.1	8	76.7	42	67.4	17	91.3	56	47.9	29	81.2	28	72.54	52	40.23	4	99.15	37	40.2
爱和谊	22	62.1	10	73.3	22	82.9	52	54.6	19	73.2	42	90.3	33	53.5	15	85.4	17	81.39	1	100.00	50	59.93	47	40.2
太保财险	14	70.3	16	70.1	12	86.7	49	57.9	37	69.1	27	90.8	25	54.6	24	82.9	46	51.97	24	41.05	15	91.60	3	57.9
安达保险	45	46.9	52	44.8	56	64.7	3	96	1	100	2	95.7	6	64.5	30	81.2	6	91.08	8	46.40	35	80.84	53	40.1
都邦财险	5	78.9	2	77.2	39	78.5	31	62.6	31	71	49	89.9	50	51.4	3	90.7	52	47.05	53	40.18	33	82.36	21	40.7
安盛天平	19	63.9	9	74	37	78.8	23	66.2	8	76.3	21	91	51	51.3	6	87.1	57	40.82	36	40.50	31	82.87	14	41.4
渤海财险	13	70.3	6	75	35	79.1	16	69.9	41	67.7	26	90.8	29	54	38	78.6	58	40.00	38	40.48	3	99.53	23	40.6
国寿财险	9	74.6	4	75.7	11	87	36	62.1	44	66.7	41	90.3	38	52.7	45	75.3	45	53.09	30	40.65	10	94.82	4	51.3

（二）经营能力下各二级指标排名与得分前十的财产险公司情况

表 5-12 给出了经营能力指标下各二级指标排名前十的财产公司及其得分，主要反映保险公司经营能力的整体状况。其中逆向指标已经过逆向化处理。

从表 5-12 可以看出，各项指标得分中，这些公司在总利润赔付支出覆盖率、分出率、保险业务收入 3 个指标上的得分差距十分明显，第 1 名高出第 10 名的差距分别为 39.7 分、55.5 分和 58.0 分，反映了公司赔付支出、分出水平、营业收入方面的巨大差异。

在剩余的指标中，第 1 名和第 10 名的得分差距基本在 30 分以内，比较合理，能够较好地反映各个公司的经营能力和水平。

在净资产周转率和总资产周转率方面，第 1 名均为外资公司利宝互助财险，可见该公司的资产整体营运能力和效率较高，中资公司在此方面有上升空间。

外资财产险公司在险种集中度系数、分出率和应收分保率指标上拥有突出表现。分出率进入前十名的全是外资公司，应收分保率有 3 家外资公司进入前十名。险种集中度系数反映了保险公司保费收入来源的集中程度，也反映了公司的产品开发能力和业务拓展水平。从险种集中度系数指标来看，险种集中度系数有 7 家外资公司进入前十名，说明中资公司的产品较单一，不够多样化，与外资公司相比有一定的差距。

在剩余的指标中，进入前十名的外资保险数量如下：净资产周转率指标 2 家；总资产周转率指标 4 家；综合费用率指标 1 家；综合费用率的变化率指标 5 家；综合赔付率指标 6 家；综合成本率的变化率指标 5 家；总利润赔付支出覆盖率指标 4 家；业务及管理费增长率指标 4 家；保险业务收入 0 家。

在收集的数据中，中、外资保险公司分别有 43 家和 15 家，比例在 3:1 左右。总体来看，外资公司在产品结构、分保、成本控制、利润覆盖赔付支出和赔付管控方面表现相对较好，而中资公司在营业收入、资产管理效率和费用管理方面更有优势。

（三）财险公司经营能力结构的模糊聚类分析

聚类分析是数理统计中的一种多元分析方法，它是用数学方法定量地确定研究对象的亲疏关系，从而客观地划分类型和度量研究对象之间的相似程度。事物之间的界限，有些是确切的，有些则是模糊的。当聚类涉及事物之间的模糊界限时，需运用模糊聚类分析方法。

表 5-12　经营能力指标下，各二级指标排名前十的财产险公司及其得分情况

二级指标 / 排名	净资产周转率 公司名称（得分）	总资产周转率 公司名称（得分）	综合费用率 公司名称（得分）	综合费用率的变化率 公司名称（得分）	综合赔付率 公司名称（得分）	综合成本率的变化率 公司名称（得分）	总利润赔付支出覆盖率 公司名称（得分）	业务及管理费增长率 公司名称（得分）	险种集中度系数 公司名称（得分）	分出率 公司名称（得分）	应收分保率 公司名称（得分）	保险业务收入 公司名称（得分）
1	利宝互助（100.0）	利宝互助（100.0）	国元农业（100.0）	合众财险（100.0）	安达保险（100.0）	史带财产（大众财险）（100.0）	铁路自保（100.0）	现代财产（100.0）	众安财产（100.0）	爱和谊（100.0）	合众财险（100.0）	人保股份（100.0）
2	安华农业（85.0）	都邦财险（77.2）	阳光农业（97.4）	国泰财产（99.5）	铁路自保（94.7）	安达保险（95.7）	合众财险（76.4）	长江财产（91.1）	苏黎世保险（95.5）	史带财产（大众财险）（61.6）	诚泰财产（99.9）	平安财险（77.0）
3	长安责任（82.5）	国泰财产（76.0）	安信农业（93.1）	安达保险（96.0）	美亚保险（85.7）	合众财险（94.3）	美亚财险（73.5）	都邦财险（90.7）	安联财产（94.0）	现代财产（49.0）	渤海财险（99.5）	太保财险（57.9）
4	浙商财产（82.3）	国寿财险（75.7）	鑫安汽车（91.5）	苏黎世保险（90.3）	华农财险（81.2）	阳光农业（94.3）	众安财产（67.9）	鑫安汽车（87.2）	东京海上（93.7）	三井住友（48.8）	利宝互助（99.1）	国寿财险（51.3）
5	都邦财险（78.9）	大地财产（75.4）	中原农业（91.3）	富德财产（81.9）	现代财产（79.2）	国泰财产（93.0）	史带财产（大众财险）（66.6）	富邦财险（87.2）	三星财险（92.1）	苏黎世保险（47.3）	亚太财险（98.7）	中华联合（46.7）
6	富邦财险（78.0）	渤海财险（75.0）	人保股份（89.5）	中原农业（79.0）	富邦财险（78.6）	富邦财险（92.8）	安达保险（64.5）	安盛天平（87.1）	安信保险（91.1）	安联财险（47.2）	安信农业（98.6）	大地财产（46.4）
7	太平保险（76.3）	华安财险（74.5）	英大财产（89.5）	利宝互助（78.2）	北部湾财产（77.1）	中原农业（92.2）	鑫安汽车（61.4）	史带财产（大众财险）（86.9）	鑫安汽车（90.9）	东京海上（46.5）	现代财产（98.5）	阳光财险（45.7）
8	阳光财产（75.1）	太平财产（74.0）	安华农业（87.9）	利宝互助（76.7）	安盛天平（76.3）	亚太财险（92.2）	现代财产（60.5）	永诚财险（86.9）	三井住友（90.5）	安联财险（46.4）	众安财产（95.4）	太平财险（43.9）
9	国寿财险（74.6）	安盛天平（74.0）	中华联合（87.5）	英大财产（75.9）	阳光财产（75.7）	富德财产（91.9）	长江财险（60.4）	英大财产（86.4）	中银保险（86.4）	美亚财险（45.7）	永安财险（94.9）	天安财险（42.4）
10	中煤财产（74.5）	爱和谊（73.3）	三井住友（87.3）	史带财产（大众财险）（73.8）	史带财产（大众财险）（75.6）	安联财险（91.9）	诚泰财产（60.3）	安华农业（86.1）	现代财产（86.0）	三星财险（44.5）	国寿财险（94.8）	华安财险（42.0）

根据保险公司在这些指标上的指标得分,运用模糊聚类方法分析各公司之间的相似程度,为各公司之间的资本管理能力比较提供一个新的方法和视角。

表5-13　　　　经营能力排名前10的公司的模糊聚类等价分析矩阵

	人保股份	平安财险	利宝互助	爱和谊	太保财险	安达保险	都邦财险	安盛天平	渤海财险	国寿财险
人保股份	1.00	0.76	0.57	0.46	0.71	0.59	0.66	0.66	0.66	0.71
平安财险	0.76	1.00	0.57	0.46	0.71	0.59	0.66	0.66	0.66	0.71
利宝互助	0.57	0.57	1.00	0.46	0.57	0.57	0.57	0.57	0.57	0.57
爱和谊	0.46	0.46	0.46	1.00	0.46	0.46	0.46	0.46	0.46	0.46
太保财险	0.71	0.71	0.57	0.46	1.00	0.59	0.66	0.66	0.66	0.73
安达保险	0.59	0.59	0.57	0.46	0.59	1.00	0.59	0.59	0.59	0.59
都邦财险	0.66	0.66	0.57	0.46	0.66	0.59	1.00	0.74	0.70	0.66
安盛天平	0.66	0.66	0.57	0.46	0.66	0.59	0.74	1.00	0.70	0.66
渤海财险	0.66	0.66	0.57	0.46	0.66	0.59	0.70	0.70	1.00	0.66
国寿财险	0.71	0.71	0.57	0.46	0.73	0.59	0.66	0.66	0.66	1.00

从表5-13可以看出,处于主对角线上的值都取1,显然各个公司和自己的相似与贴近程度为100%。

此矩阵中的得分介于0.46~0.76之间,差距比较大。经营能力排名第一位的是人保股份,这家公司与平安财险、太保财险和国寿财险的相似度较高,介于0.71~0.76之间,这说明这几家公司在经营能力的模式、业务结构等方面具有较好的可比性。其他几家保险公司经营能力的相似度较低。

整体来看,外资财险公司与中资财险公司在股东背景、资金实力、综合费用与综合赔付的成本管理策略、产品开发技术和分保再保技术与策略等方面存在较明显的差异,因此可比性、可学习性不强。这也可以说明在中国的财产保险业还没有形成一个比较占主流地位的经营管理模式。

四、2017年财产险公司风险管理能力排名与分析

风险管理能力共包含12个相关二级指标,经过数据预处理后,得到一个58×12的数据矩阵。根据主成分分析法,我们选取了5个累计解释率为88.4%的主成分,其中,每个主成分都是这12个风险管理能力二级指标的线性组合。主成分分析得分结果经过线性调整为100~40分后的最终结果展示如表5-14所示。

表 5-14　　　　　　　　　财产险公司风险管理能力得分及排名

公司名称	排名	得分	公司名称	排名	得分
铁路自保	1	100.0	北部湾财险	30	61.1
鑫安汽车	2	94.7	泰山财险	31	61.0
众安财险	3	92.4	太平保险	32	60.3
合众财险	4	90.8	太保财险	33	59.0
天安财险	5	89.8	亚太财险	34	58.6
众诚保险	6	86.7	华泰财险	35	56.1
中原农业	7	85.3	鼎和财险	36	55.1
安诚财险	8	85.2	三星财险	37	54.5
诚泰财险	9	83.1	锦泰财险	38	53.6
华农财险	10	81.7	大地财险	39	53.4
信达财险	11	80.5	浙商财险	40	53.2
长江财险	12	79.5	紫金财险	41	53.1
安信农业	13	77.2	安华农业	42	52.4
史带财险	14	76.6	安盛天平	43	51.3
恒邦保险	15	75.4	中银保险	44	50.7
安达保险	16	74.8	渤海财险	45	50.6
华安财险	17	74.6	永安财险	46	50.6
富德财险	18	68.8	人保股份	47	49.9
爱和谊	19	68.4	永诚财险	48	49.1
国泰财险	20	68.0	安联财险	49	49.0
现代财险	21	66.8	阳光财险	50	48.7
国元农业	22	66.4	英大财险	51	48.6
阳光农业	23	65.8	国寿财险	52	48.3
苏黎世保险	24	64.4	中华联合	53	48.0
三井住友	25	64.3	中煤财险	54	47.0
美亚保险	26	61.9	都邦财险	55	46.9
东京海上	27	61.9	利宝互助	56	46.9
平安财险	28	61.7	富邦财险	57	41.7
中航安盟	29	61.5	长安责任	58	40.0

从表 5-14 可以看出，财产险市场上风险管理能力排名前三的依次是铁路自保、鑫安汽车、众安财险，在百分制基准下，得分分别为 100.0 分、94.7 分和 92.4 分。

在参评的58家人身险公司中，风险管理能力得分最高的为铁路自保（100.0分），最低分为长安责任（40.0分），平均得分为63.9分，大于平均分（含平均分）的公司有25家，占比43.1%。

其中，80分以上的公司有11家，70~80分的有6家，60~70分的有15家，60分以下的有26家。

图5-5给出了风险管理能力排名前十的公司，依次是铁路自保、鑫安汽车、众安财险、合众财险、天安财险、众诚保险、中原农业、安诚财险、诚泰财险和华农财险。

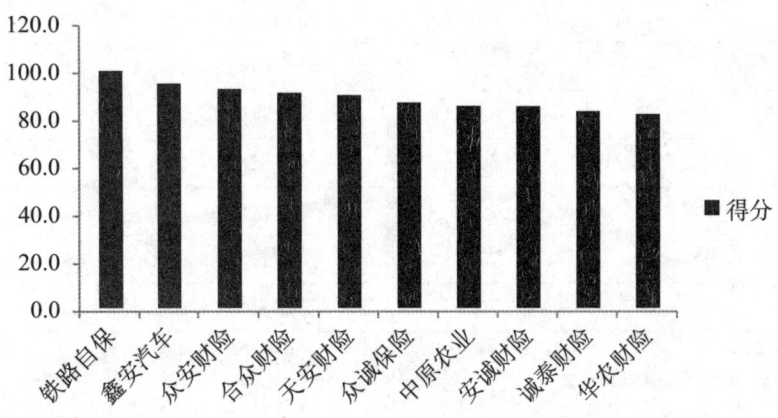

图5-5 风险管理能力排名前十的财产险公司

从图5-5可以看到，风险管理能力排名前十的财产险公司的得分总体呈逐一下降趋势。第10名得分相对于第1名得分降幅为18.3%。

（一）风险管理能力排名前十的财产险公司，其二级指标得分与排名情况

2017年在风险管理能力排名前十的财产险公司中，全部为中资公司；2016年，在风险管理能力排名前十的财产险公司中，有4家外资公司和6家中资公司。这说明中资财产险公司的风险管理意识和能力在不断增强（见表5-15）。

铁路自保的风险管理能力排名第一，主要得益于其在未决赔款准备金充足率（第3名，68.1分）、现金流满足率（第3名，82.6分）、现金流入/营业支出合计（第3名，82.5分），并且在偿付能力充足率、流动性比率、自留比率、资产杠杆率、未决赔款准备金充足率和保险负债占总资产比收现比等7个指标均进入前十名。总体来看其具备较强的风险管理能力，且在以上方面具备较大优势。

鑫安汽车的风险管理能力排名第二，这主要由于其在偿付能力充足率、资产杠杆率、未决赔款准备金充足率、现金流满足率、收现比和现金流入/营业支出合计

第五章 中国财产保险公司竞争力评价分析

表 5-15 风险管理能力排名前十的公司，其二级指标得分与排名

公司名称	偿付能力充足率		流动性比率		自留比率		资产杠杆率		未决赔款准备金充足率		自留保费增长率		保险负债占总资产比		现金盈余保障倍数		现金流满足率		付现比		收现比		现金流入/营业支出合计	
	排名	得分	排名	得分	排名	得分	排名	得分	排名	得分	排名	得分	排名	得分	排名	得分	排名	得分	排名	得分	排名	得分	排名	得分
铁路自保	7	68.7	5	75.5	8	53.0	9	94.9	3	68.1	51	72.8	10	78.1	27	41.0	3	82.6	54	73.3	5	66.7	3	82.5
鑫安汽车	8	68.5	26	51.3	20	41.9	10	94.5	9	54.3	28	87.5	12	74.1	57	40.0	2	90.2	57	55.0	2	85.0	2	91.1
众安财产	1	100.0	1	100.0	56	40.0	1	100.0	57	40.4	53	59.5	3	96.9	4	52.2	19	44.6	43	93.6	16	46.4	17	46.0
合众财险	4	87.3	29	49.8	56	40.0	2	99.6	26	46.5	56	50.3	4	95.1	43	40.3	12	52.1	51	77.3	8	62.7	12	52.4
天安财险	58	40.0	57	40.7	43	40.2	56	54.8	44	44.1	16	90.9	57	42.0	31	40.9	1	100.0	58	40.0	1	100.0	1	100.0
众诚保险	13	53.8	41	47.4	14	45.3	16	91.6	48	43.7	42	84.9	19	69.2	58	40.0	4	71.2	56	67.2	3	72.8	4	71.8
中原农业	16	51.6	2	84.0	25	41.5	37	80.3	56	40.8	57	43.5	1	100.0	1	100.0	28	43.7	45	91.3	14	48.7	13	48.6
安诚财险	6	74.2	34	49.1	34	40.7	6	96.4	49	43.6	30	87.3	9	78.5	52	40.1	6	64.2	53	75.2	6	64.8	6	64.6
诚泰财产	2	89.4	18	54.7	23	41.6	4	98.5	19	47.7	33	86.4	2	98.1	18	41.9	11	53.4	47	87.4	12	52.6	11	53.3
华农财险	10	58.1	25	51.4	10	48.8	15	92.5	45	44.0	54	58.0	13	73.7	23	41.2	9	58.4	48	81.5	11	58.5	9	58.4

6个指标上具有优异表现，全部进入前十名。可见鑫安汽车的风险管理能力整体较强，较为均衡。

此外，排名第5的天安财险在各二级指标上的表现较为特殊：其在偿付能力充足率、流动性比率、资产杠杆率、保险负债占总资产比、付现比5个指标上得分均落入后十名，其余指标也在中上游或下游水平；但其存在3个突出优势：收现比、现金流满足率和现金流入/营业支出合计3项指标排名第一（100分），可见天安财险在现金流入和现金收益保障方面优势突出，但其他方面的风险管理能力有待加强。

总体来看，总体排名前十的公司在偿付能力充足率、流动性比率、自留比率、保险负债占总资产比、收现比、资产杠杆率和现金流满足率和现金流入/营业支出合计8个指标上表现较为良好，除个别公司外，多数位于56家公司中的中上游乃至前十名。

此外，现金盈余保障倍数指标、未决赔款准备金充足率、自留保费增长率上各公司表现分化也较为明显，分布在总体中的各个水平段。

最后，付现比指标上10家公司除个别公司外表现普遍较差，出现7家公司落入后十名的情况，说明各公司在现金流动风险管理方面需要加强。

（二）风险管理能力下各二级指标排名前十的财产公司及其得分

表5-16给出了风险管理能力指标下各二级指标排名前十的公司及其得分，主要反映保险公司风险管理能力的整体状况。

从表5-16可以看出，自留保费增长率、付现比、资产杠杆率指标下前十名公司得分普遍较高，分差很小，前10名均在90分以上。相反，各公司在自留比率、现金盈余保障倍数方面差距明显，第1名和第10名之间相差50分以上。

偿付能力充足率指标前十名的公司中，2017年度全部为中资公司，与2016年的8家中资保险公司相比，有较大提高，说明中资公司在偿付能力方面有所加强。

流动性比率反映了公司偿还短期债务的能力。流动性比率指标排名第一的是众安财产，且前十名中有5家外资公司入围，说明外资保险公司在短期偿债能力方面表现较好。

自留比率是自留保费和保险业务收入的比例，反映了公司的风险管理意识，是一个逆向指标。前十名中有8家都是外资保险公司，这说明外资保险公司在保费自留与分出的处理方面的风险管理能力明显强于中资公司。

未决赔款准备金充足率是考察公司风险能力的一个重要指标。排名前十的公司有7家都是外资公司，说明外资保险公司的风险管理意识和水平较强。

表 5-16 风险管理能力下，各二级指标排名前十的财产公司及其得分

二级指标 排名	偿付能力充足率 公司名称(得分)	流动性比率 公司名称(得分)	自留比率 公司名称(得分)	资产杠杆率 公司名称(得分)	未决赔款准备金充足率 公司名称(得分)	自留保费增长率 公司名称(得分)	保险负债占总资产比 公司名称(得分)	现金盈余保障倍数 公司名称(得分)	现金流满足率 公司名称(得分)	付现比 公司名称(得分)	收现比 公司名称(得分)	现金流入/营业支出合计 公司名称(得分)
1	众安财产(100.0)	众安财产(100.0)	爱和谊(100.0)	众安财产(100.0)	安达保险(100.0)	长江财产(100.0)	中原农业(100.0)	中原农业(100.0)	天安财险(100.0)	爱和谊(100.0)	天安财险(100.0)	天安财险(100.0)
2	诚泰财产(89.4)	中原农业(84.0)	史带财产(大众财险)(87.4)	合众财产(99.6)	安联财险(77.8)	美亚保险(97.2)	诚泰财产(98.1)	安华农业(56.6)	鑫安汽车(90.2)	东京海上(99.1)	鑫安汽车(85.0)	鑫安汽车(91.1)
3	佰邦保险(88.5)	长江财产(81.1)	三井住友(80.8)	佰邦保险(99.5)	铁路自保(68.1)	永安财险(95.5)	众安财产(96.9)	爱和谊(52.9)	铁路自保(82.6)	永安财险(98.7)	众诚保险(72.8)	铁路保险(82.5)
4	合众财险(87.3)	现代财产(76.3)	东京海上(68.1)	诚泰财产(98.5)	苏黎世保险(64.7)	长安责任(95.0)	合众保险(95.1)	众安财产(52.2)	众诚保险(71.2)	太保财产(98.5)	信达财险(71.5)	众诚保险(71.8)
5	富德财产(76.3)	铁路自保(75.5)	现代财产(66.6)	富德财产(96.8)	史带财产(大众财险)(62.9)	英大财产(94.1)	佰邦保险(92.2)	亚太财险(52.0)	信达财险(68.7)	三井住友(98.5)	铁路自保(66.7)	信达财险(69.1)
6	安诚财险(74.2)	安联财险(75.0)	苏黎世保险(57.7)	安诚财险(96.4)	三星财险(57.4)	富邦财险(93.9)	阳光农业(86.0)	安达保险(46.8)	安诚财险(64.2)	人保股份(98.5)	安诚财险(64.8)	安诚财险(64.6)
7	铁路自保(68.7)	阳光农业(74.5)	安达保险(57.0)	阳光农业(96.2)	三井住友(57.0)	阳光农业(93.8)	富德财产(82.7)	中煤财产(46.6)	华安财产(64.0)	阳光农业(98.4)	华安财产(63.8)	华安财产(64.5)
8	鑫安汽车(68.5)	安达保险(73.8)	铁路自保(53.0)	鼎和财产(95.1)	长江财产(54.4)	安盛天平(93.2)	国元农业(81.7)	史带财产(大众财险)(45.8)	安信农业(61.8)	国寿财险(98.4)	合众财险(62.7)	安信农业(62.3)
9	泰山财险(60.7)	三星财险(73.1)	安联财险(49.6)	铁路自保(94.9)	鑫安汽车(54.3)	信达财险(92.9)	安诚财险(78.5)	苏黎世保险(45.7)	华农财险(58.4)	利宝互助(98.3)	长江财产(60.2)	华农财险(58.4)
10	华农财险(58.1)	史带财产(大众财险)(71.9)	华农财险(48.8)	鑫安汽车(94.5)	美亚保险(53.7)	鼎和财产(92.5)	铁路自保(78.1)	佰邦保险(45.2)	长江财产(57.7)	永诚财险(98.2)	安信农业(59.8)	长江财产(57.8)

自留保费增长率是一个逆向指标，反映了从2015年度到2016年度期间，公司自留保费的增长速度。前十名的公司中有3家外资公司。

保险负债占总资产比是保费负债与总资产的比值，反映公司的长期偿债能力，是一个逆向指标。排名前十的保险公司全部为中资公司，总体来看中资公司的长期偿债能力发展较强。

（三）财险公司风险管理能力结构的模糊聚类分析

聚类分析是数理统计中的一种多元分析方法，它是用数学方法定量地确定研究对象的亲疏关系，从而客观地划分类型和度量研究对象之间的相似程度。事物之间的界限，有些是确切的，有些则是模糊的。当聚类涉及事物之间的模糊界限时，需运用模糊聚类分析方法。

本书试图根据保险公司在这些指标上的指标得分，运用模糊聚类方法分析各公司之间发展潜力的相似程度，为各公司之间的发展潜力比较提供一个新的方法和视角；同时，模糊聚类分析是一种基于"物以类聚、人以群分"的观念进行各公司之间经营结构上近似程度的比较分析，不是优劣评价。

根据保险公司在这些指标上的指标得分，运用模糊聚类方法分析各公司之间的相似程度，为各公司之间的风险管理能力比较提供一个新的方法和视角。

表5-17　风险管理能力排名前10的公司的模糊聚类等价分析矩阵

	铁路自保	鑫安汽车	众安财险	合众财险	天安财险	众诚保险	中原农业	安诚财险	诚泰财险	华农财险
铁路自保	1.00	0.63	0.62	0.63	0.49	0.63	0.55	0.63	0.63	0.63
鑫安汽车	0.63	1.00	0.62	0.65	0.49	0.66	0.55	0.66	0.65	0.63
众安财险	0.62	0.62	1.00	0.62	0.49	0.62	0.55	0.62	0.62	0.62
合众财险	0.63	0.65	0.62	1.00	0.49	0.65	0.55	0.65	0.73	0.63
天安财险	0.49	0.49	0.49	0.49	1.00	0.49	0.49	0.49	0.49	0.49
众诚保险	0.63	0.66	0.62	0.65	0.49	1.00	0.55	0.73	0.65	0.63
中原农业	0.55	0.55	0.55	0.55	0.49	0.55	1.00	0.55	0.55	0.55
安诚财险	0.63	0.66	0.62	0.65	0.49	0.73	0.55	1.00	0.65	0.63
诚泰财险	0.63	0.65	0.62	0.73	0.49	0.65	0.55	0.65	1.00	0.63
华农财险	0.63	0.63	0.62	0.63	0.49	0.63	0.55	0.63	0.63	1.00

从表5-17可以看出，处于主对角线上的值都取1，显然各个公司和自己的相似与贴近程度为100%。

表5-17给出了风险管理能力排名前十的公司之间的模糊聚类等价分析得分，介于0.49~0.73之间，即这十家公司的风险管理能力差异性很大。

对于财险公司风险管理能力排名的分析，可以发现相较于其他几个一级指标的分析，风险管理能力排名靠前的外资保险公司比较多。这与我们前几年的分析结果类似。

从此矩阵可以看出，众诚保险、安诚保险之间的风险管理能力最具有相似性，相似性得分是0.73分，是此矩阵中的两组最高分，说明他们具有较强的可比性。

此矩阵中，风险管理能力排名第四的天安财险比较特殊，他与其余九家保险公司之间的得分都是0.49分，说明这家公司与其他公司之间在风险管理能力上可比性很低，在风险管理能力各项指标的表现上差异性很大。

从此矩阵中，可以得出如下结论：

这从一个侧面也说明，在风险管理能力上面，不同的保险公司之间，还没有找到一个比较统一的、可行的方法进行科学管理，还处于探索过程之中；或者各公司根据自己的背景特点、发展思路和技术优势等，确定自己的风险管理模式和战略，相互之间还没有形成一个固定和权威的模式和方法。

五、2017年财产险公司发展潜力的排名与分析

保险公司发展潜力由8个分析指标构成。数据预处理后，我们根据58家财产险公司的这8个二级指标数据，得到一个58×8数据矩阵；根据主成分分析方法，选取了5个累计解释率为91.6%的主成分，其中每个主成分都是这8个发展潜力二级指标的线性组合。主成分分析得分结果经过线性调整为100~40后的最终结果展示如表5-18所示。

表5-18　　　　　　　财产险公司发展潜力排名及得分

公司名称	排名	得分	公司名称	排名	得分
中原农业	1	100.0	铁路自保	8	81.9
合众财险	2	97.0	苏黎世保险	9	78.3
安达保险	3	93.6	北部湾财险	10	75.1
国泰财险	4	88.6	三井住友	11	73.7
华农财险	5	85.2	鑫安汽车	12	73.6
众安财险	6	83.4	东京海上	13	72.4
爱和谊	7	82.4	安信农业	14	71.3

续表

公司名称	排名	得分	公司名称	排名	得分
史带财险	15	70.5	浙商财险	37	57.1
利宝互助	16	69.9	鼎和财险	38	56.8
众诚保险	17	69.2	富德财险	39	56.6
美亚保险	18	68.7	华泰财险	40	56.3
安联财险	19	68.2	英大财险	41	55.3
国元农业	20	67.1	永诚财险	42	54.0
中银保险	21	66.5	永安财险	43	53.8
中航安盟	22	65.5	长安责任	44	52.9
现代财险	23	63.6	富邦财险	45	52.3
安盛天平	24	62.4	安华农业	46	52.1
人保股份	25	62.2	中煤财险	47	51.9
国寿财险	26	62.0	平安财	48	51.8
三星财险	27	61.6	大地财险	49	51.7
诚泰财险	28	61.5	亚太财险	50	51.1
阳光农业	29	60.6	阳光财险	51	51.0
泰山财险	30	59.9	太保财险	52	49.7
安诚财险	31	59.4	华安财险	53	48.5
渤海财险	32	59.2	紫金财险	54	48.1
太平保险	33	59.0	天安财险	55	46.7
长江财险	34	58.9	都邦财险	56	45.6
恒邦保险	35	58.9	信达财险	57	42.7
锦泰财险	36	58.2	中华联合	58	40.0

从表5-18可以看出，财产险市场上发展潜力排名前三的依次是中原农业、合众财险和安达保险，在百分制基准下，得分分别为100.0分、97.0分和93.6分。

在参评的58家财产险公司中，发展潜力得分最高的为中原农业（100.0分），最低分为中华联合（40.0分），平均得分为63.4分，大于平均分的公司有23家，占比39.7%。

其中，80分以上的公司有8家，70~80分的有7家，60~70分的有14家，60分以下的有29家。

图5-6显示了发展潜力排名前十的公司，依次是中原农业、合众财险、安达保险、国泰财险、华农财险、众安财险、爱和谊、铁路自保、苏黎世保险和北部湾财险。

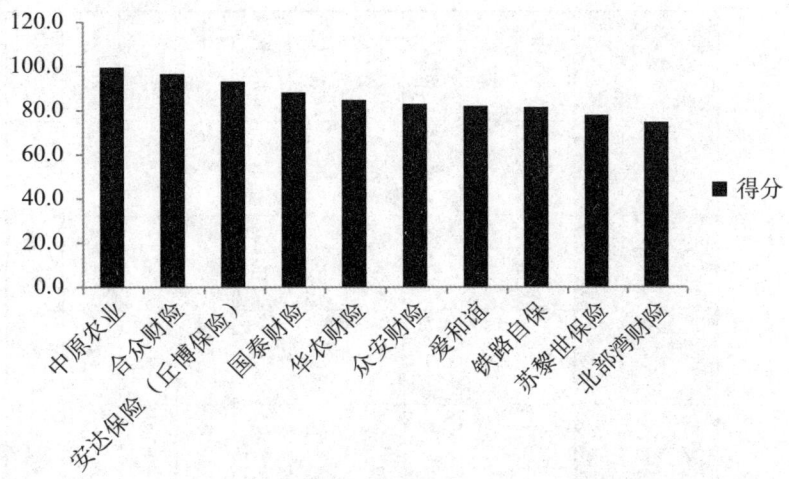

图 5-6 发展潜力排名前十的财产险公司

可以看到,发展潜力排名前十的财产险公司的得分呈较为平缓的逐个下降趋势,第 10 名得分较第一名降幅 24.9%。

(一)发展潜力排名前十的财产险公司,其二级指标的排名与得分

从表 5-19 可以看出,在发展潜力排名前十的财产险公司中,中资公司 6 家,外资公司 4 家。结合公司总数考虑,外资公司进入前十名的比例更高;考察前十名中的排位,中资公司排名更靠前,发展潜力方面更具优势。

中原农业的发展潜力排名第一,主要得益于其在发展系数、保险业务收入增长率两项指标上极具优势的表现(均获得第 1 名,100 分)以及短期偿债能力(第 2 名,84.0 分)。同时应当看到,华海财险在人均产能、分支机构数目两个指标上表现不佳,落入 58 家公司中的后十名。其余指标则属中上游。可见华海财险发展潜力的优势集中于其较快的发展速度和业务增长。

合众财险的发展潜力排名第二,这主要由于其发展系数(第 3 名,95.7 分)、保险业务收入增长率(第 3 名,93.0 分)、投诉处理考评得分(第 5 名,83.1 分)上具备突出优势,且与其余公司拉开巨大差距。

总体来看,进入前 10 名的外资公司在人均产能、承保潜力、亿元保费投诉量、投诉处理考评得分 4 个指标上的表现普遍优良。特别是亿元保费投诉量和人均产能指标上,外资公司的表现明显优于中资公司:亿元保费投诉量指标中,安达财险、爱和谊和苏黎世保险均跻身前 10 名;人均产能指标中,安达财险、爱和谊财险和苏黎世财险均跻身前 5 名。可见外资公司的客户服务更为出色、人均产能也更高,值得中资公司学习。

表5-19 发展潜力排名前十的公司，其二级指标得分与排名

公司名称	发展系数		保险业务收入增长率		承保潜力		人均产能		分支机构数目		亿元保费投诉量		短期偿债能力		投诉处理考评得分	
	排名	得分	排名	得分	排名	得分	排名	得分	排名	得分	排名	得分	排名	得分	排名	得分
中原农业	1	100.0	1	100.0	25	88.7	50	42.3	55	40.0	9	94.0	2	84.0	3	88.0
合众财险	3	95.7	3	93.0	6	98.2	48	42.4	49	43.1	11	92.7	29	49.8	5	83.1
安达保险	6	85.1	6	75.8	13	94.9	5	57.0	45	44.6	7	99.0	8	73.8	8	80.0
国泰财险	2	98.5	2	98.5	18	91.9	21	45.8	26	56.9	38	77.5	27	50.6	42	52.7
华农财险	5	91.0	5	85.4	29	85.5	9	51.2	28	55.4	26	83.5	25	51.4	28	62.1
众安财险	4	91.7	4	86.2	8	97.7	10	50.9	55	40.0	57	43.8	1	100.0	52	47.1
爱和谊	54	47.0	15	58.4	37	82.0	2	79.7	49	43.1	1	100.0	32	49.6	1	100.0
铁路自保	16	63.4	22	56.5	5	98.7	1	100.0	55	40.0	2	99.6	5	75.5	57	40.0
苏黎世保险	38	57.5	35	54.5	7	97.7	3	72.4	45	44.6	4	99.5	13	70.4	17	67.2
北部湾财险	7	76.6	8	67.7	31	85.0	35	43.7	49	43.1	23	84.6	23	52.1	22	63.7

总体来看，发展潜力排名前十的十家公司，在发展系数、保险业务收入增长率、人均产能、承保潜力、亿元保费投诉量、短期偿债能力、投诉处理考评得分指标上的表现都较为良好，多数处于整体中的中上游水平。然而，十家公司在分支机构数目指标上表现总体较差，多数位于中下游，说明各公司在分支机构数目方面有待加强。

（二）发展潜力下各二级指标排名前十的财产公司及其得分

表5-20给出了发展潜力指标下各个二级指标排名前十的财产险公司及得分，此表格主要反映了财产险公司在发展潜力上各二级指标的整体表现和分布情况。

从表5-20可以看出，各项指标排名前十的公司在承保潜力、亿元保费投诉量和分支机构数目上得分普遍较高且差距不大，第1名均为100分，第10名得分均在90分以上。

但各个公司在发展系数（100~68.7分）、保险业务收入增长率（100~61.8分）、人均产能（100~50.9分）指标上差距十分明显，一定程度上说明各个公司在发展速度、业务增长、人均产能等方面的能力存在比较明显的差异。

（三）财险公司发展潜力指标结构的模糊聚类分析等价矩阵

聚类分析是数理统计中的一种多元分析方法，它是用数学方法定量地确定研究对象的亲疏关系，从而客观地划分类型和度量研究对象之间的相似程度。事物之间的界限，有些是确切的，有些则是模糊的。当聚类涉及事物之间的模糊界限时，需运用模糊聚类分析方法。

本书试图根据保险公司在这些指标上的指标得分，运用模糊聚类方法分析各公司之间发展潜力的相似程度，为各公司之间的发展潜力比较提供一个新的方法和视角；同时，模糊聚类分析是一种基于"物以类聚、人以群分"的概念进行各公司之间经营结构上近似程度的比较分析，不是优劣评价。

根据保险公司在这些指标上的指标得分，运用模糊聚类方法分析各公司之间的相似程度，为各公司之间的风险管理能力比较提供一个新的方法和视角。

从表5-21可以看出，处于主对角线上的值都取1，显然各个公司和自己的相似与贴近程度为100%。

此矩阵中除了主对角线外，取值介于0.47~0.73，得分比往年明显偏低，公司之间的业务结构差异性表现也很明显。

此矩阵中，发展潜力排名第一的是中原农业，与其他9家保险公司的相似性得

表 5-20　发展潜力下，各二级指标排名前十的财产公司及其得分

二级指标 排名	发展系数 公司名称（得分）	保险业务收入增长率 公司名称（得分）	承保潜力 公司名称（得分）	人均产能 公司名称（得分）	分支机构数目 公司名称（得分）	亿元保费投诉量 公司名称（得分）	短期偿债能力 公司名称（得分）	投诉处理考评得分 公司名称（得分）
1	中原农业（100.0）	中原农业（100.0）	现代财产（100.0）	铁路自保（100.0）	人保股份（100.0）	爱和谊（100.0）	众安财产（100.0）	爱和谊（100.0）
2	国泰财产（98.5）	国泰财产（98.5）	诚泰财产（99.3）	爱和谊（79.7）	大地财产（95.4）	铁路自保（99.6）	中原农业（84.0）	三井住友（96.2）
3	合众财险（95.7）	合众财险（93.0）	史带财产（大众财险）（99.1）	苏黎世保险（72.4）	太保财险（95.4）	安信农业（99.5）	长江财产（81.1）	中原农业（88.0）
4	众安财产（91.7）	众安财产（86.2）	佰邦财产（98.7）	安盛天平（70.0）	平安财险（95.4）	苏黎世保险（99.5）	现代财产（76.3）	东京海上（87.2）
5	华农财险（91.0）	华农财险（85.4）	铁路自保（98.7）	安达保险（57.0）	阳光财产（95.4）	三井住友（99.4）	铁路自保（75.5）	合众财险（83.1）
6	安达保险（85.1）	安达保险（75.8）	合众财险（98.2）	史带财产（大众财险）（54.3）	国寿财险（95.4）	东京海上（99.0）	安联财险（75.0）	中银保险（82.4）
7	北部湾财产（76.6）	史带财产（大众财险）（70.6）	苏黎世保险（97.7）	安联财险（53.8）	华泰财险（90.8）	安达保险（99.0）	阳光农业（74.5）	美亚保险（80.5）
8	渤海财险（73.2）	北部湾财产（67.7）	众安财险（97.7）	三井住友（51.6）	天安财险（90.8）	现代财产（94.9）	安达保险（73.8）	安达保险（80.0）
9	利宝互助（69.7）	渤海财险（64.6）	安联财险（97.4）	华农财险（51.2）	永诚财险（90.8）	中原农业（94.0）	三星财险（73.1）	众诚保险（77.1）
10	鑫安汽车（68.7）	鑫安汽车（61.8）	鑫安汽车（97.3）	众安财产（50.9）	都邦财险（90.8）	中银保险（93.5）	史带财产（大众财险）（71.9）	安盛天平（76.5）

表 5-21　　　　发展潜力排名前 10 的公司的模糊聚类分析等价矩阵

	中原农业	合众财险	安达保险	国泰财险	华农财险	众安财险	爱和谊	铁路自保	苏黎世保险	北部湾财险
中原农业	1.00	0.68	0.68	0.60	0.60	0.51	0.47	0.64	0.66	0.59
合众财险	0.68	1.00	0.68	0.60	0.60	0.51	0.47	0.64	0.66	0.59
安达保险	0.68	0.68	1.00	0.60	0.60	0.51	0.47	0.64	0.66	0.59
国泰财险	0.60	0.60	0.60	1.00	0.73	0.51	0.47	0.60	0.60	0.59
华农财险	0.60	0.60	0.60	0.73	1.00	0.51	0.47	0.60	0.60	0.59
众安财险	0.51	0.51	0.51	0.51	0.51	1.00	0.47	0.51	0.51	0.51
爱和谊	0.47	0.47	0.47	0.47	0.47	0.47	1.00	0.47	0.47	0.47
铁路自保	0.64	0.64	0.64	0.60	0.60	0.51	0.47	1.00	0.64	0.59
苏黎世保险	0.66	0.66	0.66	0.60	0.60	0.51	0.47	0.64	1.00	0.59
北部湾财险	0.59	0.59	0.59	0.59	0.59	0.51	0.47	0.59	0.59	1.00

分介于 0.59~0.68，可比性较低。

此矩阵中相似度较高的是国泰财险与华农财险，发展潜力相似度得分是 0.73 分。显然这两家外资公司之间在发展潜力的相似度方面，表现也并不突出，不太具有可比性。

发展潜力排名第七的爱和友谊与其余 9 家公司之间的相似度得分都是 0.47 分，显然不具有可比性，这是一个比较特殊和值得关注的地方。当然，相似度得分的高低并不意味着发展潜力的"优劣"。

2017 年财险公司的发展潜力前十名中，出现了 4 家外资保险公司。同时，中资财险公司与外资财险公司之间在发展潜力各项指标的表现具有较大的差异性。这些现象有待于对相关问题和公司的更进一步探讨和分析。

第四节　2017 年财产险公司综合竞争力评价结果的稳健性检验

与人身险公司的稳健性检验类似，本书主要基于两种方式进行财产险公司的稳健性分析。一是首先利用聚类分析，将保险公司分为 2 类；在排除掉一类公司（公司数目较少的一类）后，对另一类公司运用主成分分析的方法，进行竞争力评价的排名和得分，与这些公司在原来情况下的排名进行比较分析，从而得到保险公司竞争力排名主成分分析的稳健性分析。二是利用聚类分析方法对评价指标进行分类,并剔除掉指标较少的类别后,运用余下的指标对保险公司竞争力进行主成分分析,得到的排名与原来的排名进行对比,从而完成稳健性分析。

一、剔除部分公司后,保险公司竞争力评价结果的稳健性检验

为了便于剔除公司和提高稳健性分析结果的有效性,首先运用聚类分析方法将58家财产险公司分为5类(见表5-22)。

表5-22　　财产险公司在聚类分析下的分类的具体结果

个案	5个聚类	4个聚类	3个聚类	2个聚类
人保股份	1	1	1	1
大地财产	1	1	1	1
中华联合	1	1	1	1
太保财险	1	1	1	1
平安财险	1	1	1	1
华泰财险	2	1	1	1
天安财险	3	2	2	2
华安财险	2	1	1	1
永安财险	2	1	1	1
太平保险	1	1	1	1
亚太财险	2	1	1	1
中银保险	2	1	1	1
安信农业	4	3	2	1
永诚财险	1	1	1	1
信达财险	2	1	1	1
安华农业	1	1	1	1
阳光财产	1	1	1	1
阳光农业	2	1	1	1
都邦财险	1	1	1	1
渤海财险	1	1	1	1
华农财险	2	1	1	1
国寿财产	1	1	1	1
安诚财险	4	3	2	1
长安责任	1	1	1	1

续表

个案	5 个聚类	4 个聚类	3 个聚类	2 个聚类
国元农业	2	1	1	1
鼎和财产	4	3	3	2
中煤财产	1	1	1	1
英大财产	2	1	1	1
浙商财产	5	4	1	1
紫金财产	2	1	1	1
泰山财险	4	3	2	1
众诚保险	2	1	1	1
锦泰财产	2	1	1	1
诚泰财产	3	2	2	1
长江财产	4	3	3	2
富德财产	4	3	3	2
鑫安汽车	3	2	2	2
北部湾财产	2	1	1	1
众安财产	3	2	2	2
恒邦保险	3	2	2	2
合众财产	3	2	2	1
中原农业	2	1	1	1
铁路自保	3	2	2	2
史带财产（大众财险）	4	3	2	1
美亚保险	2	1	1	1
东京海上	2	1	1	1
安达保险	2	1	1	1
三井住友	2	1	1	1
三星财险	2	1	1	1
安联财险	1	1	1	1
利宝互助	1	1	1	1
中航安盟	2	1	1	1
安盛天平	2	1	1	1
苏黎世保险	4	3	3	2
现代财产	3	2	2	1
爱和谊	2	1	1	1
国泰财产	2	1	1	1
富邦财险	1	1	1	1

根据聚类分析结果,我们剔除:天安财险、鼎和财险、长江财险、富德财险、鑫安汽车、众安财险、恒邦财险、铁路自保、苏黎世财险共9家公司,综合运用主成分分析和因子分析方法,对剩余的49家财产险公司重新进行综合竞争力的评价,结果如表5-23所示。

表5-23 剔除9家公司后,财产险公司综合竞争力评价结果的排名对比

公司名称	原排名	新排名	公司名称	原排名	新排名
人保股份	1	1	国元农业	26	18
平安财险	2	2	安达保险	27	7
太保财险	3	13	紫金财险	28	34
国寿财险	4	29	史带财险	29	3
大地财险	5	24	安华农业	30	47
合众财险	6	28	泰山财险	31	14
华泰财险	7	4	中煤财险	32	43
太平保险	8	15	华农财险	33	27
华安财险	9	36	三星财险	34	22
中华联合	10	39	国泰财险	35	10
阳光财险	11	32	都邦财险	36	42
渤海财险	12	38	富邦财险	37	48
爱和谊	13	9	美亚保险	38	8
阳光农业	14	5	中航安盟	39	21
中原农业	15	6	安信农业	40	26
英大财险	16	33	安联财险	42	40
三井住友	17	23	亚太财险	43	16
中银保险	18	20	众诚保险	44	41
安盛天平	19	30	现代财险	45	11
永安财险	20	31	安诚财险	46	35
东京海上	21	17	利宝互助	49	44
北部湾财险	22	19	诚泰财险	53	12
锦泰财险	23	25	信达财险	55	46
长安责任	24	49	浙商财险	58	45
永诚财险	25	37			

"原排名"表示类别1中的49家公司的竞争力原始排名;"新排名"是对类别1中的49家公司重新运用主成分分析、因子分析方法等,进行综合竞争力评价的

新排名。

容易看出,在删除9家财产险公司后,重新运用主成分分析、因子分析方法对财产险公司综合竞争力进行评价,他们的排名变化并不是很大。

运用wilcoxon符号秩检验,进行稳健性分析。

根据表5-23的原来排名、新排名的结果,进行对比分析,情况如表5-24、表5-25和表5-26所示:

表5-24　　　　　　　　　　　　描述统计

	个案数	平均值	标准差	最小值	最大值	百分位数		
						第25个	第50个（中位数）	第75个
原排名	49	25.6122	15.33354	1.00	58.00	12.5000	25.0000	37.5000
新排名	49	25.0000	14.28869	1.00	49.00	12.5000	25.0000	37.5000

表5-25　　　　　　　　威尔科克森（Wilcoxon）符号秩检验

	秩			
		个案数	秩平均值	秩的总和
新排名-原始排名	负秩	25[a]	23.04	576.00
	正秩	22[b]	25.09	552.00
	绑定值	2[c]		
	总计	49		

注：a. 新排名<原始排名；b. 新排名>原始排名；c. 新排名=原始排名。

表5-26　剔除上述九家公司后的威尔科克森（Wilcoxon）符号秩检验结果

检验统计[a]	
	新排名-原排名
Z	-0.127[b]
渐近显著性（双尾）	0.899

注：a. 威尔科克森符号秩检验；b. 基于负秩。

根据表5-26的结果显示:使用"精确"方法计算的双侧显著性水平为0.899,远大于0.05,所以认为对类别1中的公司进行主成分分析方法排名与没有删除公司后进行排名的结果差异不显著,也就是说,两个样本来自于同一总体,具有相同的总体分布。则主成分分析法在0.05的显著性水平下具有稳健性。即我们根据聚类分析的结果,剔除掉部分公司后,根据我们建立的指标体系,运用主成分分析方法对其余公司竞争力的评价结果的影响不显著,通过了稳健性检验。

二、剔除部分指标后,保险公司竞争力评价的稳

指标体系应该尽可能的反映保险公司竞争力各方面的信息,显然部分指标的缺失或波动对保险公司竞争力的评价结果有影响。我们首先通过聚类分析,剔除部分表现"特殊"的指标后,再对保险公司竞争力进行评价。通过剔除部分指标对评价结果的影响来进行稳健性检验。

首先,利用聚类分析将所有指标进行分类。

聚类分析结果表明,净利润、报告期营业收入,净资产、业务及管理费增长率、分支机构数目这5个指标表现特殊。

然后,剔除净利润、报告期营业收入,净资产、业务及管理费增长率、分支机构数目5个指标后,综合运用主成分分析、因子分析方法,得到保险公司竞争力的排名结果。

表 5–27 剔除上述 5 个指标后,财产险公司综合竞争力评价结果的比较

公司名称	原排名	新排名	公司名称	原排名	新排名
人保股份	1	1	中银保险	18	28
平安财险	2	7	安盛天平	19	31
太保财险	3	24	永安财险	20	23
国寿财险	4	38	东京海上	21	20
大地财险	5	33	北部湾财险	22	21
合众财险	6	34	锦泰财险	23	22
华泰财险	7	4	长安责任	24	55
太平保险	8	12	永诚财险	25	45
华安财险	9	35	国元农业	26	18
中华联合	10	42	安达保险	27	17
阳光财险	11	37	紫金财险	28	41
渤海财险	12	43	史带财险	29	5
爱和谊	13	6	安华农业	30	53
阳光农业	14	3	泰山财险	31	13
中原农业	15	8	中煤财险	32	49
英大财险	16	44	华农财险	33	32
三井住友	17	26	三星财险	34	30

续表

公司名称	原排名	新排名	公司名称	原排名	新排名
国泰财险	35	39	长江财险	47	36
都邦财险	36	51	苏黎世保险	48	46
富邦财险	37	56	利宝互助	49	57
美亚保险	38	11	鑫安汽车	50	47
中航安盟	39	27	富德财险	51	29
安信农业	40	25	天安财险	52	58
鼎和财险	41	16	诚泰财险	53	10
安联财险	42	50	恒邦保险	54	15
亚太财险	43	19	信达财险	55	52
众诚保险	44	48	众安财险	56	2
现代财险	45	14	铁路自保	57	9
安诚财险	46	40	浙商财险	58	54

由表 5-27 容易看出，去掉 4 个规模性指标（特殊指标）后，运用主成分分析、因子分析方法，重新计算得到财产险公司的综合竞争力。

根据表 5-27，运用威尔科克森（wilcoxon）符号秩检验，进行稳健性分析，主要结论如表 5-28、表 5-29 和表 5-30 所示。

表 5-28　　　　　　　　　新旧排名的描述统计

	个案数	平均值	标准差	最小值	最大值	百分位数		
						第 25 个	第 50 个（中位数）	第 75 个
原排名	58	29.5000	16.88688	1.00	58.00	14.7500	29.5000	44.2500
新排名	58	29.5000	16.88688	1.00	58.00	14.7500	29.5000	44.2500

表 5-29　　　　　　　　威尔科克森（wilcoxon）符号秩检验

	秩			
		个案数	秩平均值	秩的总和
新排名-原排名	负秩	30[a]	26.18	785.50
	正秩	27[b]	32.13	867.50
	绑定值	1[c]		
	总计	58		

注：a. 新排名 < 原排名；b. 新排名 > 原排名；c. 新排名 = 原排名。

表 5-30　　威尔科克森（wilcoxon）符号秩检验结果

检验统计[a]	
	新排名 – 原排名
Z	-0.326[b]
渐近显著性（双尾）	0.745

注：a. 威尔科克森符号秩检验；b. 基于负秩。

表 5-30 给出了统计检验结果。结果显示：使用"渐进"方法计算的双侧显著性水平为 0.745，远大于 0.05，所以认为剔除指标前的综合竞争力排名与剔除几个指标后的综合竞争力排名差异不显著。也就是说，两个样本来自于同一总体，具有相同的总体分布。则综合运用主成分分析法、因子分析法对非寿险公司的竞争力进行排名时，当指标在特定的范围和程度内变化时所引起的排名的变化在统计上并不显著，即认为我们所采用的方法对于指标的变化有一定的稳健性，此方法抓住了非寿险公司竞争力的稳定的特征，并表现出来。

由本节所述内容可知，综合运用主成分分析、因子分析方法对保险公司的竞争力进行评价排名时，保险市场的公司参与度以及指标的选择在统计上有其稳健性。即从总体市场来看，稳健性是存在的，无论是部分公司的参与评价与否还是指标的增删，他们所引起的竞争力排名的变动在统计意义上是不显著的，可以接受的，是稳健的。

附 录

附录一：中国人身险公司竞争力评价的主要结果

附录表 1-1　　2017 年人身险公司综合竞争力评价的排名与得分

2017 年人身险公司综合竞争力					
公司名称	排名	得分	公司名称	排名	得分
国寿股份	1	100.0	利安人寿	30	69.6
平安人寿	2	98.0	平安养老	31	69.5
泰康人寿	3	90.6	幸福人寿	32	69.4
太保寿险	4	85.9	百年人寿	33	69.2
太平人寿	5	83.6	长城人寿	34	68.7
工银安盛	6	79.4	农银人寿	35	68.6
人保寿险	7	78.9	天安人寿	36	68.2
中邮人寿	8	78.8	中美联泰	37	68.1
交银康联	9	78.5	中英人寿	38	67.9
新华人寿	10	77.5	同方全球人寿	39	67.4
平安健康	11	77.4	汇丰人寿	40	67.4
华夏人寿	12	77.2	长生人寿	41	66.4
中德安联	13	76.4	中意人寿	42	66.3
合众人寿	14	76.1	友邦人寿	43	66.1
阳光人寿	15	75.5	光大永明	44	65.4
国华人寿	16	75.0	恒安标准	45	65.2
渤海人寿	17	74.1	中宏人寿	46	64.1
人保健康	18	74.0	中荷人寿	47	63.6
弘康人寿	19	72.7	太保安联健康	48	63.4
君龙人寿	20	72.3	英大人寿	49	63.2
珠江人寿	21	72.3	陆家嘴国泰	50	63.2
前海人寿	22	72.2	华泰人寿	51	60.7
建信人寿	23	72.0	东吴人寿	52	60.3
招商信诺	24	71.2	北大方正人寿	53	58.1
太平养老	25	71.1	信泰人寿	54	57.0
信诚人寿	26	70.6	瑞泰人寿	55	56.6
泰康养老	27	70.2	德华安顾	56	56.0
民生人寿	28	69.8	中韩人寿	57	53.8
中银三星	29	69.8	昆仑健康	58	40.0

附录表1-2　　2017年人身险公司盈利能力的得分及排名

公司名称	排名	得分	公司名称	排名	得分
平安人寿	1	100.0	幸福人寿	30	62.7
国寿股份	2	96.9	中银三星	31	61.9
珠江人寿	3	94.6	英大人寿	32	61.6
弘康人寿	4	91.5	利安人寿	33	60.7
国华人寿	5	86.8	建信人寿	34	60.4
前海人寿	6	85.7	中德安联	35	60.3
华夏人寿	7	85.4	北大方正人寿	36	60.3
平安健康	8	82.2	农银人寿	37	59.9
君龙人寿	9	81.7	百年人寿	38	59.2
泰康人寿	10	80.6	中意人寿	39	59.2
渤海人寿	11	78.8	民生人寿	40	59.2
长生人寿	12	75.1	工银安盛	41	59.1
招商信诺	13	73.6	中荷人寿	42	59.0
太保寿险	14	71.0	友邦人寿	43	58.9
太平人寿	15	70.9	华泰人寿	44	58.6
中英人寿	16	69.6	光大永明	45	57.5
信诚人寿	17	69.4	合众人寿	46	57.5
平安养老	18	67.9	同方全球人寿	47	56.3
恒安标准	19	67.7	中宏人寿	48	55.0
新华人寿	20	67.1	陆家嘴国泰	49	54.6
阳光人寿	21	67.1	瑞泰人寿	50	53.4
泰康养老	22	66.3	长城人寿	51	53.1
中邮人寿	23	65.0	信泰人寿	52	51.6
天安人寿	24	64.9	东吴人寿	53	51.2
汇丰人寿	25	64.6	中美联泰	54	50.6
太平养老	26	64.4	德华安顾	55	48.3
人保寿险	27	64.3	太保安联健康	56	47.4
人保健康	28	63.5	中韩人寿	57	45.1
交银康联	29	63.2	昆仑健康	58	40.0

附录表1-3　　2017年人身险公司资本管理能力的排名与得分

公司名称	排名	得分	公司名称	排名	得分
中德安联	1	100.0	前海人寿	30	61.4
国寿股份	2	91.4	招商信诺	31	61.0
合众人寿	3	90.8	国华人寿	32	60.7
同方全球人寿	4	85.4	幸福人寿	33	60.4
交银康联	5	82.1	阳光人寿	34	60.1
平安人寿	6	76.9	太保安联健康	35	59.7
华夏人寿	7	76.1	人保健康	36	59.0
太保寿险	8	75.3	长生人寿	37	57.7
农银人寿	9	73.8	华泰人寿	38	57.3
泰康人寿	10	72.8	中宏人寿	39	57.0
天安人寿	11	70.5	东吴人寿	40	56.5
新华人寿	12	69.6	民生人寿	41	56.0
工银安盛	13	69.3	恒安标准	42	55.5
中银三星	14	68.7	光大永明	43	54.9
弘康人寿	15	68.5	中韩人寿	44	54.4
人保寿险	16	68.4	泰康养老	45	53.5
中美联泰	17	68.0	北大方正人寿	46	53.2
百年人寿	18	66.9	英大人寿	47	52.2
建信人寿	19	66.4	信泰人寿	48	52.1
汇丰人寿	20	65.5	瑞泰人寿	49	51.5
信诚人寿	21	65.1	平安养老	50	51.3
中英人寿	22	64.5	德华安顾	51	50.3
友邦人寿	23	63.8	长城人寿	52	49.4
珠江人寿	24	63.8	陆家嘴国泰	53	49.2
中意人寿	25	63.6	太平养老	54	46.3
中邮人寿	26	63.6	利安人寿	55	45.1
太平人寿	27	63.5	渤海人寿	56	43.9
君龙人寿	28	62.5	平安健康	57	43.2
中荷人寿	29	61.4	昆仑健康	58	40.0

附录表1-4　　2017年人身险公司经营能力的排名与得分

公司名称	排名	得分	公司名称	排名	得分
国寿股份	1	100.0	中美联泰	30	62.0
工银安盛	2	96.5	中意人寿	31	61.1
合众人寿	3	96.0	泰康养老	32	60.9
平安人寿	4	93.0	平安健康	33	60.6
中邮人寿	5	85.7	平安养老	34	60.0
人保健康	6	84.9	英大人寿	35	59.6
交银康联	7	83.8	君龙人寿	36	59.2
百年人寿	8	82.9	信诚人寿	37	59.0
中银三星	9	81.6	中宏人寿	38	58.4
利安人寿	10	81.3	中英人寿	39	58.3
中德安联	11	81.2	中荷人寿	40	58.0
泰康人寿	12	80.8	华泰人寿	41	57.1
农银人寿	13	79.2	同方全球人寿	42	56.6
太平人寿	14	78.6	东吴人寿	43	55.9
天安人寿	15	78.5	恒安标准	44	55.7
幸福人寿	16	76.9	太保安联健康	45	55.2
国华人寿	17	76.7	民生人寿	46	55.1
太保寿险	18	73.8	友邦人寿	47	55.1
弘康人寿	19	73.5	陆家嘴国泰	48	54.5
阳光人寿	20	73.3	信泰人寿	49	54.4
建信人寿	21	71.8	北大方正人寿	50	54.2
人保寿险	22	70.7	汇丰人寿	51	53.8
前海人寿	23	68.8	光大永明	52	53.7
中韩人寿	24	68.1	长生人寿	53	51.8
新华人寿	25	68.0	长城人寿	54	49.9
太平养老	26	67.9	瑞泰人寿	55	49.6
华夏人寿	27	67.7	珠江人寿	56	44.6
招商信诺	28	66.5	德华安顾	57	41.0
渤海人寿	29	66.4	昆仑健康	58	40.0

附录表 1-5　　2017 年人身险公司风险管理能力的排名与得分

公司名称	排名	得分	公司名称	排名	得分
太保安联健康	1	100.0	工银安盛	30	71.5
平安健康	2	96.2	东吴人寿	31	71.1
人保健康	3	94.7	平安人寿	32	71.0
渤海人寿	4	94.6	太保寿险	33	70.7
太平养老	5	89.1	太平人寿	34	69.9
君龙人寿	6	87.4	中邮人寿	35	69.9
民生人寿	7	84.5	泰康人寿	36	69.7
陆家嘴国泰	8	83.8	中意人寿	37	69.6
泰康养老	9	82.4	国华人寿	38	67.9
中宏人寿	10	80.1	幸福人寿	39	67.6
平安养老	11	79.2	前海人寿	40	67.2
国寿股份	12	77.1	中银三星	41	67.1
长生人寿	13	76.9	信泰人寿	42	66.9
同方全球人寿	14	76.9	信诚人寿	43	66.8
利安人寿	15	76.5	珠江人寿	44	66.4
中美联泰	16	76.5	瑞泰人寿	45	62.1
恒安标准	17	76.3	北大方正人寿	46	60.9
英大人寿	18	76.1	天安人寿	47	60.0
中英人寿	19	75.1	德华安顾	48	59.6
友邦人寿	20	75.0	交银康联	49	53.4
招商信诺	21	74.8	中韩人寿	50	53.2
光大永明	22	74.7	百年人寿	51	53.0
汇丰人寿	23	74.1	长城人寿	52	51.0
华夏人寿	24	73.2	昆仑健康	53	45.9
中荷人寿	25	72.8	新华人寿	54	45.3
建信人寿	26	72.7	农银人寿	55	45.0
阳光人寿	27	72.6	合众人寿	56	42.4
人保寿险	28	72.1	弘康人寿	57	40.4
华泰人寿	29	71.8	中德安联	58	40.0

附录表1-6　　2017年人身险公司发展潜力的排名与得分

公司名称	排名	得分	公司名称	排名	得分
弘康人寿	1	100.0	新华人寿	30	68.0
渤海人寿	2	96.9	信诚人寿	31	67.9
太平人寿	3	94.9	友邦人寿	32	67.7
平安健康	4	93.6	合众人寿	33	66.4
平安人寿	5	90.8	太平养老	34	65.7
建信人寿	6	90.3	中意人寿	35	65.7
国华人寿	7	89.2	泰康养老	36	65.3
中邮人寿	8	88.6	陆家嘴国泰	37	63.5
招商信诺	9	88.5	君龙人寿	38	62.7
珠江人寿	10	87.2	长城人寿	39	62.6
人保寿险	11	82.9	中宏人寿	40	60.9
前海人寿	12	82.1	中美联泰	41	60.3
利安人寿	13	80.3	恒安标准	42	60.1
国寿股份	14	79.9	民生人寿	43	57.2
农银人寿	15	79.7	英大人寿	44	55.8
泰康人寿	16	79.2	光大永明	45	55.3
中韩人寿	17	77.1	天安人寿	46	54.9
人保健康	18	76.7	中荷人寿	47	54.7
交银康联	19	76.6	太保安联健康	48	53.4
幸福人寿	20	76.5	东吴人寿	49	52.3
同方全球人寿	21	75.4	华泰人寿	50	52.3
中银三星	22	74.1	北大方正人寿	51	51.7
太保寿险	23	71.9	长生人寿	52	49.3
阳光人寿	24	71.3	信泰人寿	53	49.1
工银安盛	25	71.2	瑞泰人寿	54	47.9
百年人寿	26	70.3	汇丰人寿	55	47.8
中英人寿	27	70.2	中德安联	56	46.8
华夏人寿	28	69.7	昆仑健康	57	42.8
平安养老	29	68.7	德华安顾	58	40.0

附录二：中国财产险公司竞争力评价的主要结果

附录表 2-1　　2017 年中国财产险公司竞争力综合评价得分与排名

2017 年财产险公司综合竞争力的排名与得分					
公司名称	排名	得分	公司名称	排名	得分
人保股份	1	100.0	安华农业	30	57.7
平安财险	2	89.6	泰山财险	31	57.0
太保财险	3	73.1	中煤财险	32	57.0
国寿财险	4	72.0	华农财险	33	57.0
大地财险	5	67.4	三星财险	34	56.7
合众财险	6	67.2	国泰财险	35	56.6
华泰财险	7	66.1	都邦财险	36	56.5
太平保险	8	65.9	富邦财险	37	56.2
华安财险	9	64.7	美亚保险	38	56.0
中华联合	10	64.6	中航安盟	39	55.9
阳光财险	11	64.2	安信农业	40	55.0
渤海财险	12	63.6	鼎和财险	41	54.9
爱和谊	13	63.6	安联财险	42	52.8
阳光农业	14	63.2	亚太财险	43	52.6
中原农业	15	62.3	众诚保险	44	51.0
英大财险	16	62.2	现代财险	45	50.5
三井住友	17	62.2	安诚财险	46	48.8
中银保险	18	61.7	长江财险	47	48.7
安盛天平	19	61.5	苏黎世保险	48	48.0
永安财险	20	61.0	利宝互助	49	47.5
东京海上	21	60.9	鑫安汽车	50	47.0
北部湾财险	22	59.9	富德财险	51	46.7
锦泰财险	23	59.8	天安财险	52	46.2
长安责任	24	59.6	诚泰财险	53	45.9
永诚财险	25	59.5	恒邦保险	54	45.0
国元农业	26	59.2	信达财险	55	44.2
安达保险	27	59.1	众安财险	56	43.5
紫金财险	28	58.7	铁路自保	57	42.9
史带财险	29	57.9	浙商财险	58	40.0

附录表 2-2　　2017 年财产险公司盈利能力的得分及排名

公司名称	排名	得分	公司名称	排名	得分
人保股份	1	100.0	国寿财险	30	65.2
平安财险	2	91.7	鑫安汽车	31	65.1
铁路自保	3	88.5	众安财险	32	63.6
合众财险	4	86.3	安诚财险	33	62.8
华安财险	5	82.6	长江财险	34	62.6
阳光财险	6	80.8	美亚保险	35	62.5
泰山财险	7	80.1	众诚保险	36	62.0
永安财险	8	78.8	恒邦保险	37	62.0
渤海财险	9	78.0	都邦财险	38	60.7
华泰财险	10	77.0	富德财险	39	60.5
锦泰财险	11	73.1	爱和谊	40	58.7
太保财险	12	72.6	永诚财险	41	56.7
阳光农业	13	71.1	鼎和财险	42	56.5
太平保险	14	70.8	中航安盟	43	56.0
英大财险	15	70.0	长安责任	44	55.2
中银保险	16	69.9	富邦财险	45	55.2
大地财险	17	69.8	中原农业	46	54.0
中华联合	18	69.0	安达保险	47	53.3
华农财险	19	68.7	现代财险	48	53.0
亚太财险	20	68.2	三井住友	49	52.0
安盛天平	21	68.1	三星财险	50	51.6
安信农业	22	67.7	苏黎世保险	51	51.1
国元农业	23	67.3	国泰财险	52	50.1
史带财险	24	66.6	东京海上	53	49.4
北部湾财险	25	66.5	安联财险	54	47.3
天安财险	26	66.1	安华农业	55	46.6
诚泰财险	27	65.8	信达财险	56	44.1
紫金财险	28	65.8	利宝互助	57	42.3
中煤财险	29	65.3	浙商财险	58	40.0

附录表 2－3　　2017 年财产险公司资本管理能力的排名与得分

公司名称	排名	得分	公司名称	排名	得分
人保股份	1	100.0	中银保险	30	70.2
利宝互助	2	95.2	紫金财险	31	70.1
平安财险	3	93.4	安盛天平	32	68.9
爱和谊	4	87.2	东京海上	33	68.8
长安责任	5	86.8	史带财险	34	68.4
富邦财险	6	85.3	北部湾财险	35	68.2
浙商财险	7	84.5	信达财险	36	68.2
中原农业	8	83.4	中航安盟	37	68.2
太保财险	9	82.5	永安财险	38	67.4
国寿财险	10	81.0	现代财险	39	65.8
都邦财险	11	80.0	美亚保险	40	65.1
太平保险	12	79.5	众诚保险	41	64.8
阳光财险	13	79.3	亚太财险	42	62.7
安联财险	14	79.1	华泰财险	43	62.1
渤海财险	15	77.8	华农财险	44	61.7
中煤财险	16	77.8	长江财险	45	60.5
中华联合	17	77.3	鼎和财险	46	60.2
大地财险	18	74.7	国元农业	47	59.0
天安财险	19	74.4	安信农业	48	58.5
永诚财险	20	74.3	泰山财险	49	57.9
安达保险	21	73.7	众安财险	50	56.2
英大财险	22	73.2	安诚财险	51	54.8
华安财险	23	72.5	鑫安汽车	52	53.6
三星财险	24	72.4	富德财险	53	53.3
苏黎世保险	25	72.2	铁路自保	54	52.6
国泰财险	26	71.7	阳光农业	55	50.3
三井住友	27	71.3	恒邦保险	56	45.9
安华农业	28	71.2	诚泰财险	57	44.7
锦泰财险	29	70.7	合众财险	58	40.0

附录表2-4　　2017年财产险公司经营能力的排名与得分

公司名称	排名	得分	公司名称	排名	得分
人保股份	1	100.0	众诚保险	30	69.4
平安财险	2	97.4	合众财险	31	68.0
利宝互助	3	96.1	锦泰财险	32	67.7
爱和谊	4	91.7	泰山财险	33	65.1
太保财险	5	84.7	国泰财险	34	64.9
安达保险	6	83.2	安诚财险	35	64.6
都邦财险	7	82.8	英大财险	36	63.2
安盛天平	8	81.4	安联财险	37	61.6
渤海财险	9	81.4	鼎和财险	38	60.4
国寿财险	10	81.3	永诚财险	39	59.8
浙商财险	11	80.8	东京海上	40	59.6
太平保险	12	78.5	北部湾财险	41	59.3
大地财险	13	77.1	安信农业	42	58.6
安华农业	14	76.3	国元农业	43	58.2
中华联合	15	75.6	三星财险	44	56.6
中煤财险	16	75.2	中银保险	45	55.6
永安财险	17	74.2	美亚保险	46	55.0
史带财险	18	74.0	华农财险	47	54.5
富德财险	19	73.8	鑫安汽车	48	54.3
富邦财险	20	73.7	阳光农业	49	53.9
长安责任	21	73.2	恒邦保险	50	53.7
亚太财险	22	73.1	长江财险	51	53.4
信达财险	23	73.1	天安财险	52	52.0
华泰财险	24	72.8	诚泰财险	53	51.4
阳光财险	25	72.7	三井住友	54	50.8
紫金财险	26	72.3	中原农业	55	49.3
现代财险	27	72.3	众安财险	56	46.6
华安财险	28	71.9	铁路自保	57	44.7
中航安盟	29	70.1	苏黎世保险	58	40.0

附录表 2-5   2017 年财产险公司风险管理能力的排名与得分

公司名称	排名	得分	公司名称	排名	得分
铁路自保	1	100.0	北部湾财险	30	61.1
鑫安汽车	2	94.7	泰山财险	31	61.0
众安财险	3	92.4	太平保险	32	60.3
合众财险	4	90.8	太保财险	33	59.0
天安财险	5	89.8	亚太财险	34	58.6
众诚保险	6	86.7	华泰财险	35	56.1
中原农业	7	85.3	鼎和财险	36	55.1
安诚财险	8	85.2	三星财险	37	54.5
诚泰财险	9	83.1	锦泰财险	38	53.6
华农财险	10	81.7	大地财险	39	53.4
信达财险	11	80.5	浙商财险	40	53.2
长江财险	12	79.5	紫金财险	41	53.1
安信农业	13	77.2	安华农业	42	52.4
史带财险	14	76.6	安盛天平	43	51.3
恒邦保险	15	75.4	中银保险	44	50.7
安达保险	16	74.8	渤海财险	45	50.6
华安财险	17	74.6	永安财险	46	50.6
富德财险	18	68.8	人保股份	47	49.9
爱和谊	19	68.4	永诚财险	48	49.1
国泰财险	20	68.0	安联财险	49	49.0
现代财险	21	66.8	阳光财险	50	48.7
国元农业	22	66.4	英大财险	51	48.6
阳光农业	23	65.8	国寿财险	52	48.3
苏黎世保险	24	64.4	中华联合	53	48.0
三井住友	25	64.3	中煤财险	54	47.0
美亚保险	26	61.9	都邦财险	55	46.9
东京海上	27	61.9	利宝互助	56	46.9
平安财险	28	61.7	富邦财险	57	41.7
中航安盟	29	61.5	长安责任	58	40.0

附录表 2-6　　　　2017 年财产险公司发展潜力的排名与得分

公司名称	排名	得分	公司名称	排名	得分
中原农业	1	100.0	泰山财险	30	59.9
合众财险	2	97.0	安诚财险	31	59.4
安达保险	3	93.6	渤海财险	32	59.2
国泰财险	4	88.6	太平保险	33	59.0
华农财险	5	85.2	长江财险	34	58.9
众安财险	6	83.4	恒邦保险	35	58.9
爱和谊	7	82.4	锦泰财险	36	58.2
铁路自保	8	81.9	浙商财险	37	57.1
苏黎世保险	9	78.3	鼎和财险	38	56.8
北部湾财险	10	75.1	富德财险	39	56.6
三井住友	11	73.7	华泰财险	40	56.3
鑫安汽车	12	73.6	英大财险	41	55.3
东京海上	13	72.4	永诚财险	42	54.0
安信农业	14	71.3	永安财险	43	53.8
史带财险	15	70.5	长安责任	44	52.9
利宝互助	16	69.9	富邦财险	45	52.3
众诚保险	17	69.2	安华农业	46	52.1
美亚保险	18	68.7	中煤财险	47	51.9
安联财险	19	68.2	平安财险	48	51.8
国元农业	20	67.1	大地财险	49	51.7
中银保险	21	66.5	亚太财险	50	51.1
中航安盟	22	65.5	阳光财险	51	51.0
现代财险	23	63.6	太保财险	52	49.7
安盛天平	24	62.4	华安财险	53	48.5
人保股份	25	62.2	紫金财险	54	48.1
国寿财险	26	62.0	天安财险	55	46.7
三星财险	27	61.6	都邦财险	56	45.6
诚泰财险	28	61.5	信达财险	57	42.7
阳光农业	29	60.6	中华联合	58	40.0

附录三：保险公司信息披露管理办法

中国银行保险监督管理委员会令

2018 年第 2 号

保险公司信息披露管理办法已经中国银行保险监督管理委员会 2018 年第 1 次主席会议通过，现予公布，自 2018 年 7 月 1 日起施行。

主席：郭树清

2018 年 4 月 28 日

保险公司信息披露管理办法

第一章 总 则

第一条 为了规范保险公司的信息披露行为，保障投保人、被保险人、受益人以及相关当事人的合法权益，促进保险业健康发展，根据《中华人民共和国保险法》等法律、行政法规，制定本办法。

第二条 本办法所称保险公司，是指经中国银行保险监督管理委员会批准设立，并依法登记注册的商业保险公司。

本办法所称信息披露，是指保险公司向社会公众公开其经营管理相关信息的行为。

第三条 保险公司信息披露应当遵循真实、准确、完整、及时、有效的原则，不得有虚假记载、误导性陈述和重大遗漏。

保险公司信息披露应当尽可能使用通俗易懂的语言。

第四条 保险公司应当按照法律、行政法规和中国银行保险监督管理委员会的规定进行信息披露。

保险公司可以在法律、行政法规和中国银行保险监督管理委员会规定的基础上披露更多信息。

第五条 保险公司按照本办法拟披露的信息属于国家秘密、商业秘密，以及存在其他因披露将导致违反国家有关保密的法律、行政法规等情形的，可以豁免披露相关内容。

第六条 中国银行保险监督管理委员会根据法律、行政法规和国务院授权，对保险公司的信息披露行为进行监督管理。

第二章 信息披露的内容

第七条 保险公司应当披露下列信息：

（一）基本信息；

（二）财务会计信息；

（三）保险责任准备金信息；

（四）风险管理状况信息；

（五）保险产品经营信息；

（六）偿付能力信息；

（七）重大关联交易信息；

（八）重大事项信息；

（九）中国银行保险监督管理委员会规定的其他信息。

第八条 保险公司披露的基本信息应当包括公司概况、公司治理概要和产品基本信息。

第九条 保险公司披露的公司概况应当包括下列内容：

（一）公司名称；

（二）注册资本；

（三）公司住所和营业场所；

（四）成立时间；

（五）经营范围和经营区域；

（六）法定代表人；

（七）客服电话、投诉渠道和投诉处理程序；

（八）各分支机构营业场所和联系电话。

第十条 保险公司披露的公司治理概要应当包括下列内容：

（一）实际控制人及其控制本公司情况的简要说明；

（二）持股比例在5%以上的股东及其持股情况；

（三）近3年股东大会（股东会）主要决议，至少包括会议召开的时间、地点、出席情况、主要议题以及表决情况等；

（四）董事和监事简历；

（五）高级管理人员简历、职责及其履职情况；

（六）公司部门设置情况。

第十一条 保险公司披露的产品基本信息应当包括下列内容：

（一）审批或者备案的保险产品目录、条款；

（二）人身保险新型产品说明书；

（三）中国银行保险监督管理委员会规定的其他产品基本信息。

第十二条 保险公司披露的上一年度财务会计信息应当与经审计的年度财务会计报告保持一致，并包括下列内容：

（一）财务报表，包括资产负债表、利润表、现金流量表、所有者权益变动表和附注；财务报表附注，包括财务报表的编制基础，重要会计政策和会计估计的说明，重要会计政策和会计估计变更的说明，或有事项、资产负债表日后事项和表外业务的说明，对公司财务状况有重大影响的再保险安排说明，企业合并、分立的说明，以及财务报表中重要项目的明细。

（二）审计报告的主要审计意见，审计意见中存在带强调事项段的无保留意见、保留意见、否定意见或者无法表示意见的，保险公司还应当就此作出说明。

实际经营期未超过3个月的保险公司年度财务会计报告可以不经审计。

第十三条 保险公司披露的上一年度保险责任准备金信息包括准备金评估方面的定性信息和定量信息。

保险公司应当按照准备金的类别提供以下说明：未来现金流假设、主要精算假设方法及其结果等。

保险公司应当按照准备金的类别列示准备金评估结果以及与前一年度评估结果的对比分析。

保险公司披露的保险责任准备金信息应当与财务会计报告相关信息保持一致。

第十四条 保险公司披露的风险管理状况信息应当与经董事会审议的年度风险评估报告保持一致，并包括下列内容：

（一）风险评估，包括保险风险、市场风险和信用风险等风险的敞口及其简要说明，以及操作风险、战略风险、声誉风险、流动性风险等的简要说明；

（二）风险控制，包括风险管理组织体系简要介绍、风险管理总体策略及其执行情况。

第十五条 人身保险公司披露的产品经营信息应当包括下列内容：

（一）上一年度原保险保费收入居前5位的保险产品的名称、主要销售渠道、原保险保费收入和退保金；

（二）上一年度保户投资款新增交费居前3位的保险产品的名称、主要销售渠道、保户投资款新增交费和保户投资款本年退保；

（三）上一年度投连险独立账户新增交费居前3位的投连险产品的名称、主要销售渠道、投连险独立账户新增交费和投连险独立账户本年退保。

第十六条　财产保险公司披露的产品经营信息是指上一年度原保险保费收入居前5位的商业保险险种经营情况，包括险种名称、保险金额、原保险保费收入、赔款支出、准备金、承保利润。

第十七条　保险公司披露的上一年度偿付能力信息是指经审计的第四季度偿付能力信息，至少包括核心偿付能力充足率、综合偿付能力充足率、实际资本和最低资本等内容。

第十八条　保险公司披露的重大关联交易信息应当包括下列内容：

（一）交易概述以及交易标的的基本情况；

（二）交易对手情况；

（三）交易的主要内容和定价政策；

（四）独立董事的意见；

（五）中国银行保险监督管理委员会规定的其他事项。

重大关联交易的认定和计算，应当符合中国银行保险监督管理委员会的有关规定。

第十九条　保险公司有下列重大事项之一的，应当披露相关信息并做出简要说明：

（一）控股股东或者实际控制人发生变更；

（二）更换董事长或者总经理；

（三）当年董事会累计变更人数超过董事会成员人数的三分之一；

（四）公司名称、注册资本、公司住所或者营业场所发生变更；

（五）经营范围发生变化；

（六）合并、分立、解散或者申请破产；

（七）撤销省级分公司；

（八）对被投资企业实施控制的重大股权投资；

（九）发生单项投资实际投资损失金额超过公司上季度末净资产总额5%的重大投资损失，如果净资产为负值则按照公司注册资本5%计算；

（十）发生单笔赔案或者同一保险事故涉及的所有赔案实际赔付支出金额超过

公司上季度末净资产总额5%的重大赔付，如果净资产为负值则按照公司注册资本5%计算；

（十一）发生对公司净资产和实际营运造成重要影响或者判决公司赔偿金额超过5 000万元人民币的重大诉讼案件；

（十二）发生对公司净资产和实际营运造成重要影响或者裁决公司赔偿金额超过5 000万元人民币的重大仲裁事项；

（十三）保险公司或者其董事长、总经理受到刑事处罚；

（十四）保险公司或者其省级分公司受到中国银行保险监督管理委员会或者其派出机构的行政处罚；

（十五）更换或者提前解聘会计师事务所；

（十六）中国银行保险监督管理委员会规定的其他事项。

第三章　信息披露的方式和时间

第二十条　保险公司应当建立公司网站，按照本办法的规定披露相关信息。

第二十一条　保险公司应当在公司网站披露公司的基本信息。

公司基本信息发生变更的，保险公司应当自变更之日起10个工作日内更新。

第二十二条　保险公司应当制作年度信息披露报告，年度信息披露报告应当至少包括本办法第七条第（二）项至第（六）项规定的内容。

保险公司应当在每年4月30日前在公司网站和中国银行保险监督管理委员会指定的媒介上发布年度信息披露报告。

第二十三条　保险公司发生本办法第七条第（七）项、第（八）项规定事项之一的，应当自事项发生之日起10个工作日内编制临时信息披露报告，并在公司网站上发布。

临时信息披露报告应当按照事项发生的顺序进行编号并且标注披露时间，报告应当包含事项发生的时间、事项的起因、目前的状态和可能产生的影响。

第二十四条　保险公司不能按时进行信息披露的，应当在规定披露的期限届满前向中国银行保险监督管理委员会报告相关情况，并且在公司网站公布不能按时披露的原因以及预计披露时间。

第二十五条　保险公司网站应当保留最近5年的公司年度信息披露报告和临时信息披露报告。

第二十六条　保险公司在公司网站和中国银行保险监督管理委员会指定媒介以

外披露信息的,其内容不得与公司网站和中国银行保险监督管理委员会指定媒介披露的内容相冲突,且不得早于公司网站和中国银行保险监督管理委员会指定媒介的披露时间。

第四章 信息披露的管理

第二十七条 保险公司应当建立信息披露管理制度并报中国银行保险监督管理委员会。信息披露管理制度应当包括下列内容:

(一)信息披露的内容和基本格式;
(二)信息的审核和发布流程;
(三)信息披露的豁免及其审核流程;
(四)信息披露事务的职责分工、承办部门和评价制度;
(五)责任追究制度。

保险公司修订信息披露管理制度后,应当在修订完成之日起10个工作日内向中国银行保险监督管理委员会报告。

第二十八条 保险公司拟披露信息属于豁免披露事项的,应当在豁免披露事项通过公司审核后10个工作日内向中国银行保险监督管理委员会报告。

豁免披露的原因已经消除的,保险公司应当在原因消除之日起10个工作日内编制临时信息披露报告,披露相关信息、此前豁免披露的原因和公司审核情况等。

第二十九条 保险公司董事会秘书负责管理公司信息披露事务。未设董事会的保险公司,应当指定公司高级管理人员负责管理信息披露事务。

第三十条 保险公司应当将董事会秘书或者指定的高级管理人员、承办信息披露事务的部门的联系方式报中国银行保险监督管理委员会。

上述情况发生变更的,保险公司应当在变更之日起10个工作日内向中国银行保险监督管理委员会报告。

第三十一条 保险公司应当在公司网站主页置顶的显著位置设置信息披露专栏,名称为"公开信息披露"。

保险公司所有公开披露的信息都应当在该专栏下分类设置子栏目列示,一级子栏目名称分别为"基本信息""年度信息""重大事项"和"专项信息"等。其中,"专项信息"栏目下设"关联交易""股东股权""偿付能力""互联网保险""资金运用""新型产品""交强险"等二级子栏目。

上市保险公司可以在"投资者关系"栏目下披露本办法要求披露的相关内容。

第三十二条 保险公司应当加强公司网站建设，维护公司网站安全，方便社会公众查阅信息。

第三十三条 保险公司应当使用中文进行信息披露。同时披露外文文本的，中、外文文本内容应当保持一致；两种文本不一致的，以中文文本为准。

第五章 法律责任

第三十四条 保险公司有下列行为之一的，由中国银行保险监督管理委员会依据法律、行政法规进行处罚：

（一）未按照本办法的规定披露信息的；

（二）未按照本办法的规定报送或者保管报告、报表、文件、资料的，或者未按照规定提供有关信息、资料的；

（三）编制或者提供虚假的报告、报表、文件、资料的；

（四）拒绝或者妨碍依法监督检查的。

第三十五条 保险公司违反本办法规定的，中国银行保险监督管理委员会除按照本办法第三十四条的规定对该公司给予处罚外，对其直接负责信息披露的主管人员和其他直接责任人员依据法律、行政法规进行处罚。

第六章 附　则

第三十六条 中国银行保险监督管理委员会对保险产品经营信息和其他信息的披露另有规定的，从其规定。

第三十七条 下列保险机构参照适用本办法，法律、行政法规和中国银行保险监督管理委员会另有规定的除外：

（一）保险集团（控股）公司；

（二）再保险公司；

（三）保险资产管理公司；

（四）相互保险组织；

（五）外国保险公司分公司；

（六）中国银行保险监督管理委员会规定的其他保险机构。

第三十八条 上市保险公司按照上市公司信息披露要求已经披露本办法规定的相关信息的，可免予重复披露。

保险集团（控股）公司下属的保险公司已经按照本办法规定披露保险责任准备金信息、保险产品经营信息等信息的，保险集团（控股）公司可免于重复披露。

对于上述免于重复披露的内容，上市保险公司或者保险集团（控股）公司应当在公司网站和中国银行保险监督管理委员会指定的媒介上披露链接网址及其简要说明。

第三十九条 本办法由中国银行保险监督管理委员会负责解释。

第四十条 本办法自 2018 年 7 月 1 日起施行。原中国保险监督管理委员会 2010 年 5 月 12 日发布的《保险公司信息披露管理办法》（保监会令 2010 年第 7 号）、2010 年 6 月 2 日发布的《关于实施〈保险公司信息披露管理办法〉有关问题的通知》（保监统信〔2010〕604 号）同时废止。

参考文献

[1] 方开泰著：《实用多元统计分析》，华东师范大学出版社 1986 年版。

[2] 寇业富主编，陈辉、张宁和刘达副主编：《保险蓝皮书——中国保险市场发展分析（2017）》，中国经济出版社 2017 年版。

[3] 寇业富主编，陈辉、张宁，周县华和刘达副主编，《2017 中国保险公司竞争力评价研究报告》，中国财政经济出版社 2017 年版。

[4] 李晓林："寿险产品体系研究"，《中央财经大学学报》，2005 年第 7 期。

[5] 李晓林："保险是社会治理的实施者"，《中国金融》，2015 年第 2 期。

[6] 寇业富主编，陈辉、张宁、周县华和刘达副主编：《2016 中国保险公司竞争力与社会责任评价研究报告》，中国财政经济出版社 2016 年版。

[7] 施建祥和赵正堂："保险企业核心竞争力及其评价指标体系研究"，《现代财经》，2003 年第 8 期。

[8] 石新武著：《开放条件下的保险业竞争力》，中国财政经济出版社 2004 年版。

[9] 肖芸茹："构建优良的评价保险企业的指标体系"，《南开经济研究》，1999 年第 2 期。

[10] 姚壬元："保险公司竞争力评价指标体系的构建"，《石家庄经济学院学报》，2004 年第 4 期。

[11] 于秀林和任雪松著：《多元统计分析》，中国统计出版社 1999 年版。

[12] 21 世纪经济报道、21 世纪研究院金融研究中心联合美国加州大学组成的课题组："2017 亚洲保险公司竞争力排名研究报告"。

[13] 王成辉和江生忠："我国保险业竞争力诊断指标体系及其应用"，《南开经济研究》，2006 年第 5 期。

[14] 黄兰和蔡则洋："国有商业银行核心竞争力探讨"，《哈尔滨金融高等专

科学校学报》，2002年。

[15] 鲁志勇和于良春："中国银行竞争力分析与实证研究"，《改革》，2002年。

[16] 裴光著：《中国保险业竞争力研究》，中国金融出版社2002年版。

[17] 吕宙："论中国保险业国际竞争力"，《金融研究》，2003年。

[18] 孙林和李光金："基于DEA方法的我国保险公司竞争力分析"，《西华大学学报》，2005年第6期。

[19] 胡永红："基于因子分析的我国人寿保险公司竞争力研究"，首都经贸大学硕士论文，2007年。

[20] 叶欣和薛伟贤："上海中外资保险公司竞争力排名研究"，《商业研究》，2007年第4期。

[21] 王小平："论人寿保险公司的核心竞争力"，《金融理论与实践》，2006年第1期。

[22] 寇业富和李晓林："寿险公司业务结构的相似性分析及其聚类研究"，《中央财经大学学报》，2009年第2期。

[23] 寇业富："大学生素质评价的模糊聚类分析"，《辽宁师范大学学报（自然科学版）》，2003年第5期。

[24] 江生忠著：《入世后提高中国保险业竞争力研究》，中国财政经济出版社2007年版。

[25] 冯占军和李秀芳著：《中国保险企业竞争力研究》，中国财政经济出版社2012年版。

[26] 王保进著：《多变量分析：统计软件与数据分析》，北京大学出版社2007年版。

[27] 方芳著：《中国保险业的对外开放与竞争力分析》，中国金融出版社2005年版。

[28] 吴研："跨国公司进入中国市场的模式的演变及影响因素分析"，《黑龙江对外经贸》，2008年第7期。

[29] 孙敬延："跨国公司在中国市场面临的新挑战及营销策略分析"，《中国市场》，2007年第27期。

[30] 熊正德："外资公司对我国保险业的影响以及对策"，《经济理论与实践》，1997年第2期。

[31] 曾五一主编和朱平辉副主编：《统计学》，北京大学出版社2006年版。

[32] 许海洋、汪国安和王万森："模糊聚类分析在数据挖掘中的应用研究",《计算机工程与应用》, 2005 年 6 月。

[33] 寇业富主编,陈辉、张宁等副主编:《2016 中国保险公司竞争力与社会责任评价研究报告》,中国财政经济出版社 2016 年版。

[34] 寇业富主编,陈辉、张宁、刘达、周县华等副主编,《2014 中国保险公司竞争力评价研究报告》,中国财政经济出版社 2014 年版。

[35] 陈晶晶:"基于财务报告的我国企业社会责任评价模型研究——以我国钢铁行业上市公司为例",华东师范大学,2010 年。

[36] 成敏:"保险公司企业文化、企业社会责任及其关系研究",东北财经大学,2012 年。

[37] 邓启稳:"基于平衡计分卡制度的保险企业社会责任评价",《财会月刊》,2010 年第 32 期,第 28~30 页。

[38] 郝臣等:"我国保险公司社会责任状况研究——基于保险公司社会责任报告的分析",《保险研究》,2015 年第 5 期,第 92~100 页。

[39] 洪旭和杨锡怀:"中国企业社会责任评价体系的构建——以沪深两市上市公司为例",《东北大学学报(自然科学版)》,2011 年第 11 期,第 1668~1672 页。

[40] 黄群慧等著:《中国企业社会责任研究报告:十年回顾暨十年展望.2015》,社会科学文献出版社,2015 年版,第 20~21 页。

[41] 李勇杰:《保险企业社会责任研究》,武汉大学,2009 年。

[42] 刘淑华著:《企业社会责任绩效评价》,中国经济出版社 2015 年版。

[43] 谭中明和陈渊:"保险公司社会责任信度评价体系研究",《保险研究》,2009 年第 5 期,第 24~28 页。

[44] 王蕾:"保险企业社会责任绩效评价体系的构建",《南方金融》,2010 年第 1 期,第 66~70 页。

[45] 魏华林和林宝清主编:《保险学》,高等教育出版社 2011 年版。

[46] 武晨凤:"保险公司企业社会责任标准",《现代商业》,2010 年第 21 期,第 62~63 页。

[47] 吴定富:"充分发挥保险社会管理功能",《中国保险》,2004 年第 5 期,第 8~11 页。

[48] 吴金娜:《食品类企业社会责任评价体系的构建与应用》,浙江工业大学,2013 年。

[49] 肖红军等著:《企业社会责任评价研究:反思、重构与实证》,经济管理出版社 2014 年版。

[50] 谢彩玲:"我国保险企业社会责任绩效评价体系研究",湖南大学,2011 年。

[51] 阳秋林和代金云:"'两型社会'背景下的企业社会责任评价指标体系及其运用研究——以湖南企业为例",《湖南社会科学》,2012 年第 3 期,第 114~117 页。

[52] 赵天燕和张雪:"我国企业社会责任评价指标体系的构建及其应用研究",《财贸研究》,2012 年第 6 期,第 139~145 页。

[53] 卓志和王寒:"保险企业社会责任探析",《保险研究》,2009 年第 2 期,第 3~8 页。

[54] Andrew, M. Yuengert. The Measurement of Efficiency in Life Insurance: Estimatesofa Mixed Nor – mal 2 gamma Error Model. Journal of Banking and Finance, 1993, (17): 483 – 496.

[55] Aupperle K E, Carroll A B, Hatfield J D. An empirical examination of the relationship between corporate social responsibility and profitability [J]. Academy of management Journal, 1985, 28 (2): 446 – 463.

[56] Carroll A B. A three – dimensional conceptual model of corporate performance [J]. Academy of management review, 1979, 04 (4): 497 – 505.

[57] Carroll A B. Corporate social responsibility: Will industry respond to cutbacks in social program funding [J]. Vital Speeches of the day, 1983, 49 (19): 604 – 608.

[58] Carroll A B. The pyramid of corporate social responsibility: Toward the moral management of organizational stakeholders [J]. Business horizons, 1991, 34: 39 – 48.

[59] Carroll A B. Corporate social responsibility evolution of a definitional construct [J]. Business & society, 1999, 38 (3): 268 – 295.

[60] Cummins, D. &Weiss. Measuring Cost Efficiency in the Property 2 Liability Insurance Industry. Journal of Banking and Finance, 1993, (17): 463 – 481.

[61] Cummins, D, MA Weiss, and H. Zi. Organizational Form and Efficiency: An Analysis of Stock and Mutual Property – Liability Insurers. Management Science, 1999, (45): 1254 – 1269.

[62] Cummins, DJ, S. Tennyson, and MA Weiss. Consolidation and Efficiency in the US Life Insurance Industry. Journal of Banking and Finance, 1999, (23): 325-357.

[63] Elkington J. Partnerships from cannibals with forks: The triple bottom line of 21st-century business [J]. Environmental Quality Management, 1998, 08 (1): 37-51.

[64] Harrison J S, Wicks A C. Stakeholder theory, value, and firm performance [J]. Business ethics quarterly, 2013, 23 (01): 97-124.

[65] Maignan I, Ferrell O C. Measuring corporate citizenship in two countries: The case of the United States and France [J]. Journal of Business Ethics, 2000, 23 (3): 283-297.

[66] Marín L, Rubio A, Maya S R. Competitiveness as a strategic outcome of corporate social responsibility [J]. Corporate social responsibility and environmental management, 2012, 19 (6): 364-376.

[67] Mustafa S A, Othman A R, Perumal S. Corporate social responsibility and company performance in the Malaysian context [J]. Procedia - Social and Behavioral Sciences, 2012, 65: 897-905.

[68] Reed L, Getz K, Collins D, et al. Theoretical models and empirical results: A review and synthesis of JAI volumes 1-10 [J]. Corporation and society research: Studies in theory and measurement, 1990, 27: 62.

后 记

本书的写作离不开学校的大力支持和指导，在此对中央财经大学副校长李俊生教授、中国精算研究院院长陈建成教授、保险学院院长李晓林教授，以及中国精算研究院的其他领导和老师（周明副院长、周桦副院长、郑苏晋教授、徐景峰教授、高洪忠副研究员等）表示衷心的感谢！

本研究报告得到教育部和国家外国专家局联合实施的高等学校学科创新引智计划[1]、教育部[2]、中国保险报[3]、中央财经大学保险学院、中国精算研究院等单位的课题资助，在此表示感谢！

报告的完成得益于课题组成员的团结和辛苦工作，课题组成员既有从事保险、精算教育多年的教师，也有具有丰富保险、精算实践经验的业界精英。

课题组主要成员有：

寇业富，经济学博士，教授，保险数据文献中心主任，中国精算师协会正会员；

陈辉，经济学博士，助理研究员，中国精算师（FCAA），英国准精算师（AIA）；

张宁，理学博士，副研究员；

周县华，管理学博士，副教授；

周明，理学博士，教授，博士生导师，北美准精算师（ASA），中国精算师协会正会员。

---

[1] 高等学校学科创新引智计划——"保险风险分析与决策"学科创新引智基地（No. B17050）。

[2] 教育部人文社会科学重点研究基地重大项目"大数据背景下的风险量化与保险业发展指数体系研究"（项目批准号：16JJD790060）。

[3] 课题"中国保险市场发展分析（项目号批准号：022876116001）"资助。

后　记

　　在大量数据的搜集、整理等工作中，有许多保险、精算专业的研究生和本科生参加了这项工作，他们为报告的完成付出了很多艰辛繁杂的劳动。主要有：程明远、常扬、薛新月、霍晓萍、谭碧琪、卢志源、节莹、闫帆、常诗雪、陈冲、种博文、许书缘、覃家明、王晓、王荣、李李、贾雅洁、曾佳、韩卓麟等研究生，在此对他们的付出表示感谢！感谢中国精算研究院办公室的欧阳和霞、薛丽娜、何小兰等为本书的出版付出的劳动！

　　虽然课题组在指标的设立、信息的搜集整理、模型的探索完善等方面付出了很大的努力，但是《2018 中国保险公司竞争力评价研究报告》中的不足和疏漏之处在所难免，欢迎各位读者不吝赐教，以便我们做进一步的修改和完善。

　　联系方式：kouyefu@ cufe. edu. cn；（010）62288159 - 802

寇业富

2018 年 8 月 9 日